北方谈话

邓小平在1978

刘金田 | 著

江苏人民出版社

图书在版编目（CIP）数据

北方谈话：邓小平在 1978 / 刘金田著. —— 南京：
江苏人民出版社，2024.2（2025.1 重印）
ISBN 978 - 7 - 214 - 28743 - 4

Ⅰ.①北… Ⅱ.①刘… Ⅲ.①邓小平理论-社会主义
建设模式-研究 Ⅳ.①A849.164

中国国家版本馆 CIP 数据核字（2023）第 243400 号

书　　　名	北方谈话：邓小平在 1978
著　　　者	刘金田
责 任 编 辑	张　欣
装 帧 设 计	今亮后声·小九
责 任 监 制	王　娟
出 版 发 行	江苏人民出版社
地　　　址	南京市湖南路 1 号 A 楼，邮编：210009
照　　　排	江苏凤凰制版有限公司
印　　　刷	江苏凤凰新华印务集团有限公司
开　　　本	718 毫米×1000 毫米　1/16
印　　　张	16.5　插页 4
字　　　数	227 千字
版　　　次	2024 年 2 月第 1 版
印　　　次	2025 年 1 月第 4 次印刷
标 准 书 号	ISBN 978 - 7 - 214 - 28743 - 4
定　　　价	78.00 元

（江苏人民出版社图书凡印装错误可向承印厂调换）

前　言

　　中华人民共和国成立后，邓小平作为党的第一代领导集体的重要成员和第二代领导集体的核心，曾先后发表过许多次谈话。但其中有两次谈话对党和国家产生了深远影响，被载入史册。

　　一次是 1992 年邓小平的南方谈话。

　　南方谈话阐发的一系列全新的思想，犹如一股强劲的东风，驱散了人们思想上的迷雾。它从理论上深刻回答了长期困扰和束缚人们思想的许多重大问题，是把改革开放和现代化建设推向新阶段的又一个解放思想、实事求是的宣言书，不仅对即将召开的党的十四大具有十分重要的指导作用，而且对中国整个社会主义现代化建设事业具有重大而深远的意义。

　　一次是 1978 年 9 月邓小平视察东北三省和天津、唐山发表的系列谈话，相对于后来的南方谈话，现在人们一般称之为"北方谈话"。

　　这一次，邓小平走一路，讲一路，按他自己的话来说，是"到处点火"。邓小平说，"现在我们的上层建筑非改不行"；"引进先进技术设备后，一定要按照国际先进的管理方法、先进的经营方法、先进的定额来管理，也就是按照经济规律来管理"；"就是要革命，不要改良，不要修修补补"；"我们太穷了，太落后了，老实说对不起人民"；"社会主义制度优越性的根本表现，就是能够允许社会生产力以旧社会所没有的速度迅速发展，使人民不断增长的物质文化生活需要能够逐步得到满足。按照历史唯物主义的观点来讲，正确的政治领导的成果，归根结底要表现在社会生产力的发展上，人民物质文化生活的改善上"；"现在不能搞平均主义。毛主席讲过先让一部分人富裕起来"；等等。邓小平点的这把"火"，是启迪人们解放思想、实事求是，冲破禁区、开动机器，打破僵化、开拓前进之"火"，是引导当时中国实现伟大历史转折之火。这把"火"，集中反映了历史转折前夜邓小平对什么是社会主义、如何建设社会主义的理论思考。

北方谈话的一些重要内容，后来都集中体现在邓小平在中共中央工作会议闭幕会上的讲话《解放思想，实事求是，团结一致向前看》，实际上也就是十一届三中全会的主题报告之中，成为全党解放思想的宣言书。

《中国共产党简史》在评价邓小平北方谈话时指出："1978 年 9 月，邓小平视察东北三省。他反复强调，世界天天发生变化，新的事物不断出现，新的问题不断出现，我们关起门来不行，不动脑筋永远陷于落后不行。一定要根据现在的有利条件加速发展生产力，使人民的生活好一些。他还提出，揭批'四人帮'的群众运动要适时结束，转入正常工作，从而提出了把党和国家工作重点转移到现代化建设上来的重要主张。这为随后召开的中央工作会议和党的十一届三中全会奠定了思想基础。"

目　录

第一章　全面整顿——"'四人帮'非要打倒我不可" / 001

第二章　再度出山——"谁叫你当共产党人呢" / 019

第三章　恢复高考——打开拨乱反正的突破口 / 048

第四章　整顿军队——"我对军队怎么搞有些设想" / 069

第五章　调整政策——在广东、四川点了两把"火" / 082

第六章　旗帜鲜明——支持真理标准问题的讨论 / 101

第七章　打开国门——"实行开放政策" / 119

第八章　北方谈话——"我是到处点火" / 140

第九章　新的革命——经济战线需要进行重大改革 / 204

第十章　解放思想——十一届三中全会的主题报告 / 216

第十一章　开辟新路——在伟大的历史转折中 / 243

第一章　全面整顿——"'四人帮'非要打倒我不可"

从 1975 年 10 月开始，支持邓小平全面整顿的毛泽东对邓小平的态度开始发生大的转变。

这时，毛泽东的身体状况不太好，他指定侄子毛远新作为他与中央政治局之间的联络员。

毛远新是毛泽东的弟弟毛泽民的儿子。1941 年出生于新疆迪化（今乌鲁木齐）。1942 年 8 月，国民党新疆军阀盛世才背信弃义，将毛泽民等在新疆工作的中共干部全部下狱。毛远新和母亲朱旦华也一起被关入大牢。1943 年 9 月，毛泽民等人被秘密杀害。1946 年秋，在中共中央和国民党张治中将军的营救下，在新疆监狱的百余名中共干部出狱，朱旦华和毛远新回到延安。1951 年夏，毛远新来到毛泽东身边，由毛泽东、江青抚养长大。所以，他和"四人帮"，特别是江青走得很近。

毛远新担任毛泽东与中央政治局的联络员之后，毛泽东从毛远新那里听到的多是对邓小平不满的声音。毛远新向毛泽东告状说，邓小平要否定"文化大革命"，翻"文化大革命"的案。这就触及了毛泽东的"底线"。这是毛泽东绝对不能容许的。

毛泽东决定要批一下邓小平。

事情的起因是邓小平两次为清华大学党委副书记刘冰等转信。

8 月 13 日，刘冰给毛泽东写了一封信。信中涉及清华大学党委书

1975 年的邓小平

记迟群和谢静宜的工作作风与思想意识等问题。这封信是经邓小平转呈的。毛泽东看后指示秘书:"先放着。"10月13日,刘冰等再经邓小平转交给毛泽东一封信,揭发迟群、谢静宜攻击中央领导同志搞非法组织活动的情况。

毛泽东看了第二封信后,让秘书把第一封信找出来又看了一遍,表达了极大的不满。毛泽东认为,刘冰等人的意见代表了对"文化大革命"不满甚至要算账的一批人的态度。

10月19日晚上,毛泽东在会见马里共和国国家元首穆萨·特拉奥雷的夫人等客人后,同陪同会见的李先念、汪东兴谈话。毛泽东对邓小平转呈刘冰等人的信进行了严厉批评:"现在有一股风,说我批了江青。批是批了,但江青不觉悟。清华大学刘冰等人来信告迟群和小谢。我看信的动机不纯,想打倒迟群和小谢。他们信中的矛头是对着我的。迟群是反革命吗?有错误,批评是要批评的。一批评就要打倒,一棍子打死?小谢是带三万工人进清华大学的。迟群我还不认识哩。"毛泽东还说:"我在北京,写信为什么不直接写给我,还要经小平转。你们告诉小平注意,不要上当。小平偏袒刘冰。你们六人(指小平、先念、东兴、吴德、小谢、迟群)先开会研究处理。此两封信印发中央政治局在京各同志。清华大学可以辩论,出大字报。"

根据毛泽东10月19日的意见,10月23日,邓小平主持召集有李先念、汪东兴、吴德、谢静宜、迟群参加的六人会议,传达毛泽东对刘冰等人来信的批评。会议就如何贯彻毛泽东对清华大学刘冰等人来信的批评,提出了两个方案。一是召集清华大学党委扩大会议,传达毛主席的指示,其中主席对小平、江青批评的内容建议不传达。主席指示传达后,展开辩论。二是以刘冰等人的两封信为主要内容,放手发动群众,在全校开展大辩论。10月27日,邓小平、李先念、吴德、汪东兴向毛泽东递交了报告。10月28日,毛泽东看了书面报告后，表示同意第二方案。在第一方案中的"其中主席对小平、江青同志批评的内容建议不传达"下面画线，批注"对"，并将这句话中的"批评"改为"指示"。

10 月 31 日晚，邓小平致信毛泽东说："我有些事须向主席当面谈谈，并取得主席的指示和教诲。明（1 日）下午或晚上都可以。"

11 月 1 日晚，毛泽东在住处找邓小平谈话，邓小平向毛泽东询问，这一段时期以来中央工作的方针、政策正确与否，毛泽东肯定地说"对"。同时，毛泽东对邓小平为刘冰等人转信进行了批评。

11 月 2 日，毛泽东同毛远新谈话。此前，9 月 27 日还谈过一次话。在谈话中，毛远新就曾向毛泽东汇报说：我感到社会上有股风，就是对"文化大革命"怎么看，是肯定还是否定，成绩是七个指头还是错误是七个指头，有分歧。这股风似乎比七二年批极左还凶些。我很注意小平同志的讲话，我感到一个问题，他很少讲"文化大革命"的成绩，很少提批刘少奇的修正主义路线。我担心中央，怕出反复。毛泽东说：有两种态度，一是对"文化大革命"不满意；二是要算账，算"文化大革命"的账。他们（指刘冰等）信中的矛头是对着我的。我在北京，写信为什么不直接写给我，还要经小平转。你们告诉小平注意，不要上当，小平偏袒刘冰。毛泽东要毛远新找小平、东兴、锡联谈一下，"把你的意见全讲，开门见山，不要吞吞吐吐。你要帮助他（指邓小平）提高"。11 月 2 日晚上，毛远新根据毛泽东"帮助他（指邓小平）提高"的指示，找邓小平、陈锡联、汪东兴开会，"帮助"邓小平。会上，毛远新对邓小平主持中央工作期间的形势进行了攻击，否定整顿取得的成绩。邓小平不同意毛远新的意见，和他顶了起来。

11 月 3 日，毛泽东在听到毛远新的汇报后，肯定了毛远新的意见，指示继续开会，范围由四人扩大到八人，增加了李先念、纪登奎、华国锋、张春桥。毛泽东说："讨论限于'文化大革命'问题，做个决议。"

11月4日晚，八人会议召开，主要讨论对"文化大革命"的认识问题。会上，邓小平受到张春桥等人的指责。当晚，毛泽东在听到毛远新关于会议情况的汇报后，又指示继续开会，范围可逐步扩大几个人。

到了11月中旬，会议范围扩大到十七人。11月16日晚、11月17日晚，邓小平主持中央政治局会议。会上，邓小平继续受到了"四人帮"的攻击。

11月20日，邓小平主持中央政治局会议，讨论对"文化大革命"的评价。会议根据毛泽东的意见，提出由邓小平主持起草一份关于"文化大革命"的决议，总的看法是，"文化大革命"基本正确，有所不足。邓小平婉拒，表示由他主持写这个决议不适宜，他是桃花源中人，"不知有汉，何论魏晋"。

当天晚上，毛泽东知道邓小平的这个态度后十分生气，他最后下决心要"批邓"。

11月21日，邓小平致信毛泽东："遵照主席指示，向一些同志打个招呼，免犯错误。现拟了一个一百三十六人的名单，并拟了一个打招呼的谈话要点，都是由政治局会议讨论修改了的，现送上，请审阅批示。""打招呼的方法是，把大家召集到一块谈，政治局同志都出席。""政治局商量，准备把谈话要点发给各大军区司令员和政委以及省市委第一书记，也给他们打个招呼。此点也请主席批准。"

11月22日，毛泽东批示："很好。但不仅只是老同志，要有中年、青年各一人同听同议，如同此次十七人会议那样。即也要对青年人打招呼，否则青年人也会犯错误。请政治局再议一次，或者分两次开，或者先分后合。"11月23日，毛泽东又致信邓小平："还是你们议得好，先给老同志打招呼。青年问题暂缓。因有的还未结合，有的在打派仗（如七机部），有的貌合神离（如清华），召集不起来。"

11 月 23 日下午 5 时，邓小平致信汪东兴："请照主席今二十三日批示，通知于明二十四日下午四时开会。"

11 月 24 日下午，中共中央召开"打招呼会议"，后来称这次会议为"第一次打招呼会议"。参加会议的有全体在京的中央政治局委员、党政军机关一些老同志和几位青年负责同志，共 130 多人。会议由主持中央工作的邓小平主持。

邓小平在会上宣读了毛泽东亲自审阅批准的《打招呼的讲话要点》（以下简称《要点》）。《要点》提出：清华大学出现的问题绝不是孤立的，是当前两个阶级、两条道路、两条路线斗争的反映。这是一股右倾翻案风。尽管党的九大、十大对无产阶级"文化大革命"已经作了总结，有些人总是对这次"文化大革命"不满意，总是要算"文化大革命"的账，总是要翻案。清华大学的这场大辩论必然影响全国。

宣读《要点》后，邓小平就"三个正确对待"、以阶级斗争为纲、正确对待新生事物、正确对待"老中青"三结合特别是对待青年等方面的问题作了说明。邓小平说：这次清华大学的辩论，将很快会扩大到全国，至少是教育、文化部门和有关领域，甚至会波及其他方面。所有的同志，特别是老同志，要正确理解"文化大革命"，正确对待新生事物，注意达到团结，注意达到把工作做好的目的。

11 月 26 日，中共中央发出通知，将《要点》传达到各省、市、自治区党委常委，各大军区党委常委，中央和国家机关各部党委常委或领导小组、党的核心小组成员，军委各总部、各军兵种党委常委，要求他们进行讨论并将讨论情况上报中共中央。12 月 10 日，中共中央又发出通知，要求各地将这个文件传达范围逐步扩大到基层。

一场在全国范围内的"批邓、反击右倾翻案风"开始了。

12月20日晚，邓小平主持中共中央政治局会议，并作检讨发言。他表示感谢毛主席的教育和同志们的帮助，并介绍自己几个月来的思想状态。他说："九号文件以前的一段时间，看到相当部分工业生产上不去，事故比较多，不少地方派性比较严重，确实很着急。二三月间铁路运输问题很多，影响到各方面的生产，所以我提出首先从铁路着手解决问题。在这个问题上，除了在管理体制上提出强调集中统一以外，特别强调了放手发动群众，批判资产阶级派性，强调了抢时间，企图迅速解决问题。因此，在方法上强调对少数坚持打派仗的头头，采取坚决调离的方法。徐州问题的解决，铁路上的面貌很快地改观，我当时觉得，用这种方法的结果，打击面极小，教育面极大，见效也最快，同时我还觉得江苏运用铁路的经验解决全省其他问题，也得到较快较显著的效果，所以我认为这个方法可以用之于其他方面。紧接着，把这样的方法用之于钢铁，用之于七机部，用之于某些地区、某些省，用之于整顿科学院的工作。在这次会议之前，我还自认为这些方法是对头的，所以，当有同志对这些方针和方法提出批评的时候，我还觉得有些突然，有些抵触情绪。"

在谈了对派性，对工业生产，对文教系统，对"老中青"三结合，对新生事物，特别是对"文化大革命"的态度后，邓小平说："检查原因，最主要、最根本的，是对'文化大革命'的态度问题。'桃花源中人'，八年未工作，不是主要原因，主要原因是思想认识问题。"会后，邓小平致信毛泽东："在今（廿）晚的会议上，我对自己的错误作了一个检讨性的发言，现将这个发言送呈主席审阅。当然，这是一个初步的检讨，同志们还会继续给我以更多的批评和帮助，使自己得到更大的益处和提高。我希望能够取得主席的当面教诲，当然应在主席认为必要的时候。"

邓小平在被迫写检讨中送走了1975年。

1976 年 1 月 3 日，邓小平主持中共中央政治局会议。会上，他进一步作补充检讨。不过这次是书面检讨。他在检讨中写道："提出要以'三项指示为纲'这样重大的问题，既没请示主席，也没提到政治局和国务院讨论。"会后，他将补充检讨稿送毛泽东，并致信表示："上次在政治局会上作过初步检查之后，又听到远新同志传达主席的一些重要指示。先是六位同志，随后又是两次大的会议上，同志们又对我的错误，进行了严肃的分析、批评和帮助，使我进一步地认识到上次检查的不足。""对我批判的会议，还要继续开，我除了继续听取同志们的批评和帮助外，总希望能够向主席当面陈述自己对于错误的认识，取得主席的教诲，当然要在主席认为可以的时候。"

毛泽东没有见邓小平。

对这类会议，邓小平后来回忆说：我主持会议，也就是开始时说声"开会"，结束时说句"散会"，剩下的就是作检讨和听别人发言。

几天之后，1 月 8 日 9 时 57 分，周恩来总理在北京逝世。

周恩来总理的逝世，使得对邓小平的批判会暂时停止了。邓小平名义上还主持中央日常工作，所以他忍着悲痛，安排丧事。

1 月 8 日下午 3 时，邓小平主持中共中央政治局会议，讨论周恩来总理的丧事安排问题。当晚 6 时 30 分，邓小平致信毛泽东："政治局专门讨论了恩来同志的丧事问题，拟定了：（一）请示报告；（二）讣告；（三）治丧委员会名单。周恩来治丧委员会由毛泽东、王洪文、叶剑英、邓小平、朱德等一百零七人组成。二、三两件均须于今日（8 日）晚上广播，现送请审批，退东兴同志办理。"毛泽东批示："同意。"

当天晚上，中共中央、全国人大常委会、国务院的《讣告》即由新华社播发。《讣告》说："中国共产党中央委员会、中华人民共和国全国人民代表大会常务委员会、国务院以极其沉痛的心情宣告：中国共产党中央委员会委员、中央政治局委员、中央政治局常务委员会委员、中央委员会副主席、中华人民共和国国务院总理、中国人民政治协商会议全国委员会主席周恩来同志，因患癌症，于一九七六年一月八日九时五十七分在北京逝世，终年七十八岁。"

1月9日，中央宣布成立由毛泽东、王洪文、叶剑英、邓小平、朱德等107人组成周恩来治丧委员会。中共中央、国务院发出通知，决定在北京和全国隆重追悼周恩来。

下午4时，邓小平致信毛泽东："总理逝世消息发表后，不少国家要求派代表团或代表来京参加丧礼。""政治局对此作了紧急讨论，决定仍按主席批准方案（一律不请）执行。拟由治丧委员会发一正式公告，现送上，请主席批示，以便发表。"信中还提出，由他和乔冠华、韩念龙分别约见阿尔巴尼亚、日本、斯里兰卡三国大使，说明这一情况，并由外交部正式通知各国驻华使馆。毛泽东批示："送汪即办。"

当天，经毛泽东批准，周恩来治丧委员会发表公告，决定不邀请外国政府、兄弟党和友好人士来华参加周恩来的吊唁活动，对已经提出这方面要求的国家、政党和人士表示感谢。

1月12日下午3时，邓小平主持中共中央政治局会议，讨论周恩来悼词和追悼大会的有关事项。会议开始后，邓小平说：这篇悼词我仔细看过多遍，我认为写得是不错的。对总理一生的评价，对总理的革命简历，对以总理为榜样，号召全党、全军、全国人民向总理学习的几段话，都符合总理的实际。我同意这篇悼词，认为可以用。在讨论悼词即将结束时，邓小平再次发言：对悼词文稿大多数同志表示赞成，会上没人提出具体修改或补充意见。我提一点具体补充意见，加一个字，印件中一九二二年总理担任中国共产主义青年团旅欧支部书记，应是总支部书记，加上个"总"字，符合实际。邓小平指示悼词文稿起草人对悼词修改后先征询邓颖超意见。会后，根据文稿起草人的意见，在"他衷心爱戴和崇敬伟大领袖毛主席"这句话后，加写"坚决捍卫毛主席的无产阶级革命路线"。之后，将悼词稿送毛泽东审阅，并致信说："悼词是由政治局会议审定的。现送上，请审阅批示。"毛泽东在听工作人员读近 3 000 字的悼词稿时，难以控制情绪，失声痛哭，并批示："同意。"

但是，在中共中央政治局会议上讨论由谁来为周恩来致悼词时，发生了激烈的争论。江青抢先提出由王洪文致悼词。王洪文自己认为不行。接着，张春桥提出由叶剑英在周恩来追悼会上致悼词，当即遭到叶剑英的反对。叶剑英说："给总理致悼词，应该是小平同志！他是党中央副主席、中央军委副主席、国务院第一副总理，主持中央的日常工作，无论从规格上还是从资历上，小平同志给总理致悼词是最合适的。我提议由小平同志来给总理致悼词！那个提议我给总理致悼词的意见，我认为不合适。"叶剑英的这一提议，得到与会绝大多数政治局委员的同意。"四人帮"最后也没有再提出反对意见。

后来，邓小平谈及这件事时说："四人帮"开始反对我给总理致悼词，他们是有阴谋的。他们见反对不成，又同意我给总理致悼词，也是有罪恶目的的。当时他们看我在政治上快不行了，要下台了，我一下台，通过我给总理致悼词的声音也就再也出不来了。他们是反对总理，害怕宣传总理，当然也反对我。

1 月 15 日下午，邓小平参加周恩来追悼大会，并代表中共中央致悼词。邓小平表情严肃，面带悲伤，以低沉悲痛的声音宣读悼词。悼词回顾了周恩来献身中国革命和建设事业的经历，对他的一生作出评价。当读到"全党、全军、全国人民都为失掉了我们的总理而感到深切的悲痛"这句话时，他声音颤抖，眼含泪水，稍事停顿，极力抑制着自己的巨大悲伤。这时会场上一片哭泣呜咽声。悼词指出：周恩来对建设和发展马克思主义的中国共产党，对建设和发展战无不胜的人民军队，对夺取新民主主义革命的胜利，创建社会主义的新中国，对巩固工人阶级领导的以工农联盟为基础的各族人民的大团结，发展革命统一战线，对争取社会主义革命和建设事业的胜利，巩固我国的无产阶级专政，都做出了不可磨灭的贡献，建立了不朽的功绩。全党全军全国人民衷心地爱戴他，尊敬他。周恩来同志在国际事务中，坚决贯彻执行毛主席的革命外交路线，坚持无产阶级国际主义。他对加强我党同各国马列主义政党和组织的团结，促进国际共产主义运动的发展，对加强我国人民同各国人民特别是第三世界各国人民的团结，在和平共处五项原则的基础上争取同一切国家建立和发展关系，联合国际上一切可以联合的力量，进行反对帝国主义的斗争，同样做出了不可磨灭的卓越的贡献，赢得了世界人民的尊敬。周恩来同志的一生，是为共产主义事业光辉战斗的一生，是坚持继续革命的一生。他是我们全党全军全国人民学习的榜样。悼词号召要学习周恩来对马克思主义、列宁主义、毛泽东思想的无限忠诚，终生为实现共产主义的伟大理想而奋斗；要学习他全心全意为人民服务的高尚品质，勤勤恳恳，任劳任怨，忘我地、不知疲倦地为中国人民和世界人民谋利益；要学习他对敌斗争的坚定性，奋不顾身，机智勇敢，坚定沉着，充满着必胜的信心；要学习他坚强的无产阶级党性，光明磊落，顾全大局，遵守党的纪律，严于解剖自己，善于团结广大干部，维护党的团结和统一；要学习他谦虚谨慎，平易近人，以身作则，艰苦朴素的优良作风和他同疾病作斗争的革命毅力。

邓小平的小女儿邓榕后来回忆说：听我母亲说，她一辈子都没看到过老爷子哭泣。为总理致悼词，老爷子第一次哽咽了。

周恩来追悼会的当天，中央政治局考虑到毛泽东病重，没有安排他参加追悼大会。当天，毛泽东身边工作人员曾问他是否参加追悼大会，毛泽东拍着腿说："我也走不动了。"

邓小平为周恩来致悼词，是 1976 年邓小平在政坛上最后一次公开露面。

在周恩来追悼大会上，邓小平代表中共中央致悼词

周恩来的治丧活动刚结束，对邓小平的批判会又继续进行。

1 月 14 日，毛泽东对邓小平 1975 年 12 月 20 日和 1976 年 1 月 3 日政治局会议上的检讨发言，分别批示"邓小平同志第一次检讨，印发政治局讨论""邓小平同志第二次检讨，印发政治局讨论"。

1 月 20 日，邓小平主持中共中央政治局会议，再作检讨。会上，江青等人轮番对邓小平进行指责和批判。针对有人提出"为什么提出要见主席"的责问，邓小平答道：我的意思是，想当面向主席讲自己错误的严重，特别想当面听取主席的批评和指示，我还想当面提出自己的工作问题。我觉得这种要求是正常的，我仍然抱有这样的希望。

散会后，邓小平连夜写信给毛泽东："在上次会上同志们要求我在讨论之先，由我讲讲要对主席当面说些什么，所以我在今（二十）晚的会议上作了一个简短的发言，现送上，供审阅。""我两次要求面见主席，除了讲自己错误和面聆主席的教导外，确实想谈谈我的工作问题。还在批判我的错误的时候，提出我的工作问题是否妥当，我自己确很踌躇。提，怕觉得我受不得批评。不提，也有什么恋栈之嫌。再三考虑，还是想当主席面谈这个问题为好。""现在，已过去两个多月，批判还将继续下去，再不提出会妨碍中央的工作，增加自己的过失。因此，我首先向主席提出：解除我担负的主持中央日常工作的责任，恳请予以批准。""我自己再不提出，实在于心有愧。""至于我自己，一切听从主席和中央的决定。"

1月21日，毛泽东在听取毛远新关于20日政治局会议情况的汇报后表示：邓小平还是人民内部问题，引导得好，可以不走到对抗方面去。毛泽东还说：小平工作问题以后再议。我意可以减少工作，但不脱离工作，即不应一棍子打死。在毛远新请示说华国锋、纪登奎、陈锡联三位副总理提出请主席确定一个主要负责同志牵头处理国务院的工作，他们三个人做具体工作时，毛泽东说：就请华国锋带个头，他自认为是政治水平不高的人。小平专管外事。

1月28日，毛泽东正式提议由华国锋主持中央日常工作。

2月2日，中共中央发出通知，宣布：经毛主席提议，中央政治局一致通过，由华国锋任国务院代总理；经毛主席提议，中央政治局一致通过，在叶剑英生病期间，由陈锡联负责主持中央军委的工作。

对于毛泽东的这一决定，"四人帮"心中极为不满。张春桥写了《一九七六年二月三日有感》：

> 又是一个一号文件。
> 去年发了一个一号文件。
> 真是得志更猖狂。
> 来得快，来得凶，垮得也快。

错误路线总是行不通的。可以得意于一时，似乎天下就是他的了，要开始一个什么新"时代"了。他们总是过高地估计自己的力量。

人民是决定性的因素。

代表人民的利益，为大多数人谋利益，在任何情况下，都站在人民群众一边，站在先进分子一边，就是胜利。反之，必然失败。正是：

爆竹声中一岁除，东风送暖入屠苏。千门万户曈曈日，总把新桃换旧符。

不难看出，张春桥内心极为嫉恨。他所说的"去年发了一个一号文件"是指 1975 年 1 月 5 日中共中央发出的 1975 年一号文件，中央任命邓小平为中共中央军委副主席兼中国人民解放军总参谋长。随后，邓小平又在中共十届二中全会上当选为中共中央副主席、中央政治局常委。四届人大一次会议上，邓小平当选为国务院副总理，紧接着，周恩来总理主持召开国务院常务会议，审定国务院 12 位副总理的分工，确定邓小平"主管外事，在周恩来总理治病疗养期间，代总理主持会议和呈批主要文件"。1975 年 7 月，在毛泽东的支持下，邓小平又取代王洪文主持中央日常工作。邓小平走到了中国政治舞台的中央。现在他们好不容易把邓小平搞下台了，但毛泽东又把权力交给了华国锋。所以，张春桥暗暗下决心"总把新桃换旧符"，既发泄对华国锋的不满，同时也表露出他们篡党夺权的野心。

1976 年 2 月 6 日，中央军委常委开会，对前一年 7 月中央军委扩大会议的文件作了检查。2 月 16 日，中共中央批转中央军委关于检查 1975 年 7 月中央军委扩大会议文件的报告，中央军委检查报告称邓小平、叶剑英在 1975 年军委扩大会议上的讲话是"有错误的"，"建议停止学习和贯彻执行"。自中共中央通知发出后，邓小平实际上被停止中央的领导工作，叶剑英实际上被停止中央军委的领导工作。

2月25日至3月初，中共中央召集各省、市、自治区和各大军区负责人会议（"打招呼会议"），传达经毛泽东批准、由毛远新整理的毛泽东自1975年10月至1976年1月关于"批邓、反击右倾翻案风"的多次谈话。其中，毛泽东点名批评邓小平："小平提出'三项指示为纲'，不和政治局研究，在国务院也不商量，也不报告我，就那么讲。他这个人是不抓阶级斗争的，历来不提这个纲。还是'白猫、黑猫'啊，不管是帝国主义还是马克思主义。他不懂马列，代表资产阶级。"

毛泽东又说："他还是人民内部问题，引导得好，可以不走到对抗方面去。要帮助他，批他的错误就是帮助，顺着不好。批是要批的，但不应一棍子打死。"

会上，华国锋代表中央讲话提出："当前，就是要搞好批邓，批邓小平同志的修正主义错误路线；对邓小平同志的问题，可以点名批判，但点名的大字报不要上街，不要广播、登报；注意不要层层揪邓小平在各地的代理人。"会议期间，张春桥多次攻击邓小平是"垄断资产阶级""买办资产阶级"，是"对内搞修正主义，对外搞投降主义"。

3月2日，江青擅自召集出席中央"打招呼会议"的12个省、市、自治区领导人会议，当众诬蔑邓小平是"反革命两面派""法西斯""代表买办、地主资产阶级"。毛泽东得知江青的讲话后，批评说："江青干涉太多了，单独召集12省讲话。"就江青要求把她讲话的部分内容印发全国一事，毛泽东批示："不应该印发，此事是不妥的。"

3月3日，中共中央发出《关于学习〈毛主席重要指示〉的通知》和华国锋在"打招呼会议"上的讲话，"批邓"问题在党内公开。

3月下旬，南京等地爆发声讨"四人帮"一伙倒行逆施的大规模抗议活动。4月1日，中共中央政治局连夜召开会议，决定向各地下发中央关于南京大字报问题的电话通知（经毛泽东圈阅），要求全部覆盖"矛头指向中央领导同志的大字报、大标语"，彻底追查"幕后策划人"。

4月4日清明节，北京天安门广场出现了200多万人次参加的悼念周恩来、反对"四人帮"、拥护邓小平的群众运动，使全国性的悼念、抗议活动达到高潮。

为了不使江青等人找到借口，邓小平要求全家人在这期间都不去天安门广场。

4月4日晚，华国锋主持召开中共中央政治局会议，讨论连日来天安门广场发生的事态。在江青等人的左右下，会议将天安门广场发生的群众运动定性为"反革命搞的事件"，"是邓小平搞了很长时间的准备形成的"，决定当晚采取清理天安门广场的花圈和标语等措施。

4月5日上午，邓小平参加中共中央政治局会议。张春桥当面诬蔑邓小平是中国纳吉（伊姆雷·纳吉，曾任匈牙利劳动人民党中央政治局委员、部长会议主席。1955年被解除党政职务，开除党籍。1956年匈牙利事件中重任部长会议主席。1958年6月因"反革命罪"被处死。1989年匈牙利政府为其平反）。

4月6日凌晨，部分在北京的中共中央政治局委员开会，听取北京市公安局、北京卫戍区关于"天安门事件"的汇报，认定"天安门事件""从整个行动来看，完全是早有预谋，有组织、有计划的"。上午，毛泽东阅批由毛远新转送的中共中央政治局会议讨论"天安门事件"的情况报告。经毛泽东批准，决定向全国通报"天安门事件"的"真相"。当天下午，江青到毛泽东住地报告处理"天安门事件"的经过，并建议开除邓小平党籍，毛泽东没有表态。

4月7日上午，毛远新向毛泽东汇报4月6日北京市的情况。毛泽东表示据此撤销邓小平的一切职务。当天晚上，中共中央政治局召开会议，根据毛泽东的提议，一致通过：一、《中共中央关于华国锋同志任中国共产党中央委员会第一副主席、中华人民共和国国务院总理的决议》；二、《中共中央关于撤销邓小平党内外一切职务的决议》。还提出对邓小平"保留党籍，以观后效"。

当天下午，在中央政治局会议上，"四人帮"毫无根据地认定邓小平是"天安门事件"的"总后台"，并声称可能有"群众"要去冲击邓小平，要把邓小平抓起来。汪东兴把这一情况及时向毛泽东作了汇报。毛泽东表示：不能冲击，也不能把人抓走，并指示汪东兴将邓小平转移到安全地方。

当天下午，在汪东兴的安排下，邓小平夫妇被转移至东交民巷一处住所住下，并与外界断绝了一切联系。住在宽街的邓小平的子女和工作人员不久也接到通知：不准自行外出，就地集中办"学习班"。

晚上8时，邓小平收听到中央人民广播电台报道中共中央政治局会议通过的两项决议的广播。

4月8日夜，邓小平给毛泽东并中共中央写了一封信，通过汪东兴提交。他在信中表示："完全拥护中央关于华国锋同志担任党的第一副主席和国务院总理的决定。""我对于主席和中央能够允许我留在党内"，"表示衷心的感激"。

邓小平第三次被打倒了。为什么会被打倒？他后来自己多次说道：

> 1975年，我主管了一年的工作，做了一点试验，在各方面进行整顿。当时整顿很快见效，各方面都有点起色，人民高兴，但"四人帮"不高兴……他们集中力量打击我，一年左右我就被他们搞下去了。

"四人帮"非要打倒我不可，打倒还不算，还要把我整死。我的职务是撤掉了，但毛主席还保留了我的党籍。毛主席指定专人、专门的部队保护我的安全，并明确交代别人不准插手干预，也就是不准"四人帮"干预。

　　我比较安全。有毛主席保护，专门指定人和部队保护我。我被罢了官后，毛主席为了不让"四人帮"掌握主要的权力，把华国锋主席提到主要的领导岗位。

第二章　再度出山——"谁叫你当共产党人呢"

1976 年 7 月 6 日，德高望重的朱德逝世。

9 月 9 日，党和国家主要领导人毛泽东逝世。

毛泽东是伟大的马克思主义者，伟大的无产阶级革命家、战略家、理论家，是马克思主义中国化的伟大开拓者，是近代以来中国伟大的爱国者和民族英雄，是党的第一代中央领导集体的核心，是领导中国人民彻底改变自己命运和国家面貌的一代伟人。

在短短九个月的时间里，周恩来、朱德、毛泽东三位党和国家的杰出领导人相继逝世。亿万人民对他们在缔造党、军队和国家，在领导中国新民主主义革命、社会主义改造和社会主义建设，在结合中国实际运用和发展马克思主义等方面的伟大功绩和卓越贡献，都怀有深深的崇敬之情。他们的逝世，使全党全军和全国各族人民沉浸在巨大的悲痛之中。同时，大家也深深思虑着党和国家的命运前途。

毛泽东逝世后，"四人帮"加紧了篡党夺权的步伐。华国锋、叶剑英等代表中央政治局，执行人民的意志，对"四人帮"及其在北京的帮派骨干实行隔离审查。

10 月 6 日，北京的夜晚一切平静如常。

但就是在这个夜晚，一场关系党和国家生死存亡的斗争正在北京悄然进行着。

晚上 8 点，党中央以讨论《毛泽东选集》第五卷为题召开中央政治局常委会，并吸收姚文元参加。会议地点定在中南海怀仁堂。

晚上 7 点刚过，中共中央主席华国锋和叶剑英就已来到了怀仁堂，具体部署工作的中共中央办公厅主任、中央警卫局局长汪东兴也已带着警卫人员在怀仁堂大厅守卫。

快 8 点时，王洪文第一个到了，进入怀仁堂后，他感到情况有变，就拉开架势，准备反抗，没几下子就被警卫人员制服了。王洪文嘴里还不断地嘀咕着"你们干什么"，并竭力挣扎。王洪文被带到会议室，看到坐在那里的叶剑英和华国锋，便想扑上前去。很快被警卫人员按倒在地。华国锋当即向王洪文宣布了党中央关于将他隔离审查的决定：

> 最近一个时期，王洪文、张春桥、江青、姚文元趁毛主席逝世之机，相互勾结，秘密串联，阴谋篡党夺权，犯下一系列反党、反社会主义的罪行，中央决定对以上四人进行隔离审查。
>
> 中共中央
>
> 一九七六年十月六日

华国锋宣读完毕，警卫战士把王洪文带离现场，押到附近一处城防地下工事做的隔离室，监管起来。

第二个来的是张春桥。他一到怀仁堂，看到现场警卫不允许随身警卫跟进，就觉得很异常。张春桥独自进去，走到怀仁堂正厅东南门时，随即被早先埋伏在这里的警卫战士摁住，张春桥只说了一句"干什么"，就被警卫战士扭送到会议室里华国锋、叶剑英的面前。华国锋郑重宣布对张春桥"隔离审查"，立即执行。张春桥迅即被带离，押送到地下工事的隔离室。

姚文元来得晚了一点。他是接到华国锋的电话通知来开会的。刚到休息室，则由中央警卫局副局长武健华向他宣布了中央关于对他进行隔离审查的决定。

最后解决的是江青。她住在中南海的 201 号楼，没有被通知参加晚上的会议。这时的她，正穿着睡衣，在住地一边看着进口录像片，一边看文件，腿上还盖着一条小方毛毯。当中央警卫局行动组的张耀祠、武健华等人进来后，她还厉声呵斥："你们要干什么？"中央警卫局副局长张耀祠随即向她宣布了中央对她实行"隔离审查"的决定。江青问道："中共中央是什么人决定？"张耀祠立即严肃地告诉她："我们是奉华总理、叶帅的命令，来执行中央决定的。"江青嗫嚅地说："主席尸骨未寒，你们就对我这样。"

随后江青先将保险柜的钥匙封在信封里，贴上密封条，写上"华总理亲启"，交给张耀祠。然后整理了一下衣服，又上了一趟卫生间，即被两名女警卫带离 201 号楼。

中央的这场行动果断、迅速，又悄无声息。

在粉碎"四人帮"的这场斗争中，许多老一辈革命家如李先念、陈云、邓颖超、聂荣臻、王震等都曾参与其中，发挥了重要作用。

《李先念文选》第 157 条注释写道：

一九七六年十月六日，中共中央政治局执行党和人民的意志，毅然粉碎了这个反革命集团（引者注：指"四人帮"）。在这一斗争中，华国锋、叶剑英、李先念等起了重要作用。是年九月，毛泽东逝世，江青反革命集团加紧夺取党和国家最高领导权的阴谋活动，许多老同志对此深感忧虑并酝酿解决办法。九月二十一日，华国锋到李先念住处，商讨解决"四人帮"问题，认为同他们的斗争不可避免，并请李先念代表他去找叶剑英，请叶剑英考虑以什么方式、在什么时间解决为好。九月二十四日，李先念到叶剑英住处，转达了华国锋的意见，并同他研究此事。

《叶剑英传略》中写道：

（一九七六年）九月二十一日，聂荣臻从城里派杨成武转告叶剑英，"四人帮"的问题一定要设法解决，请他赶紧拿主意，早下决心。否则，"四人帮"这伙反革命要先下手，把叶帅搞掉了，把小平给暗害了，那就不得了，中国要倒退几十年。叶剑英对杨成武说：聂帅的想法跟我考虑的一样，你回去告诉他，请他放心。这时，叶剑英经过同一些老同志的接触、交谈，对于解决"四人帮"问题，心里更有了主意。他正在继续做华国锋的工作。华国锋是毛泽东生前选定的接班人，是党中央第一副主席、国务院总理。叶剑英经过观察思考，觉得粉碎"四人帮"这样的大事应当取得他的支持，要争取他、团结他，不能撇开他、越过他。因此，多次试探，主动接近，耐心地同他交谈，逐渐使他明确态度，坚定信心，从而共同采取行动。

叶剑英继续约请一些老同志探讨解决"四人帮"的办法。不久，李先念来看望叶剑英。叶剑英说：我们同"四人帮"是你死我活的斗争，彻底解决他们的问题，非有严密周全的部署不可。"天下之事，虑之贵详"。后来，叶剑英为了不受"四人帮"的监视，从容不迫地转移到玉泉山。在这里，叶剑英等同志，再次审慎研究了解决"四人帮"、挽救党和国家于危亡的重大决策和具体部署。

《叶剑英光辉的一生》中写道：

面对着"四人帮"咄咄逼人的攻势，华国锋进一步感到了问题的严重性，他开始想召开扩大的三中全会来解决"四人帮"问题。叶剑英等则认为，同"四人帮"的斗争，早已超出了党内正常斗争的范围，用正常手段是不能解决问题的。后来，华国锋同意了叶剑英等同志的意见。他到了李先念家里，同李先念交换看法，接着，写了一张纸条，请李先念送给叶剑英。

李先念来到叶剑英住地，探讨如何对付"四人帮"的问题。叶剑英机警地打开收音机，在广播声的掩盖下，同李先念密谈起来。叶剑英说：我们同"四人帮"的斗争是你死我活的斗争，要当机立断！李先念点点头。两人经过交谈，取得了一致的意见。

十月初的一个夜晚，叶剑英与华国锋等同志在玉泉山共同商议粉碎"四人帮"的大计。这是一次非常特殊的、绝对秘密的商谈，经过反复研究，决定了"以快打慢"的方针和对"四人帮"采取隔离审查的断然措施。

邓小平当时虽然离开了政坛，但他也曾为粉碎"四人帮"出谋划策。

陈云曾在《悼念李先念同志》一文中这样写道：

在粉碎"四人帮"这场关系我们党和国家命运的斗争中，先念同志同叶帅一样起了重要作用。由于叶帅和先念同志在老干部中间很有威望，小平同志暗示他们找老干部谈话。我到叶帅那里，见到邓大姐谈完话出来。叶帅首先给我看了毛主席的一次谈话记录，其中有讲到党内有帮派的字样，然后问我怎么办？我说这场斗争不可避免。在叶帅和先念同志推动下，当时的中央下了决心，一举粉碎了"四人帮"，使我们的国家进入了新的历史发展时期。

中共中央文献研究室的刊物《党的文献》1995 年第 1 期刊载的

《肝胆相照，共解国难——叶剑英和邓小平在党和国家危难时刻》一文中说：

> 据王震回忆，一天吃过早饭，他去看望邓小平。邓小平正在院内散步。主人喜出望外，亲自迎接到门口。他照例恭恭敬敬地鞠上一躬，问候邓小平同志身体健康状况和生活起居。主人关切地问了问"外边"的情况之后，打听起叶剑英来。
>
> "叶帅那里，你最近去过吗？"
>
> "常去。"
>
> 邓小平稍微思索一下，接着提出了一连串的问题："叶帅现在常住在什么地方？""他每天的起居活动是怎样安排的？""身体怎么样？""什么时间精神最好？"
>
> 王震一一作答，告诉邓小平，主席逝世前后这段，叶帅从西山下来，来往于小翔凤和二号楼之间。
>
> 邓小平点了点头，没有再说什么。王震事后知道，第二天邓小平连电话也没有打，竟单独去看望了叶剑英。他冒着极大风险，悄悄来到叶帅住地。
>
> 两位老革命家坐在元帅的书房里，悄悄地交谈着。邓小平嘱咐叶剑英，一定要多找老同志谈话，听听群众呼声。
>
> 他们对斗争形势的发展和如何解决"四人帮"问题，交换了看法。邓小平对叶剑英必能"收拾残局"，抱（报）以极大的期望。

邓小平后来在接受意大利女记者奥琳埃娜·法拉奇的采访时有过如下一段对话：

> 奥：很显然，只有在毛主席逝世以后才能逮捕"四人帮"，到底是谁组织的，是谁提出把"四人帮"抓起来的？

邓：这是集体的力量。我认为首先有四五运动的群众基础。"四人帮"这个词是毛主席在逝世前一两年提出来的。一九七四年、一九七五年，我们同"四人帮"进行了两年的斗争。"四人帮"的面貌，人们已看得很清楚。尽管毛主席指定了接班人，但"四人帮"是不服的。毛主席去世以后，"四人帮"利用这个时机拼命抢权，形势逼人。"四人帮"那时很厉害，要打倒新的领导。在这样的情况下，政治局大多数同志一致的意见是要对付"四人帮"。要干这件事，一个人、两个人的力量是办不到的。

"四人帮"在一夜之间覆灭了。住在宽街的邓小平一家人和所有的北京普通人家一样对此一无所知。

但是，党中央粉碎"四人帮"的消息很快就传了出来。

10月7日，邓小平的三女婿贺平即从他父母那里得到了消息。贺平的父亲贺彪，也是一位老革命家。他是红二方面军贺龙的部下，新中国成立后曾担任中央人民政府卫生部副部长、中国人民解放军总后勤部副部长兼卫生部部长等职。粉碎"四人帮"的第二天，一位在军队工作的老战友赶到贺家，告诉了他这一喜讯。贺彪夫妇赶紧把贺平从单位叫回家，让他立即回宽街邓小平家传递这一消息。于是，贺平赶忙骑着自行车，飞也似的回到宽街家中，他把邓小平、卓琳和当时在家的邓林、邓楠、邓榕，叫到洗手间，关上门，并且放开水龙头，让水一直哗哗地流着。他告诉大家一个十分重大的消息：王洪文、张春桥、江青、姚文元"四人帮"被抓起来了。

邓小平的小女儿邓榕在《我的父亲邓小平：文革岁月》一书中写道："父亲耳朵不好，流水声音又太大，经常因为没听清而再问一句，'四人帮'被粉碎啦！这是真的吗？我们简直不敢相信这是事实……震惊，疑惑，紧张，狂喜，一时之间，喜怒哀乐之情全都涌上心头。父亲十分地激动，他手中拿着的烟头轻微地颤动着。我们全家人，就在这间厕所里面，在哗哗作响的流水声中，问着，说着，议论着，轻声地欢呼着……"

从 10 月 7 日开始到 10 月 14 日，中共中央政治局分批召开中央党、政、军机关，各省、市、自治区，各大军区负责人参加的"打招呼会议"，通报王洪文、张春桥、江青、姚文元反党集团事件。

3 天以后，也就是 10 月 10 日，当消息证实后，邓小平郑重地拿起笔来，致信汪东兴转华国锋并中共中央，表示坚决拥护党中央一举粉碎"四人帮"的果断行动，拥护党中央关于由华国锋同志担任党中央主席和军委主席的决定。邓小平在信中写道："最近这场反对野心家、阴谋家篡党夺权的斗争，是在伟大领袖毛主席逝世后这样一个关键时刻紧接着发生的，以国锋同志为首的党中央，战胜了这批坏蛋，取得了伟大的胜利。""这是巩固党的伟大事业的胜利……这是毛泽东思想和毛泽东革命路线的胜利。"信的最后，邓小平用他从来没有使用过的词语写道："我同全国人民一样，对这个伟大斗争的胜利，由衷地感到万分的喜悦，情不自禁地高呼万岁、万岁、万万岁！"

"四人帮"一粉碎，邓小平的处境开始发生了变化。

这年的 12 月初，邓小平突发前列腺炎，引起严重尿潴留。中国人民解放军总医院（301 医院）派医生到邓小平家中为邓小平做了治疗处理。家属对这样的治疗颇有意见。叶剑英获悉后，随即向 301 医院蒲副院长了解情况，促使医院向中央提出邓小平需住院手术治疗的报告。叶剑英指示："精心护理，精心治疗，严格保密，注意安全。"

12 月 10 日晚，邓小平被安排住进了中国人民解放军总医院。为了确保安全和疗效，301 医院把邓小平所住病房的南楼五层全层作为专用。当晚 12 点，蒲副院长向叶剑英报告落实指示、安排邓小平住院的情况。后经泌尿科专家吴阶平等的会诊，医院向中央作了邓小平住 301 医院建议进行手术治疗的报告。12 月 16 日，华国锋、汪东兴批示，同意对邓小平进行手术治疗。

与此同时，邓小平的政治待遇也开始得到一定的恢复。

12月14日，中共中央决定，恢复邓小平看中央文件的权利。邓小平在病房看到的第一批文件是12月10日中共中央发出的《王洪文、张春桥、江青、姚文元反党集团罪证（材料之一）》。看完文件后，邓小平说：这就够了。不需要之二、之三了。可以定罪了。

住院期间，邓小平还被接到玉泉山，听取华国锋、叶剑英、李先念和汪东兴介绍粉碎"四人帮"的经过。

在得知邓小平住在301医院后，一些老一辈革命家徐向前、聂荣臻、宋任穷、余秋里等先后到医院探望了邓小平，并向邓小平通报了一些情况。

这时，社会上也开始出现了群众要求恢复邓小平工作的呼声。

1月6日，北京天安门广场人民英雄纪念碑下出现了"强烈要求党中央恢复邓小平职务！""为天安门事件平反！"的特大标语。随之全国各地也纷纷出现要求邓小平复出和为"天安门事件"平反的标语。

1977年1月周恩来逝世一周年之际，北京群众在天安门广场举行活动，反对"继续批邓"，要求恢复邓小平的工作

最早向中央提出停止批邓的是胡耀邦。

1976 年 10 月 12 日，也就是粉碎"四人帮"后的第 6 天，叶剑英派他的儿子叶选宁去胡耀邦家中探望。胡耀邦请叶选宁捎三句话给叶剑英：一句是"停止批邓，人心大顺"，一句是"冤案一理，人心大喜"，一句是"生产狠狠抓，人心乐开花"。胡耀邦还请把这三句话也捎给华国锋。

叶剑英、李先念、王震等老一辈无产阶级革命家也在不同的场合不断呼吁，要求党中央让邓小平早日出来工作。

1977 年 1 月 6 日，华国锋在中央政治局会议上说，关于邓小平的问题，在处理"四人帮"问题的过程中反复考虑过。当时提出批邓反右是正确的。邓小平同志的问题是要解决的，实际上也在逐步解决，外电也看出了这个动向。开始提深入批邓，后来提继续批邓，现在又提"四人帮"批邓另搞一套。现在有人不主张这样搞，主张打倒"四人帮"后邓小平就马上出来工作。如果这样，"四人帮"的人会说邓小平可能要上台，有人要给邓小平翻案。邓小平不是一个人，是一层人，如果急着给邓翻案，会带来问题。材料之一还没有发，问题还没有澄清，坏人会乘机煽动。这样会被动的。如果急急忙忙提出要邓小平出来工作，那么四号五号文件、毛主席处理的这些问题，还算不算数？这样人家会不会说是为邓小平翻案？是不是继承毛主席的遗志？

华国锋继续说：我们同"四人帮"的斗争，不是为邓小平翻案，是反对"四人帮"搞阴谋，搞篡党夺权。"四人帮"反对毛主席，是极右，抓住这些问题进行斗争，才是正确的。如果打倒"四人帮"就马上提出解决邓小平问题，会引起混乱。我们同"四人帮"的斗争，是无产阶级同资产阶级、马克思主义同修正主义长期斗争的继续。他们是要篡党夺权。我们要抓住这个实质性的问题同"四人帮"斗争，把那些不急于解决的问题，往后拖，这样有利。有些问题要逐步解决，要经过适当步骤，把问题弄清楚，要服从"四人帮"斗争这个大局，不要把问题搞颠倒了。

华国锋还说，小平同志的问题，要解决，但不要急。我们这样解决的办法，小平同志自己也会理解的。有些不同的看法，不要紧，要引导，要讲清楚。小平同志出来工作的问题，应做到"瓜熟蒂落，水到渠成"。头脑要清醒。

尽管如此，邓小平的待遇还是有了进一步的改善。

2月3日，邓小平康复出院后，在叶剑英的安排下，携全家住进了北京西山中央军委25号楼。这幢楼原来是王洪文重新装修后住的。可以看出，这种安排当然不会是叶剑英个人的行动。

这时，华国锋主持编辑的《毛泽东选集》第五卷，也改变了原来的编辑方针。原来凡是涉及、讲到邓小平好话的地方全部删除；现在凡是讲邓小平好的地方，一概不删，保留了十几处。让大家读了，知道毛主席是看好邓小平的。显然，也应该看到华国锋这是在为邓小平复出做铺垫。

2月7日，《人民日报》、《红旗》杂志、《解放军报》发表联合社论《学好文件抓住纲》，提出"凡是毛主席作出的决策，我们都坚决维护，凡是毛主席的指示，我们都始终不渝地遵循"。这两句话，随后被概括为"两个凡是"。

"两个凡是"对毛泽东生前的决策和指示拒绝作任何分析，在理论上违背了马克思主义的基本原理和党的实事求是的思想路线，在实践上为新形势下坚持真理、修正错误设置了障碍。

几天以后，国务院副总理王震前来看望邓小平。邓小平在同王震谈话时，对"两个凡是"的提法就提出异议。他认为这不是马克思主义，不是毛泽东思想。

3月10日至20日，中共中央召开工作会议，总结粉碎"四人帮"以来5个月的工作和政治形势，部署1977年的工作任务。

会议开始前，华国锋有个讲话稿，送给叶剑英提意见。叶剑英提了两条：一是"天安门事件"是冤案，要平反；二是对邓小平同志的评价，应该改变一下提法，为小平同志重新出来工作创造条件。讲话稿的起草人给叶剑英反馈说：您的几条意见，我们已向华主席反映了，已按您的意见修改了，对小平同志的评价已改得很好了。

会议开始后，主持会议的华国锋就给各组组长打招呼，说："有两个敏感问题：一个是小平同志出来工作的问题，一个是天安门事件平反的问题，希望各组讨论的时候不要触及。"华国锋在会上发表了长篇讲话，基本上就是 1 月 6 日他在政治局会上所讲的那些话。华国锋在讲话中仍然坚持"天安门事件"是反革命事件，仍然肯定批邓反击右倾翻案风是正确的。说"四人帮"的罪行只在于他们批邓另搞一套，还说坚持在粉碎"四人帮"以后继续批邓这是经过反复考虑的，不能改变。华国锋继续维护"两个凡是"的观点，还指责那些不同意"两个凡是"的同志，说：确有少数同志对这个问题的极端重要性和严重性认识不足，甚至还有极少数同志政治上发生了动摇。赫鲁晓夫丢掉了列宁、斯大林这两把刀子，我们要接受教训。

尽管华国锋打了招呼并表明了态度，但在会上还是有人冲破了华国锋设置的会议禁区，触及这两个"敏感"的问题。

3 月 13 日，时任全国人大常委会副委员长的陈云向上海代表团提交了自己在会上的书面发言。

陈云的这份书面发言稿写出来以后，先同胡乔木商量。胡乔木看后建议要加一段：现在有暂时的困难，但这个困难是可以克服的。这一点一定要写。陈云表示接受，说：你帮我写吧，还用我的文字。胡乔木即加了一段。随后，陈云还征求了一些同志的意见。在耿飚家里，陈云同耿飚、王震、萧劲光、王诤一起谈了一下，请他们把稿子看一看。耿飚说，稿子就要写到这样才好。

陈云在书面发言中，对"天安门事件"提出四点看法：一、当时绝大多数群众是为了悼念周总理；二、尤其关心周恩来同志逝世后党的接班人是谁；三、至于混在群众中的坏人是极少数；四、需要查查

"四人帮"是否插了手，是否有诡计。

陈云提出：邓小平同志与"天安门事件"是无关的。为了中国革命和中国共产党的需要，听说中央有些同志提出让邓小平同志重新参加党中央的领导工作，是完全正确、完全必要的，我完全拥护。

王震在会上发言说：邓小平同志政治思想强，人才难得，这是毛主席讲的，周总理传达的嘛！还说他能打仗、反修坚决。七五年主持中央工作和国务院工作，贯彻执行毛主席的路线、方针和政策，取得了巨大成绩。他是同"四人帮"斗争的先锋，"四人帮"千方百计地、卑鄙地陷害他。现在全党、全军、全国人民都热切地希望他早日出来参加党中央的领导工作。

陈云、王震的发言，得到了王诤、耿飚、姚依林等人的明确支持。

但是，在汪东兴的授意下，他们的发言没能登上简报。

大会工作人员说他们的发言只有修改后才能登简报。陈云、王震都表示，讲都讲了，要登简报，就照讲的原文全部登，如果要摘要登，就干脆不登。结果，陈云、王震的发言就没有登简报。

3月14日，华国锋在全体会议上讲话。他一方面说，"批邓、反击右倾翻案风，是伟大领袖毛主席决定的，批是必要的"，四五运动中，"确有极少数反革命分子把矛头指向伟大领袖毛主席，乘机进行反革命活动，制造了天安门广场反革命事件"；一方面又说，"群众在清明节到天安门去表示自己对周总理的悼念之情，是合乎情理的"，"'四人帮'批邓另搞一套"，"对邓小平同志进行打击、诬陷，这是他们篡党夺权阴谋的重要组成部分"。"'四人帮'对邓小平同志的一切诬蔑不实之词，都应当推倒，比如，他们诬蔑邓小平同志是天安门事件的总后台，经过调查，邓小平同志根本没有插手天安门事件。"华国锋表示："我们的方针是，高举毛主席的伟大旗帜，多做工作，在适当的时机让邓小平同志出来工作。"

华国锋最后宣布："中央政治局的意见是，经过党的十届三中全会和党的第十一次代表大会，正式作出决定，让小平同志出来工作。"

3月14日当天，胡耀邦即到西山看望邓小平，传递了中央即将让邓小平出来工作的信息。邓小平同胡耀邦就当前应该抓紧落实干部政策、平反冤假错案等问题交换了意见。

在这前后，李先念、陈锡联、吴德曾一起到西山看望了邓小平。据吴德回忆：

在这次政治局会议之后，具体的时间记不准确了，在李先念的提议下，李先念、陈锡联还有我一起去西山看望了邓小平同志，表达了中央请他出来工作的愿望。

邓小平见到我们非常高兴，他对我们说："很好啊（指粉碎'四人帮'）！我可以过一个安宁的晚年了。这种方式好，干净利索！"

李先念讲："我们要请你出来工作呢！"

邓小平同志风趣地说："出来干什么？"

李先念说："起码官复原职。"

当时，邓小平同志住在王洪文在西山住过的房子里。他还兴致勃勃地请我们去看了为王洪文修的电影厅，邓小平同志说："看，这是电影厅。"

3月17日上午，陈云参加西南组讨论。陈云发言说："时机成熟的时候，让邓小平同志出来工作，我很赞成。"

4月7日，受华国锋委派，汪东兴和中央办公厅副主任李鑫同邓小平谈话，要求邓小平出来之前写个东西，写明"天安门事件"是反革命事件，遭到邓小平的拒绝。邓小平明确表示：我出不出来没有关系，但是"天安门事件"是革命行动。

4月10日，邓小平给华国锋、叶剑英和中共中央写信，对华国锋

3月14日在中央工作会议上的讲话和代表中央政治局宣布的在适当时机、通过一定程序让他出来工作的决定作出回应。

邓小平在信中写道："我感谢中央弄清了我同天安门事件没有关系这件事，我特别高兴，在华主席的讲话中，肯定了广大群众去年清明节在天安门的活动是合乎情理的。至于我个人的工作，做什么，什么时机开始工作为宜，完全听从中央的考虑和安排。"

针对"两个凡是"，邓小平在信中指出："我们必须世世代代地用准确的完整的毛泽东思想来指导我们全党、全军和全国人民，把党和社会主义的事业，把国际共产主义运动的事业，胜利地推向前进。"

邓小平在信中说："如果中央认为恰当，我建议将我这封信，连同去年十月十日的信，印发党内。"

华国锋、叶剑英等同意将邓小平的两封信转发党内，但提出了一些修改意见。

此后不久，华国锋又派汪东兴和李鑫来看望邓小平。邓小平对他们说，"两个凡是"不行。"两个凡是"不符合马克思主义。他指出：按照"两个凡是"，就说不通为我平反的问题，也说不通肯定1976年广大群众在天安门广场的活动"合乎情理"的问题。后来，在同王震、邓力群谈话时，他进一步指出：把毛泽东同志在这个问题上讲的移到另外的问题上，在这个地点讲的移到另外的地点，在这个时间讲的移到另外的时间，在这个条件下讲的移到另外的条件下，这样做，不行嘛！毛泽东同志自己都说过，他有些话讲错了。他说，一个人只要做工作，没有不犯错误的。马恩列斯都犯过错误，如果不犯错误，为什么他们的手稿常常改了又改呢？改了又改就是因为原来有些观点不完全正确，不那么完备、准确嘛。毛泽东同志说，他自己也犯过错误。一个人讲的每句话都对，一个人绝对正确，没有这回事情。邓小平说：一个人能够"三七开"就很好了，很不错了，我死了，如果后人能够给我以"三七开"的估计，我就很高兴、很满意了。

邓小平强调：这是个重要的理论问题，是个是否坚持历史唯物主义的问题。彻底的唯物主义者，应该像毛泽东同志说的那样对待这个问题。马克思、恩格斯没有说过"凡是"，列宁、斯大林没有说过"凡是"，毛泽东同志自己也没有说过"凡是"。

邓小平特别强调"毛泽东思想是个体系"，"我们要高举旗帜，就是要学习和运用这个思想体系"。

当汪东兴等提出中央希望邓小平对 4 月 10 日信中的一些提法作些修改的时候，邓小平表示：今年 4 月 10 日我给中央写信，提出"我们必须世世代代地用准确的完整的毛泽东思想来指导我们全党、全军和全国人民，把党和社会主义的事业，把国际共产主义运动的事业，胜利地推向前进"，"这是经过反复考虑的"。邓小平不同意对 4 月 10 日的信再作什么修改。后来，华国锋等也没有再提什么要求。

汪东兴和李鑫还同邓小平谈了复出后的工作问题。邓小平表示：分工做什么，最后要由党来决定。

汪东兴表示，中央希望他管外事，邓小平婉言谢绝了。

邓小平告诉他们：就我个人的愿望来说，我现在考虑管科学、教育。

4 月 14 日晨，邓小平致信华国锋、叶剑英，说明根据他们的意见修改 4 月 10 日这封信的有关情况。

当天，华国锋在信上批示："东兴同志：信及附件印发中央政治局同志，经研究后确定印发的范围。" 5 月 3 日，中共中央将邓小平的这封信和 1976 年 10 月 10 日的信转发至县团级。

此后不久，华国锋专门来到邓小平的住地看望邓小平，并就有关问题进行了交谈。在谈到青年干部的培养时，邓小平对华国锋说，还是要讲台阶论。青年要积累经验，这是培养青年的好办法。不用这个办法反而把好好的青年害了。

和汪东兴、李鑫谈话后，邓小平就开始考虑怎样把科学、教育管起来的问题了。

5月12日上午，邓小平约中国科学院负责人方毅、李昌谈科学和教育工作问题。

邓小平指出：整个国家赶超世界先进水平，科学研究是先行官。抓科研就要抓教育。抓教育，关键在中学，中学又以小学教育为基础。中小学现在接不上茬，十年没有好好上课，数理化不行，外文也不懂。多数中学教师水平不高。因此，要抓好重点小学、重点中学。要加强教师的配备。要重新审定大中小学的教材。过去没有吸收外国先进的东西。

邓小平强调：抓科研要注意选接班人。关键是人。方针正确，组织路线要跟上。加强党的领导，选好科研人员，选好后勤人员，很重要。

他还结合现状和历史，着重讲了搞好规划、明确指导思想的问题。

邓小平说：《科学院工作汇报提纲》（以下简称《提纲》）有什么错？只是讲得还不够，是根据当时大家勉强能接受的水平写的，真正要解决问题就不够了。要有一个明确的指导思想。现在各部门掌握的资料都不交流，保什么密？自己封锁自己。我们同国外的科技水平比，在很多方面差距拉大了，要赶上很费劲。我们要努力赶，你不赶，距离就更大了，人家是一日千里。世界发达国家都注意最新的科学成果。据说他们政府头头每天办公桌上都放一张《每日科技新闻》。中国在清朝时搞闭关自守，"四人帮"也是搞闭关自守。科学研究方面的先进东西是人类劳动的成果，为什么不接受？接受这些东西有什么可耻的？要花高价把世界上最新的资料买到手。要着手搞科学技术的长远规划。要抓重点学校、重点科研院所、重点人才、重点项目。要从问题堆里找长远的、根本解决问题的东西。为什么要抓理论研究？就是为了这个。讲空话不行，要有具体措施，统一认识。实事求是是毛主席讲的，是马克思主义的态度。懂得这一条就有希望。

邓小平在这里提到的《提纲》，是 1975 年主持科学院工作的胡耀邦在深入调查研究的基础上，根据邓小平的多次指示搞出来的。《提纲》针对当时把知识分子看作异己力量，大部分科技人员不敢钻研科学技术以及否定专业科技队伍的作用等倾向，建议尽快落实政策，调动广大知识分子的积极性。《提纲》还大声疾呼：科学技术也是生产力！1975 年 9 月 26 日，邓小平在听取胡耀邦汇报时充分肯定了《提纲》，并进一步指出："这是一件大事，要好好议一下。国家么，科研不走在前面？我们在大寨会上说农业拖工业的后腿，科研是拖整个的后腿。"科技队伍"大大削弱了，接不上了"。"现在是不务正业，少务专业。少数人秘密搞，像犯罪一样。陈景润是秘密搞的。这些还有点成绩。究竟算红专还是白专？中国有 1 000 人就了不得。"一些被迫改行的老科学家，"应当发挥作用"。"给他配党委书记，配后勤人员。""思想整顿，关键是班子。""一不懂行、二不热心、三有派性的人，为什么还让他们留在领导班子里？科研人员中有水平有知识的为什么不可以当所长？"

邓小平还一针见血地指出："要后继有人，这是对教育部门提出的问题。大学究竟起什么作用？培养什么人？有些大学只是中等技术学校水平，何必办成大学？""一点外语知识、数理化知识也没有，还攀什么高峰？中峰也不行，低峰还有问题。""我们有个危机，可能发生在教育部门，把整个现代化水平拉住了。""要解决教师地位问题。几百万教员，只是挨骂，怎么调动他们的积极性？"

本来，邓小平很看重这份《提纲》，认为它"不但能管科学院，而且对整个科技界、教育界和其他部门也适用"。因此，他想尽快征得毛泽东同意后下发全国执行。但是，当《提纲》送到毛泽东那里后，遭到了否定。虽然如此，邓小平的认识丝毫没有从《提纲》的立场上后退。典型的例子是，当毛泽东在听取汇报时说他没讲过科学技术是生产力这个话后，邓小平没有哼哼哈哈地予以迎合，更没有痛心疾首式的自我否定，而是引经据典地说马克思这样讲过。于是，毛泽东无话可说了。如果看看十多年后邓小平在会见捷克斯洛伐克总统胡萨克时就此作的进一步发挥，那么，这种坚定性和一致性就表现得更加明白了。他对胡萨克说：马克思讲过科学技术是生产力，这是非常正确的，现在看来这样说可能不够，恐怕是第一生产力。

邓小平还对方毅等人特别强调：科技人员就是劳动者！他说：一个时期，说科技人员是"臭老九"，连发明权都没有。科学研究是不是劳动？科研人员是不是劳动者？三大革命运动有科学实验嘛。科研人员搞点体力劳动是需要的，但他本身是脑力劳动者。自动化技术是以脑力劳动为主的。

5月24日，邓小平在住地同王震、邓力群谈话。他专门谈到了他此前不久同汪东兴和李鑫关于完整准确理解毛泽东思想的谈话内容。

邓小平同王震、邓力群谈了自己复出工作的问题。他说：我出来工作的事定了，反正要继续当大官。至于分工做什么，军队是要管的。要我继续管外事，不那么想干，太累，当然重要的外事活动还可以参加，不想大部分卷进去。我现在考虑管科学、教育。这是我自己的愿望，最后还是要由党来决定。

一说到科学、教育，邓小平谈兴很浓。这是他一直萦绕在心的大事情。

他说：我们要实现现代化，关键是科学技术要能上去。发展科学技术，不抓教育不行。靠空讲不能实现现代化，必须有知识，有人才。没有知识，没有人才，怎么上得去？科学技术这么落后怎么行？要承认落后，承认落后就有希望了。现在看来，同发达国家相比，我们的科学技术和教育整整落后了20年。科研人员美国有120万，苏联90万，我们只有20多万，还包括老弱病残，真正顶用的不很多。日本人从明治维新就开始注意科技，注意教育，花了很大力量。明治维新是新兴资产阶级干的现代化。我们是无产阶级，应该也可能干得比他们好。

抓科技必须同时抓教育。从小学抓起，一直到中学、大学。我希望从现在开始做起，五年小见成效，十年中见成效，十五年二十年大见成效。办教育要两条腿走路，既注意普及，又注意提高。要办重点小学、重点中学、重点大学。要经过严格考试，把最优秀的人集中在重点中学和大学。

要从科技系统中挑选出几千名尖子人才。这些人挑选出来之后，就为他们创造条件，让他们专心致志地做研究工作。生活有困难的，可以给津贴补助。现在有的人家里有老人孩子，一个月工资几十元，很多时间用于料理生活，晚上找个安静地方读书都办不到，这怎么行呢？对这些人的政治要求要适当。他们在政治上要爱国，爱社会主义，接受党的领导。他们做好研究工作，出了成果，就对政治有利，对中华人民共和国有好处。

一定要在党内造成一种空气：尊重知识，尊重人才。要反对不尊重知识分子的错误思想。不论脑力劳动，体力劳动，都是劳动。从事脑力劳动的人也是劳动者。将来，脑力劳动和体力劳动更分不开来。发达的资本主义国家有许多工人的工作就是按电钮，一站好几小时，这既是紧张的、聚精会神的脑力劳动，也是辛苦的体力劳动。要重视知识，重视从事脑力劳动的人，要承认这些人是劳动者。

在军队中，科研和教育工作也要一起抓，进行现代战争没有现代战争知识怎么行？要使军队领导干部自己有知识而且尊重知识。要办各级学校，经过训练，使军队领导干部掌握现代科学文化知识和现代战争知识；同时使我们的部队干部年轻化。六十岁的人当军长是不行的。

科技和教育，各行各业都要抓。大的企业都要有科学技术研究机构，有科学技术研究人员。每个部门都要进行科学研究。考察美国农业的同志说，那里农业投资很多用于科学技术方面的研究。可以说每个部门都要进行科学研究。军队负重，一个战士六七十斤怎么打仗？战士带的这些东西都要有，但是一定尽量轻一点，这就是一个重要的研究课题。美国人讲阔气，士兵们带鸭绒睡袋，我们不能比。现在化学纤维有新的发展，可用化纤来解决这个问题，轻得多了。还有包装的问题，也有科技研究的问题。军事工业方面也要抓几个重点，使协作可以配套，人员能够配齐。把几个重点抓好，就有了样子，其他可以跟着学。

说到这里，邓力群提出，为了应付青黄不接，打算从1965—1976年这12年的高中毕业生中采取自愿报名、严格考试、硬性抽调的办法，吸收进大学，培养一批人才。

邓小平听了说：这种意见好！现在要提出问题，提出任务，大家想办法。我的一个残疾儿子躺在床上，忙得不得了，成天修收音机、录音机等等。同他一起学习的同学学得比他好的不少，但大多学非所用，搞别的事情去了。凡是用非所学、学非所用的人应该收集起来，使他们归队。

邓小平还谈到党风问题。他说，理论队伍中提倡和实行民主作风，有不同意见允许争论，"这个问题很重要"。毛主席讲要百花齐放、百家争鸣。辩证法嘛，不"辩"怎么能"证"呢？经过"辩"才能"证"。邓小平认为，民主作风，是个党风问题，军风问题，民风问题，学风问题，总起来说是党风问题，是毛主席培养起来的延安作风，延安精神。延安作风、延安精神要恢复。延安的传统要继承发扬起来，最主要就是党的作风。关于党风问题，马恩由于当时条件很难有什么建树，列宁有发展，但比毛主席在延安时的那些还不够。毛主席继承列宁的党风加以总结、创造，把党风大为发展。我们党的、很完整的作风，经过延安整风已经建立起来了。现在我们要继承发扬的就是延安那一套。要把林彪、"四人帮"等破坏了的那一套的东西贯彻下去。"鞍钢宪法"，自己没实行，实际上有了大庆才真正创造一套完整的经验。

邓小平又谈到企业执行规章制度要从严要求。他说，我们国家的卫星，有的上去了，有的就上不去。两个卫星什么都一样，有两种不同结果，就是因为对零件、对工艺的要求不严格。

这就是邓小平在复出之前的一些政治思考。

7 月 16 日，中共十届三中全会召开。17 日，全会一致通过《关于恢复邓小平同志职务的决议》，决定恢复邓小平中共中央委员，中央政治局委员、常委，中央副主席，中央军委副主席，中国人民解放军总参谋长的职务。

邓小平出席了全会。

7 月 21 日，邓小平在全会上讲话。他说：

作为一名老共产党员，还能在不多的余年里为党为国家为人民做一点力所能及的事情，在我个人来说是高兴的。出来工作，可以有两种态度，一个是做官，一个是做点工作。我想，谁叫你当共产党人呢，既然当了，就不能够做官，不能够有私心杂念，不能够有别的选择，应该老老实实地履行党员的责任，听从党的安排。

这就是一名老共产党员的真情告白，也是 73 岁邓小平的庄严承诺！

邓小平在会上再一次谈到了完整地准确地理解毛泽东思想的问题。他说：

马克思列宁主义、毛泽东思想，是我们党的指导思想。毛泽东思想继承和发展了马克思列宁主义。林彪否定毛泽东思想，说"老三篇"就代表了毛泽东思想。林彪还把毛泽东思想同马克思列宁主义割裂开来。这是对毛泽东思想的严重歪曲，极不利于我们的党和社会主义事业，极不利于国际共产主义运动。

我在今年 4 月 10 日致华国锋同志、叶剑英同志、党中央的信中，曾经提到，要用准确的完整的毛泽东思想来指导我们全党、全军和全国人民，把我们党的事业、社会主义的事业和国际共产主义运动的事业推向前进。我说要用准确的完整的毛泽东思想作指导的意思是，要对毛泽东思想有一个完整的准确的认识，要善于学习、掌握和运用毛泽东思想的体系来指导我们各项工作。只有这样，才不至于割裂、歪曲毛泽东思想，损害毛泽东思想。我们可以看到，毛泽东同志在这一个时间，这一个条件，对某一个问题所讲的话是正确的，在另外一个时间，另外一个条件，对同样的问题讲的话也是正确的；但是在不同的时间、条件对同样的问题讲的话，有时分寸不同，着重点不同，甚至一些提法也不同。所以，我们不能够只从个别词句来理解毛泽东思想，而必须从毛泽东思想的整个体系去获得正确的理解。"四人帮"，特别是所谓理论家张春桥，歪曲、篡改毛泽东思想。他们引用毛泽东同志的某些片言只语来骗人、吓唬人。我们要真正地领会毛泽东思想。就一个领域、一个方面的问题来说，也要准确地完整地理解毛泽东思想。比如说，关于知识分子问题，这是一个领域的问题。毛泽东同志历来重视知识分子的作用，同时也非常注意知识分子要好好地改造世界观。这是从爱护出发，是为了更好地调动他们的积极性，发挥他们的作用，使他们能够好好地为社会主义事业服务。"四人帮"把知识分子一概称为"臭老九"，并且还说这是毛主席说的。应该承认，毛泽东同志曾经把他们看作是资产阶级的一部分。这样的话我们现在不能继续讲。但是从整个革命和建设过程来看，毛泽东同志是重视知识分子的作用的。他在1975年，还针对"四人帮"的诬蔑，提出"老九不能走"。我们要准确地完整地理解毛泽东同志关于知识分子问题的思想和政策。又比如说，关于领袖和群众的关系问题，毛泽东思想历来认为推动历史前进的力量是人民。作为伟大的马克思主义者，毛泽东同志多次反对对他本人的一些不适当不科学的评价，经常教育我们正确理解人民与领导人或领袖的关系。毛泽东思想不是在个别的方面，而是在许多领域发展了马克思列宁主义。毛泽东思想是个体系，是发展了的马克思主义。所以我建议，除了做好毛泽东著作的整理出版工作之外，做理论工作的同志，要花相当多的功夫，从各个领域阐明毛泽东思想的体系。要用毛泽东思想的体系来教育我们的党，来引导我们前进。

邓小平还详细阐述了毛泽东思想里面的党的学说问题。他指出：

在这一方面，马克思、恩格斯讲得不多，列宁有个完整的建党的学说。正是因为列宁建立了那么一个好的党，才能取得十月革命的胜利，建立了第一个社会主义国家。把列宁的建党学说发展得最完备的是毛泽东同志。在井冈山时期，即红军创建时期，毛泽东同志的建党思想就很明确。大家看看红军第四军第九次党代表大会的决议就可以了解。他的完整的建党学说，是经过实践在延安整风时期建立起来的。毛泽东同志对于建立一个什么样的党，党的指导思想是什么，党的作风是什么，都有完整的一套。正是因为毛泽东同志在延安整风中建立了完整的建党学说，并且用这个学说来教育我们全党、全军和人民，使我们建立了这么一个好的党，所以才取得抗日战争、解放战争的彻底胜利。建国以后，党内生气勃勃，生动活泼。毛泽东同志的建党学说以后又有新的发展。1957年，毛泽东同志概括地讲了一个目标："我们的目标，是想造成一个又有集中又有民主，又有纪律又有自由，又有统一意志、又有个人心情舒畅、生动活泼，那样一种政治局面，以利于社会主义革命和社会主义建设，较易于克服困难，较快地建设我国的现代工业和现代农业，党和国家较为巩固，较为能够经受风险。"当然，毛泽东同志这里讲的政治局面不只是讲党，而且是讲整个国家，整个军队，整个人民，就是说全党、全军、全国人民都要有那样一种政治局面。

我们回想一下，正是根据毛泽东同志的建党学说，才建立了这样一个好的党。从延安整风以后，无论前方后方的人，真是生气勃勃，生动活泼，心情舒畅，团结一致。毛泽东同志建立的这个党，既能够充分发扬民主，充分发挥下面遵守纪律的自觉性，又能够在这样的基础上建立高度的集中。毛主席、党中央的命令、号召，谁不听哪！谁不是自觉地听哪！没有这样的党的风气，我们能够战胜比我们强得多的敌人吗？我们能够在建国以后，取得一个又一个的胜利吗？

"四人帮"反对毛泽东同志的建党学说，给党的建设、党的作风带来了很大的损害。详细情形我就不讲了。怎样才能达到毛泽东同志提出的那样一种政治局面呢？就是要好好学习毛泽东同志在党的建设这个领域里的思想。这里面内容很多。比如高度民主与高度集中相结合。比如正确区分和处理两类不同性质的矛盾。比如"团结—批评—团结"的公式。比如惩前毖后、治病救人的方法。比如充分发扬民主，团结百分之九十五以上的干部和群众。比如群众路线，信任群众。比如，在延安中央党校，毛泽东同志亲笔题的四个大字，叫"实事求是"。我看大庆讲"三老"，做老实人，说老实话，干老实事，就是实事求是。我认为，毛泽东同志倡导的作风，群众路线和实事求是这两条是最根本的东西。当然民主与集中的关系，自由和纪律的关系，都是很重要的。对我们党的现状来说，我个人觉得，群众路线和实事求是特别重要。毛泽东同志是彻底的唯物主义者，他充分信任群众，历来反对不信任群众、不依靠群众。对群众的议论，毛泽东同志是非常注意的。同志们总记得，在延安的时候，生产运动是怎么搞起来的。为什么提倡生产运动呢？原因之一就是当时征粮征多了，群众有怨言，我们好多共产党员听了心里非常不舒服。毛泽东同志看法不同，他说，讲得有道理，群众的呼声嘛！毛泽东同志就是伟大，就是同我们不同，他善于从群众这样的议论当中，发现问题，提出解决问题的方针和政策，毛泽东同志一向非常注意群众的议论，群众的思想，群众的问题。

我为什么说实事求是在目前重要呢？要搞好我们的党风，军风，民风，关键是要搞好党风。现在，"四人帮"确实把我们的风气坏了。"四人帮"的破坏实际上是十年，或者说是十年以上，开始是同林彪结合在一起。他们弄得我们党内同志不敢讲话，尤其不敢讲老实话，弄虚作假。甚至于我们有些老同志也沾染了这些坏习气，这是不应该原谅的啊！我们只要充分信任群众，实事求是，发扬民主，把毛泽东同志的建党学说和党的一整套作风恢复起来，发扬起来，那末，毛泽东同志所说的那样一种政治局面，就一定会达到。有了那样一种政治局面，我们什么风险也能够经受得住。我们要创造这样一种政治局面，在党中央领导下，全党、全军和全国人民团结起来，既有统一意志，又有个人心情舒畅，生动活泼，什么问题都可以摆到桌面上来，对领导人有意见，也可以批评。

整党整风，这是很必要的。我们这些老同志也得整一整风，当然不是人人过关喽。我们现在不搞那个方法，自觉地整一整风也需要吧！给青年党员、干部做个榜样嘛，传帮带嘛，把毛泽东同志建立的党的学说、党的作风，传帮带，带好嘛！那样，我们遇到什么困难、什么风险都不怕，我们的社会主义革命和社会主义建设事业，一定能够得到充分的发展。

现在我们全党、全军和全国人民的觉悟水平，对是非的识别能力，大大地提高了。人们动脑筋，想问题，关心国家，关心党。"四人帮"在那里危害党的时候，绝大多数人，可以说百分之九十九的干部、党员和人民，都是十分担心，忧心忡忡。我们有这样好的干部，这样好的党员，这样好的人民，他们觉悟程度很高，对党的事业无限信任，这是我们战胜一切困难，在各方面取得伟大胜利的最可靠的保障，是非常可贵的。所以我和同志们一样，相信在党中央的领导下，一定能够把全党、全军和全国各族人民团结起来，高举毛泽东思想的伟大旗帜，调动一切积极因素，力争在本世纪内实现四个现代化，使我们的社会主义国家兴旺起来，使我们党的事业兴旺起来，使我国的无产阶级专政更加巩固，使我们能够为国际共产主义运动，为全人类，作出更大的贡献。

1977 年 7 月 21 日，邓小平在中共十届三中全会上讲话

7 月 23 日，《中国共产党第十届中央委员会第三次全体会议公报》和"两报一刊"社论《历史性的会议》，向全国和世界公布了邓小平

复出的决定。

十届三中全会的公报指出：

> 全会经过认真的讨论，完全拥护华国锋主席在一九七七年三月工作会议上代表中央政治局提出的，经过十届三中全会，正式作出决定，让邓小平同志出来工作的意见。一九七七年五月三日，中央转发的邓小平同志致华主席、叶副主席、党中央的两封信，受到全党同志的赞同。全会一致决定，恢复邓小平同志中共中央委员、中央政治局委员、常委、中共中央副主席，中共中央军委副主席，国务院副总理，中国人民解放军总参谋长的职务。

"两报一刊"社论《历史性的会议》指出：

> 三中全会还通过了《关于恢复邓小平同志职务的决议》。毛主席对邓小平同志早有过明确的全面的评价。华主席在三月中央工作会议上指出：王张江姚反党集团对邓小平同志进行打击、诬陷，这是他们篡党夺权阴谋的重要组成部分。"四人帮"对邓小平同志的一切诬蔑不实之词，都应当推倒。

这次全会决定恢复邓小平同志党内外一切职务，体现了广大党员和群众的心愿。

7月30日晚上，北京工人体育馆举行1977年国际足球友好邀请赛。当邓小平走上主席台时，全场8万观众长时间热烈鼓掌。

这是邓小平第三次复出后的第一次公开亮相。

一位外国记者写道：

> 邓副主席在群众面前露面是去年1月在周恩来总理追悼大会

上致悼词以来的第一次。

邓先生似乎并没有由于他去年受到贬辱而有什么改变，看上去他比他的实际年龄要年轻十岁。

比赛中间休息十分钟，邓先生一度退席。但当他又出席观看后半场比赛的时候，十万观众撇开比赛，霎时都站立起来，向他报以狂热的掌声。

对于观众来说，这是一个不仅观看比赛，而且也是注视约隔一年半之后在公众面前露面的邓先生一举一动的繁忙之夜。

邓小平第三次复出了，开启了他开创中国特色社会主义道路的新的篇章。

第三章　恢复高考——打开拨乱反正的突破口

　　邓小平一出来工作，立即表现出作为战略家的远见卓识，从千头万绪中选择教育这个"十年内乱"中历经劫难的重灾区作为拨乱反正的突破口，并率先提出了他思考已久的高考招生制度改革的问题。

　　早在 1977 年 5 月，邓小平在中央征求他关于复出后工作安排的意见时，就自告奋勇地表示要"管科教方面的工作"。5 月 24 日，他在同两位中央负责同志的谈话中对我国科教方面面临的一些问题以及如何解决这些问题，提出了许多重要的意见。

　　就在邓小平正式复出前不久，1977 年 6 月 29 日至 7 月 15 日，教育部在太原召开了粉碎"四人帮"后的第一次全国高等学校招生工作座谈会。当时高教领域笼罩着两片阴云。一是走上海机床厂从工人中培养人才的"七二一道路"。二是"两个估计"，即在 1966 年"文化大革命"开始以前的 17 年里，教育战线是资产阶级专了无产阶级的政，是"黑线专政"；大多数知识分子的世界观基本上是资产阶级的，是资产阶级知识分子。更为严重的是，在人们心头还横亘着一座大山，即"两个凡是"。因此，为国家选拔人才的高校招生面临着两难境地：否定"七二一道路"，要承担复辟 17 年资产阶级统治、反对毛泽东革命路线的政治风险；如果照"七二一道路"走下去，千百万优秀人才就还将被关在大学的校门外，千百万优秀的"老三届"必将错过上大学的最后一次机会。虽然这次会议在落实 1972 年周恩来总理关于高等学校招生的指示上有所进展，但是，在"两个凡是"阴云的笼罩下，仍然未能突破不合理的招生规定。显然，单靠教育部门是难以改革大学招生制度和恢复高考制度的。

邓小平出来工作的第三天，7月23日，他就在同中共长沙工学院临时委员会正副书记张文峰、高勇的谈话中提出：1975年教育战线的整顿搞不动，我就想让军队带头，在军队搞一所国防科技大学，从高中直接招生。现在看来还不够，还应当发展。教育要两条腿走路，要有重点。大学要从工农兵中招生，重点学校可以从应届高中毕业生中招。基础是数、理、化、外语，从小就可以学ABC。要搞电化教学，也可以用幻灯、录音。好教员讲课录音下来，其他教员辅导。

邓小平强调：不管招多少大学生，一定要考试，考试不合格不能要。不管是谁的子女，就是大人物的也不能要。我算个大人物吧！我的子女考不合格也不能要，不能"走后门"。

7月29日，邓小平在听取方毅、刘西尧等汇报教育工作时指出：要抓一批重点大学。重点大学既是教育的中心，又是办科研的中心。高等学校的科学研究，应纳入国家规划。重点学校首先要解决教员问题。清华、北大要恢复起来。要逐步培养研究生。教育部也要抓一些中小学重点学校，在北京就可以抓四十所到五十所。不能降低教师的待遇，要加强外语教学，要搞电化教学。有几个问题要提出来考虑。第一，是否废除高中毕业生一定要劳动两年才能上大学的做法？第二，要坚持考试制度，重点学校一定要坚持不合格的要留级。对此要有鲜明的态度。第三，要搞个汇报提纲，提出方针、政策、措施。教育与科研两者关系很密切，要狠抓，要从教育抓起，要有具体措施，否则就是放空炮。

邓小平还说，最近准备开一个科学和教育工作座谈会，找一些敢说话、有见解的，不是行政人员，在自然科学方面有才学的，与"四人帮"没有牵连的人参加。

8月1日，邓小平在同方毅、刘西尧谈教育问题时说，从明年开始两条腿走路，一半直接招生，一半从别的路子来，特别是理工科。开学时间统一到秋季好。办教育要两条腿走路，学校可以搞多种形式，总的目标是尽快地培养一批人出来。今年先过渡一下。有人建议今年把1964年、1965年入学，学了一两年的大学生，选一部分到大学进修一至两年。这样可能来得比较快。有些人是愿意回来的。研究生也可以招过去大学读过一两年的大学生。凡是过去处理不当的，有点基础的，可以放到大学，也可以直接放到科学院，成为今年大学招生的重点，当然年龄可能大一点。北大、清华可以按照老办法招一点学生，但不要多，搞个专门班。

科技大学招生今年就开始，不受限制。根本大计是要从教育着手，从小学抓起，否则赶超就变成了一句空话。重点大、中、小学校，数量不能太少。现在教师缺乏，企业也要抓，比如鞍钢。企业办学校，教师好解决。这个问题现在就要抓。科技大学由科学院包下来，直接招生，军队院校由军队包。这些重点大学实行双重领导，以省市为主。各个部门也要抓一批重点大学，比如北京钢铁学院，冶金部就要直接过问。教育部对于重点大学要直接过问。现在要立即着手指定重点大学、中学、小学。两条腿走路，但要有重点。重点大学就是直接从高中毕业生中招生。归根到底，还是要把小学、中学办好，这样大学就有希望了。

还有一个今年的临时办法。对于学生分配不对口的处理，有人提出延长半年学制，这个办法可以同意。路子走几年以后，大学基本上就是研究机构，学生学了一两年后就是搞研究，或是前三年学基础，后两年搞研究，有的可以到科学院实习或者搞科研，大量的是在本校实习或搞科研。这样，大学生设置许多专业来研究，就都成了研究生了。重点是搞专业，要加强专业研究。早一些转到专业研究上，不浪费时间。

现在比较急迫的问题是教材问题，还有教师队伍问题。教材要精简，每个省、市、企业要花一年的时间配好教员，把教材编出来。大学教材还是以学校为中心来编。大学的教材也应精简。编写教材，可以老、中、青结合起来。一定要吸收世界先进的东西，洋为中用，特别是自然科学方面。从最先进的东西教起，一开始就启发学生向着更广更深的方向发展，这就有希望了。文科教马列主义、毛泽东思想怎么教？总要读点鲁迅的作品吧！文风总要搞好吧！搞历史的不懂历史怎么行？还有艺术方面，群众中出现了一些写作能力强、思想水平高的人，要把这些人选出来进修，年龄大一点没有关系。科学院要抽人去教书，可以不脱离科学院去兼课。考核要按毛主席的指示，开卷考试，但是要考。平时的学习，用开卷考试和闭卷考试相结合的办法考核，要重视平时的成绩，以这个为主，但是进学校的考试是必要的。

要派留学生出去，请人来讲学，花点钱，把愿意回国的科学家请回来。杨振宁、李政道提的意见是正确的。他们是真正爱国的，想把祖国搞好。他们不可能回来，但可以请他们回来讲学。

要广泛地听取意见，大家来想办法。教育部要尽可能快地写一个汇报提纲。事情不能拖，越早越好。提法要适当、要站得住脚，具体措施要有好多条才行。对教育战线十七年的估计，基本上用毛主席的话，知识分子绝大多数是好的。"四人帮"另搞一套，说知识分子是"臭老九"。劳动人民都要知识化嘛。如果照"四人帮"的说法，到了共产主义，人们岂不都成了"臭老九"吗？总之，要充分调动知识分子的积极性，但任何时候都要注意他们世界观的改造。要提倡尊师爱生，现在要特别提倡尊师。当教师是光荣的，以后选人大代表、搞政治活动等都要照顾教师。

编教材和抓重点学校要立即动手，不要等了。今年是准备，包括招生和分配，领导班子的配备，教学人员、教材等方面的准备，明年开张。

当天，当得知时任天津市革委会副主任的蒋南翔向教育部提出，希望能够允许天津市在 1977 年大学招生时，直接在应届高中生中挑选一些学生参加考试，邓小平当即表示赞赏与支持："就是要敢想敢讲，不要吞吞吐吐。要提倡实事求是。"

8 月 4 日至 8 日，科学和教育工作座谈会在北京饭店召开。

按照邓小平的要求，中国科学院和教育部分别在科学院系统和高等院校找人，最后确定了一个 33 人的与会名单。主办单位中国科学院负责人方毅、李昌、武衡、童大林，教育部负责人刘西尧、李琦、李琦涛，以及受邓小平批示帮助教育部起草给中央的教育工作汇报提纲的国务院政治研究室负责人胡乔木、于光远、邓力群等出席座谈会。

邓小平与参加科学和教育工作座谈会的同志合影

邓小平自始至终亲自主持座谈会。

这次座谈会没有事先准备好的长篇报告、讲话，5 天全是自由发言。

8 月 4 日上午 8 点半，邓小平身着白衬衣、绿军裤、黑布鞋，迈着稳健的步伐，来到会场。座谈会一开始，邓小平便操着一口浓厚的川音亲切地对大家说：同志们！邀集这次座谈会的目的，就是要请大家一起来研究和讨论，科学研究怎样才能搞得更快更好些，教育怎样才能适应我国四个现代化建设的要求、适应赶超世界先进水平的要求。研究学科、教材、教师来源、办学方针、措施等，都要征求大家的意见。

邓小平说：这个世纪还有 23 年，要实现四个现代化，要赶超世界先进水平，究竟从何着手？看来要从科研和教育着手。

这几年"四人帮"对科学工作、教育工作，对各行各业破坏极大，对我们国家是一个大灾难。一定要花很大的力量，把损失的时间抢回来……要做思想工作，把"臭老九"的帽子丢掉。可不可以要求教育革命五年见初效、十年见中效、十五年见大效？听听大家的意见，向大家学习，外行管内行，总得要学才行。现在请大家发言！

邓小平把问题抛出来了。在邓小平的引导下，大家发言非常积极。

在大家发言的过程中，邓小平也不断插话。

说到教材的问题，邓小平说：要把国外先进的科学技术成果放到教材里去，把数理化和外文的基础打好。小学、中学的水平提高了，大学的情况就不同了。

说到上山下乡的知识青年时，邓小平说：对上山下乡知识青年中通过自学达到了较高水平的人，要研究用什么办法、经过什么途径选拔回来。这种人成千上万，要非常注意这部分人，爱护这部分人，千方百计把他们招回来上大学或当研究生。不要定什么名额，这样的人有多少就选多少，可以在名额之外。今年来不及，就从明年开始，大学可以直接从高中招生，也包括从社会上招好的青年。

邓小平强调：大学要办得活一点。有些青年成绩好，没毕业就可以当研究生，好的班也可以全班转入研究生。过几年后，大学要重点培养研究生。这样做，研究人员成长得快。这是个方针问题。这样出人才会快些。我相信中国人聪明，会大量出人才的。我们太落后了，我们自己要谦虚一点，说老实话，吹不得牛。

高等学校特别是重点大学，必须搞科研，要承担相当多的科研项目，规划中要明确。大学不要办那么多厂，不要追求产值，而是要多办些研究室，要出科研成果，这是大学的任务。

8月5日，座谈会继续举行。当有人提到高等学校科研、教学仪器损坏严重问题时，邓小平说：高等学校科研、教学仪器设备损坏的，有的要修复，有的要补充，有的要重新购置。要不怎么教学？怎么提高？请你们回去好好注意这个问题，要好好保护现有的仪器设备，再不能破坏了。他还提出：科研、教学需要的仪器设备，凡不合格的就不要，要求生产部门按照所要求的水平去生产。全国要指定几个重点厂子来生产。只要抓紧，问题就不难解决。要保证质量。科学院、教育部都要过问。

座谈会上，大家谈到了现在大、中、小学教师的水平亟待提高。如何提高大、中、小学教师的水平？邓小平说，大家提到大学的有些内容可以放到中学去讲，中学的有些内容可以放到小学去讲，这样不管是大学、中学，还是小学的教师，水平就不行了。假如按新的课程，就有一批教师不合格，大家考虑到底该怎么解决这个问题。教材要加深，合格教师就更缺乏了。邓小平提出了一个办法：是否先解决重点大学，再解决一批重点中学，还有重点小学。要坚持两条腿走路，水平比较高的，叫作重点，重点大学、中学、小学。但是不等于非重点学校就不出人才。重点大学应当主要从重点中学招收学生。这样解决教师缺乏问题比较容易一些。重点学校的课程应当深一些。要把好的教师放到重点学校，普遍解决有困难。教师自己要提高，才能教得深，主要靠自学。

邓小平对教师缺乏的问题思考很深。他说，学校一办起来马上就会遇到教师特别是合格教师缺乏的问题。还有没有别的办法？比如由好的教师带差一点的教师，主讲由好教师担任。还要搞电化教育，现在电视机没那么多，先搞土电化教育嘛。录音机、收音机总可以搞吧？电视教育如果一时搞不起来，能不能用广播？一些公式靠口讲不行，可不可以搞幻灯？有些教师可以不主讲，做辅导。当教师在政治上是光荣的。当教师是繁重的劳动，级别、待遇要考虑。总之要调动教师的积极性。在国外愿意回来的中国人，坚决请回来。要做好准备工作，越快越好。

在 8 月 6 日的座谈会上，大家主要谈到学制问题。邓小平插话说：小学是否要普遍 6 岁入学？这要研究。过去 7 岁入学，中学毕业十六七岁，有的升学，升不了学的也可以就业，参加劳动，当工人、农民。绝大多数是到各行各业去。大学只有那么多，全国一年高中毕业生有几百万人，进大学的才二三十万。重点大学应当从高中直接招生。学生的劳动可在中小学完成。城市的学生也要到农村去帮助夏收、秋收，重点是到工厂。劳动多少时间也要研究。如果劳动时间太久了，学的东西就会忘记了。过去是中学毕业后至少劳动两年以上才能升大学，结果中学学的东西都丢了，与大学所学的东西衔接不起来。这是个损失，至少对重点大学来说是这样。大、中、小学学制各以几年为宜，要好好研究一下。要照顾到同时毕业。有的年限长一点的，可以进研究生班。毕业时间要统一，好分配。要恢复到统一招生、统一分配。如果普遍这样做不行，至少重点大学要先这样做，避免浪费。

从明年开始执行新的教育制度。今年做准备，把学制、教材、教师、学生来源、招生制度、考试制度、考核制度等都要确定下来，都要搞好，搞好后就不要经常变动了。当然小改也还是可能的，逐步做到统一。

此前，邓小平真诚地问专家："用一年时间准备行不行？要按提高的标准重新编教材，要合乎现代化的要求，不能尽是些陈旧的东西。

首先在重点大学试用，然后推广。还有教师的选择、调配，教学方法的准备。考试制度这一套也要研究好。从明年开始招生。"

武汉大学化学系副教授查全性对这个问题发言。他提出必须立即改进大学招生办法。他抨击了现行招生制度的四个严重弊病。一是埋没了人才，大批热爱科学，有培养前途的青年选不上来，而某些不爱读书，文化程度不高的人却占据了招生名额。二是卡了工农子弟上大学。一些人不是靠考分，而是靠"权"上大学。三是坏了社会风气，助长了不正之风，而且愈演愈烈。今年的招生还没开始，已经有人在请客、送礼、"走后门"了。制度不改，"走后门"的不正之风刹不住。四是严重影响了中小学生和教师的教与学的积极性。现在连小学生都知道，今后上大学不需要学文化，只要有个好爸爸。查全性强调，招生是保证大学教育质量的第一关。大学新生质量没有保证，其原因一是中小学生质量不高，二是招生制度有问题，主要矛盾还是招生制度。不是没有合格的人才可以招收，而是现行制度招不到合格的人才。他呼吁：一定要当机立断，只争朝夕，今年能办的就不要拖到明年去办。

查全性的发言，引起了与会者强烈的共鸣。吴文俊、王大珩、邹承鲁、汪猷、温元凯等纷纷发言赞同查全性的意见，建议党中央、国务院下大决心，对现行招生制度来一个大的改革，宁可今年招生晚两个月。他们说，如果不实行高考，今年又要按推荐的办法招来 20 多万人，好多不合适的，浪费就大了。

与会者的建议使邓小平受到很大的震动。他问坐在身边的教育部部长刘西尧："今年恢复高考还来得及吗？"刘西尧说："推迟招生，还来得及。"邓小平听了，当场决断："既然今年还有时间，那就坚决改嘛！把原来写的招生报告收回来，根据大家的意见重写。招生涉及下乡的几百万青年。要拿出一个办法来，既可以把优秀人才选拔上来，又不要引起波动。重点学校要统一招生。过去允许自报三个志愿，到学校后再分专业。如果来得及就从今年开始改，不要耽误。"

当有人在座谈会上建议把过去招生的十六字方针改为"自愿报考，单位同意，统一考试，择优录取"时，邓小平说："十六个字的建议比较好，但第二句有点问题，比如考生很好，要报考，队里不同意，或者领导脾气坏一些，不同意报考怎么办？我取四分之三，不要这一句。"所以，后来确定的招生方针中就取消了"单位同意"这一条。

邓小平说："今年下决心按要求招生，招的学生要符合要求。现在青年中想升大学的多，主要是有些不合格，要考试。选拔研究生也要考试。大学招生不管是从哪条路子来的，都要确保质量。"

在有人谈到"以学为主"的问题时，他说："重点学校应以搞基础理论教学为主，创造新的条件，培养学得比较深、水平比较高的科研人才。一般大学招的学生水平可能低一些，教学内容应有所不同，出的人才普通一些，但也可能出些尖子。教育部要抓好重点学校，其他的放手让地方上抓。重点学校太少了，要再增加一些，不要只是那几个著名的大学，好多专业院校也应当列为重点学校，要有相当的数量，不然研究人员来源太少。现在办得不算好的学校要加强，搞几条腿走路……重点学校不要提半工半读。"

邓小平强调，要加强基础理论课。不同的大学有不同的特点，不同的专业也有不同的特点。专业分得太细不好，特别是前两三年，但基础理论是共同的，全国同类专业要统一。他要求组织几个组，分门别类地研究一下，理出个头绪，共同加强基础课。大学要这样做，中学也要加强基础课，无非是学好数理化，学好外语。

8月8日是座谈会的最后一天，邓小平听取了与会代表反映的对高等教育现状的忧虑和意见。当清华大学党委负责人谈到清华大学教育质量很差，许多人只有小学水平，入学后还得补习中学课程时，邓小平很不满意地说：那就应该称作"清华小学""清华中学"。

在座谈会结束时，邓小平讲话。

他说：我自告奋勇管科学教育工作，中央也同意了。我们国家要赶上世界先进水平，要从科学和教育着手。

接着，邓小平讲了六点意见：

一、关于对 17 年的估计问题。邓小平指出：主导方面是红线。应当肯定，17 年中，绝大多数知识分子，不管是科学工作者还是教育工作者，在毛泽东思想的光辉照耀下，在党的正确领导下，辛勤劳动，努力工作，取得了很大成绩。特别是教育工作者，他们的劳动更辛苦。现在差不多各条战线的骨干力量，大都是建国以后我们自己培养的，特别是前十几年培养出来的……我国的知识分子绝大多数是自觉自愿地为社会主义服务的。

二、关于调动积极性问题。邓小平说：要特别注意调动教育工作者的积极性，要强调尊重教师。我国科学研究的希望，在于它的队伍有来源。科研是靠教育输送人才的，一定要把教育办好。对于终身为教育事业服务的人，应当鼓励。无论是从事科研工作的，还是从事教育工作的，都是劳动者。知识分子的名誉要恢复。除了精神上的鼓励，还要采取其他一些鼓励措施，包括改善他们的物质待遇……讲按劳分配，无非是多劳多得，少劳少得，不劳不得。这个问题从理论到实践，有好多具体问题要研究解决。这不仅是科学界、教育界的问题，而且是整个国家的重大政策问题。

邓小平说：要尊重劳动，尊重人才。毛泽东同志不赞成"天才论"，但不是反对尊重人才。他对我评价时就讲过"人才难得"。扪心自问，这个评价过高。但这句话也说明人才是重要的……人才难得呀！要发挥知识分子的专长，用非所学不好。有人建议，对改了行的，如果有水平，有培养前途，可以设法收一批回来。这个意见是好的。"四人帮"创造了一个名词叫"臭老九"。"老九"并不坏，《智取威虎山》里的"老九"杨子荣是好人嘛！错就错在那个"臭"字上。

毛泽东同志说，"老九"不能走（这是 1975 年 5 月 3 日毛泽东召集在京的中共中央政治局委员谈话时借用的京剧《智取威虎山》中的一句台词，意在说明革命和建设事业还需要知识分子。但毛泽东的这种表态并不彻底。他在几个月后对《科学院工作汇报提纲》的否定，实际上继续认可了对前 17 年知识分子的"两个估计"和知识分子的"老九"的位置）。这就对了。知识分子的名誉要恢复。

三、关于体制、机构问题。邓小平强调：我总觉得科学、教育目前的状况不行，需要有一个机构，统一规划，统一调度，统一安排，统一指导协作。重建国家科委，这个意见我个人比较赞成。科研、教育部门都有一个调整问题。希望这个调整搞得快一些，哪怕不完善也可以，以后逐步改进。调整当中，第一位的是配备好领导班子。高等院校，特别是重点高等院校，应当是科研的一个重要方面军。重点大学都要逐步加重科研的分量，逐步增加科研的任务。要保证科研时间，使科研工作者能把最大的精力放到科研上去。

四、关于教育制度和教育质量问题。邓小平指出：教育还是要两条腿走路。就高等教育来说，大专院校是一条腿，各种半工半读和业余的大学是一条腿，两条腿走路。在大专院校先集中力量办好一批重点院校……高等院校学生来源于中学，中学学生来源于小学，因此要重视中小学教育。要树立好的风气。讲风气，无非是党风、军风、民风、学风，最重要的是党风。好的党风也要体现在教育中，这才能培养出好的学风。改变坏的风气，要从小学教育开始。要恢复对学生课外活动的指导，增长学生的知识和志气，推动学生的全面发展。要提高教师的水平，包括政治思想水平、业务工作能力以及改进作风等。教育制度中的许多具体问题，比如学制、放假制度、招生制度、跳级留级制度等都要认真研究，该恢复的恢复，能实行便实行。高等院校今年就要下决心恢复从高中毕业生中直接招考学生，不要再搞群众推荐。从高中直接招生，我看可能是早出人才、早出成果的一个好办法。

五、关于后勤工作问题。邓小平指出：后勤工作的任务，就是要为科研工作、教育工作服务，要为科研工作者和教育工作者创造条件，使他们能够专心致志地从事科研、教育工作。有一批华裔学者要求回国，我们要创造条件，盖些房子，做好安置他们回国的准备工作。接受华裔学者回国是我们发展科学技术的一项具体措施，派人出国留学也是一项具体措施。我们还要请外国著名学者来我国讲学。现在国家还有困难，有些实际问题一下子还解决不了。要在困难条件下，尽力把工作做好。

六、关于学风问题。邓小平说：培养好的风气，最主要的是走群众路线和实事求是这两条。我们要坚持百家争鸣的方针，允许争论。不同学派之间要互相尊重，取长补短。要提倡学术交流。搞封锁是害人又害己。我们要把对待封锁的态度，作为检验一个人世界观改造得如何的重要内容之一。

8 月 13 日，邓小平就这次讲话的传达问题，致信华国锋、叶剑英、李先念、汪东兴："此件请予审阅。如无大错，拟同意发给有关单位，免得随意传达。"9 月 8 日，邓小平审改这个讲话整理稿清样，并在方毅关于印发讲话整理稿的报告上批示："请方毅、刘西尧同志照修改的印发。"9 月 10 日，全国科学大会筹备工作领导小组办公室印发这个讲话。这个讲话后来收入《邓小平文选》第二卷，题为"关于科学和教育工作的几点意见"。

这时，教育部全国高等院校招生工作会议刚刚结束，已经形成了 1977 年高校招生方案。这个方案较以往有三点突破：一是明确规定普通高校招生一般要有高中毕业或相当于高中毕业的文化水平；二是决定试招应届高中毕业生 4 000 人至 1 万人直接上大学；三是强调重视文化程度，对考生要进行文化考查。但是，招生的方式依然沿袭"文化大革命"期间"自愿报考，群众推荐，领导批准，学校复查"的原则。8 月 4 日，教育部的报告送达国务院。这次招生工作会议的情况立即在正在召开的科学和教育工作座谈会上引起热议。

这次座谈会结束后，教育部根据邓小平的指示，于 8 月 13 日在北京召开第二次招生工作会议，各省、市、自治区文教办或教育局和招生办公室的负责人，国务院有关部委和少数高等学校的代表共 80 余人参加了会议。根据邓小平的意见，教育部很快报送了《关于推迟招生和新生开学时间的请示报告》，决定将高等学校和中专推迟到第四季度招生，录取新生次年 2 月底前入学，推迟 3 个月（包括寒假）。8 月 18 日，邓小平将这份报告批送党中央主席、副主席："这是经过考虑，为了保证重点大学学生质量而商定的。拟同意。"当天，华国锋、叶剑英、李先念、汪东兴等均圈阅同意。

但是，由于 8 月 12 日开幕的党的十一大未能纠正"文化大革命"的错误理论，在要不要废止群众推荐、恢复高考招生制度，以及怎样看待"文化大革命"前 17 年教育路线及"两个估计"等问题上，与会人员分歧很大，争论不休。结果会期一拖再拖，总是议而不决。高考招生制度改革一度陷入徘徊状态。当时曾有一首打油诗真实地记录了人们渴望"解放"的心情："招生会议两度开，众说纷纭难编排，虽说东风强有力，玉（育）门紧闭吹不开。"

会议最后，《人民日报》的记者穆扬实在难以忍受这种毫无结果的折磨，于是他与参加过 1971 年全国教育工作会议的同志座谈，并写了一个关于"两个估计"出笼经过的《情况汇报》，把它送交给邓小平，希望邓小平能打破这种僵局。

9 月 5 日，刘西尧在向邓小平提交的一份书面报告中提到，正在进行的全国招生工作会议上，绝大多数同志认为既从有实践经验的工农中招生，又从应届高中毕业生中招生是正确的。因为招生涉及城乡知识青年和应届高中毕业生 3 000 万人，招生办法又涉及一些方针政策问题，需要考虑周到，以防对当前工农业生产产生不利影响和对知识青年上山下乡引起波动。

第二天，邓小平将刘西尧的报告批送华国锋、叶剑英、李先念、汪东兴，并附信说："招生问题很复杂。据调查，现在北京最好中学的高中毕业生，只有过去初中一年级的水平（特别是数学），所以至少百分之八十的大学生，须在社会上招考，才能保证质量。"

根据邓小平的意见，国务院转发的教育部《关于 1977 年高等学校招生工作的意见》规定，凡是工人、农民、上山下乡和回乡知识青年（包括按政策留城而尚未分配工作的）、复员军人、干部和应届高中毕业生，符合条件的均可报考。录取比例，应届高中毕业生占省、市、自治区招生总数的 20% 至 30%。招生范围和录取比例的改变，为 10 年积压的广大社会知识青年通过平等竞争上大学深造创造了条件。《关于一九七七年高等学校招生工作的意见》中还有一条特殊规定：工龄到一定年限的可以带工资读书。这条规定，为那些已结婚生子、拖家带口的大龄学生解除了后顾之忧。

9 月 19 日上午，邓小平和方毅同教育部负责人刘西尧、雍文涛、李琦等人谈话。

邓小平首先拿起一份打印材料开了口："最近《人民日报》记者找了六位参加过一九七一年全国教育工作会议的同志座谈，写了一份材料，讲了《全国教育工作会议纪要》产生的经过，很可以看看。《纪要》是姚文元修改、张春桥定稿的。当时不少人对这个《纪要》有意见。《人民日报》记者写的这份材料说明了问题的真相。"

邓小平接着说："《纪要》里讲了所谓'两个估计'，即'文化大革命'前十七年教育战线是资产阶级专了无产阶级的政，是'黑线专政'；知识分子的大多数世界观基本上是资产阶级的，是资产阶级知识分子。这个问题究竟怎么看？建国后的十七年，各条战线，包括知识分子比较集中的战线，都是以毛泽东同志为代表的路线占主导地位，唯独你们教育战线不是这样，能说得通吗？《纪要》是毛泽东同志画了圈的。毛泽东同志画了圈，不等于说里面就没有是非问题了……《纪要》引用了毛泽东同志的一些话，有许多是断章取义的。《纪要》里还塞进了不少'四人帮'的东西。对这个《纪要》要进行批判，划清是非界限。我们要准确地完整地理解毛泽东思想的体系……毛泽东同志在延安为中央党校题词，就是'实事求是'四个大字，这是毛泽东哲学思想的精髓。'两个估计'是不符合实际的。怎么能把几百万、上千万知识分子一棍子打死呢？我们现在的人才，大部分还不是十七年培养出来的？"

关于直接招生，邓小平说："一九七一年全教会时，周恩来同志处境很困难。一九七二年，他和一位美籍中国物理学家谈话时，讲要从应届高中毕业生中直接招收大学生。在当时的情况下，提出这个问题是很勇敢的。""为什么要直接招生呢？道理很简单，就是不能中断学习的连续性。十八岁到二十岁正是学习的最好时期。"

讲到招生条件，邓小平说："你们起草的招生文件写得很难懂，太繁（烦）琐。关于招生的条件，我改了一下。政审，主要看本人的政治表现。政治历史清楚，热爱社会主义，热爱劳动，遵守纪律，决心为革命学习，有这几条，就可以了。总之，招生主要抓两条：第一是本人表现好，第二是择优录取。"

根据邓小平的指示，最后形成的《关于一九七七年高等学校招生工作的意见》规定：招生实行德、智、体全面衡量，择优录取的原则，政审主要看本人的政治表现，政治思想表现的主要依据是：政治历史清楚，热爱社会主义，热爱劳动，遵守纪律，决心为革命学习。这基本上就是邓小平的原话。

政审条件的修改，引起全社会强烈反响，在当时被称为"招生制度进行重大改革的一项重要内容"。政审条件的改变，为无数屡受家庭出身、社会关系之累的可堪造就的青年才俊打破了精神枷锁，使他们获得平等的竞争机会，走进了大学校门。更重要的是，这项改革迅速波及征兵、招工、提干等各个方面，为帮助全党全社会解放思想，冲破"两个凡是"思想束缚，纠正"文化大革命""左"的错误，摒弃"以阶级斗争为纲"，起到了开风气之先的作用。

邓小平强调说："科学研究机构已经确定实行党委领导下的所长负责制，并决定恢复科研人员的职称。这是很大的决策，解决了很多重要的问题，会引起震动，会影响到教育、工业等方面。教育部门要紧紧跟上。大专院校也应该恢复教授、讲师、助教等职称……要加强学校的教师队伍，科研系统有的人可以调出来搞教育，支援教育。搞教育是很光荣的，要鼓励大家热心教育事业……要很好地研究科研和教育如何协调、人员如何经常交流的问题……教育要狠狠地抓一下，一直抓它十年八年。我是要一直抓下去的……教育方面有好多问题，归根到底是要出人才、出成果。"

邓小平严肃指出："你们的思想没有解放出来。你们管教育的不为广大知识分子说话，还背着'两个估计'的包袱，将来要摔筋斗的。现在教育工作者对你们教育部有议论，你们要心中有数。要敢于大胆讲话。""教育部要争取主动。你们还没有取得主动，至少说明你们胆子小，怕又跟着我犯'错误'。我知道科学、教育是难搞的，但是我自告奋勇来抓。不抓科学、教育，四个现代化就没有希望，就成为一句空话。抓，要有具体政策、具体措施，解决具体的思想问题和实际问题。你们要放手去抓，大胆去抓，要独立思考，不要东看看，西看看。把问题弄清楚，该怎么办就怎么办。该自己解决的问题，自己解决；解决不了的，报告中央。教育方面的问题成堆，必须理出个头绪来。现在群众劲头起来了，教育部不要成为阻力。教育部首要的问题是要思想一致。赞成中央方针的，就干；不赞成的，就改行。"

他在讲话的最后说："总之，教育部要思想解放，争取主动。过去讲错了的，再讲一下，改过来。拨乱反正，语言要明确，含糊其词不行，解决不了问题。办事要快，不要拖。"这番言辞严厉的话语，极大地震动了教育部门的负责同志。

邓小平明确指示：招生会议要尽快结束。招生文件继续修改，尽可能简化，早点搞出来。

9 月 19 日的谈话，给了参加招生工作会议的同志以极大的鼓舞，许多人连夜打电话、拍电报或写信，把邓小平的谈话精神传达到四面八方。就在邓小平这次谈话后不久，历时 38 天的 1977 年第二次高校招生会议结束，新的招生文件基本定稿。

10 月 3 日，邓小平将刘西尧报送的教育部《〈关于一九七七年高等学校招生工作的意见〉的请示报告》和教育部代拟的国务院转发教育部《关于一九七七年高等学校招生工作的意见》的批示稿等文件批送华国锋："此事较急，请审阅后，批印政治局会议讨论批准。建议近几日内开一次政治局会议，连同《红旗》杂志关于教育的评论员文章（前已送阅）一并讨论。"华国锋旋即批示汪东兴将上述文件印送中央政治局各同志。

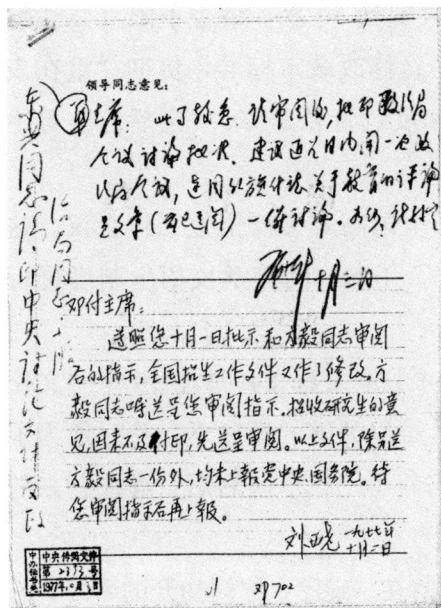

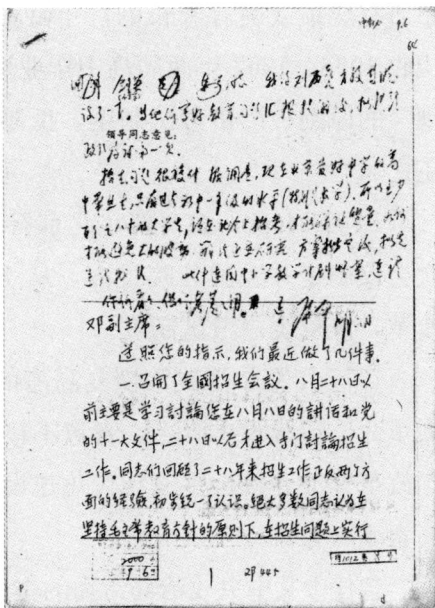

邓小平对教育部《〈关于一九七七年高等学校招生工作的意见〉的请示报告》的批示

10月5日，中央政治局讨论并原则通过了教育部《关于一九七七年高等学校招生工作的意见》，也提出了一些修改意见。华国锋、叶剑英、邓小平等中央领导同志接见了出席全国招生工作会议的全体代表。

10月7日，邓小平在教育部修改后的《意见》上批示："我看可以。华主席、剑英、先念、东兴、方毅同志核示，退教育部办。"当天，华国锋等圈阅同意。

10月12日，国务院正式批转了根据邓小平的指示精神制定的《关于一九七七年高等学校招生工作的意见》，文件规定：废除推荐制度，恢复文化考试，实行德、智、体全面考核、择优录取；规定考生必须高中毕业或具有同等学力，恢复从应届毕业生中招生，凡是工人、农民、上山下乡和回乡知识青年（包括按政策留城而未分配工作的）、复员军人、干部和应届高中毕业生，符合条件的均可报考；考生年龄在20岁左右，不超过25周岁，未婚；对实践经验比较丰富并钻研有成绩或确有专长的，年龄可放宽到30岁，婚否不限（要注意招收1966、1967年两届高中毕业生）；修改政审标准，贯彻"重在表现"的原则；严格考试制度，抵制和反对营私舞弊、"走后门"等不正之风。

10月21日，教育部在北京召开全国高等学校招生工作会议。这次会议确定并经国务院批准，从1977年起，高等学校招生制度进行改革，恢复统一考试制度。

1977年邓小平决策恢复高考的一个重大意义，是在10年"文化大革命"造成人才匮乏、青黄不接、难以为继的情况下，及时地为中国改革开放和社会主义现代化建设培养了一批承前启后、继往开来的高素质人才。

曾任中共中央政治局常委的李岚清在《突围：国门初开的岁月》一书写道：

恢复高考后进入清华大学的第一批学生在上课

1977年恢复高考的这一年，还有一件值得一提的事，这就是中央音乐学院扩招。

1977年12月9日，中央音乐学院李春光、杨峻等6位教师写信给邓小平同志。信中反映：中央音乐学院当年有1.7万多人报考，考生中人才之多，水平之高，是建国以来历届招考所不可比拟的。但该院招考的28个专业总计招生135名，仅占报考人数的0.8%，而经过初试、复试，留下的400余名考生的业务水平都是比较好的，就连初试被刷掉的许多考生的水平，也有些超过当时该学院的在校学生，可是由于名额太少，不但他们早已被刷掉，而且已通过复试的400人中的许多人，也不可能被录取。音乐专门人才的发现和培养是不容易的。像今年这样众多的音乐人才的涌现，真是难得啊！他们年轻，有很好的音乐素质，应该对他们及时培养。对这些有才能的青少年来讲，不能被录取，无疑对他们是一个沉重的打击，他们当中的不少人很可能再也没有学习音乐的机会或失去继续学音乐的信心而改行，这对今后音乐事业的发展将会带来不可弥补的损失。他们建议：能否不受名额限制，将确有培养前途、有才能而又符合入学标准的青少年留下入学，以便为国家更多更快更好地培养艺术人才。

仅仅两天后，邓小平同志在 12 月 11 日作出批示：看了这封信反映的情况，很高兴，建议予以支持。华主席、先念、登奎、乌兰夫同志阅后交文化部党组处理。结果，当年中央音乐学院实际录取新生 213 名。

在邓小平关心支持下，1977 年扩大招生才得以展开，一大批富有才华的学子实现了他们的求学梦想。

1977 年冬，全国有 570 万名考生参加高考，录取新生 27.8 万人；1978 年夏，全国共有 610 万名考生参加高考，录取新生 40.2 万人。1977、1978 年两届共录取 68 万名大学新生。77 级学生于 1978 年春天入学，78 级学生秋天入学，两次招生仅相隔半年。

恢复高考以来，我国高等学校招生制度日益完善，高等教育事业蓬勃发展，为我国社会主义现代化建设培养了一批又一批优秀人才。从这个意义上讲，邓小平决策恢复高考，绝不仅仅是教育领域的事情，它是全面拨乱反正、开辟中国特色社会主义道路的一个突破口。

第四章　整顿军队——"我对军队怎么搞有些设想"

1977 年 11 月，中共中央军委全体会议召开。这次军委全体会议是在邓小平的提议下召开的。

中共十届三中全会恢复了邓小平党政军的一切职务。邓小平主管军队的日常工作。

复出十多天后，即 8 月 23 日，他就主持召开中共中央军委座谈会。

邓小平在会上说：我对军队怎么搞有些设想，跟一些同志交换了意见，也在中央政治局会议上议了一下，跟华国锋主席、叶剑英副主席都交换过意见，目标是准备大体用 5 年时间，按照毛主席的军事思想和军事路线，把军队整顿好、建设好，恢复和发扬毛主席培育的优良传统和作风。

邓小平谈了对军队建设的设想。他首先指出：对于军队，"整顿"至少是三五年内的纲；"准备打仗"是以前的纲。1975 年的中央军委扩大会议是正确的，会议提出的关于领导班子的整顿问题，军队建设中的问题，包括精简、减少军队员额等，都是应该贯彻的。下一次中央军委扩大会议，对这些问题要加以肯定。

邓小平说：四个现代化，有个国防现代化。军队目前存在着相当多的问题。很多同志担心，军队能不能顺利地实现现代化？还有同志担心，军队经过林彪、"四人帮"这样久的破坏，如果不很快整顿，遇到敌人进攻还能不能打仗？这些担心不是没有根据的。这就提出一些问题：军队怎样整顿，怎样准备打仗，怎样把军队搞好。解决了这些问题，才能谈到国防现代化问题。解决这些问题从何着手呢？首先要做的事情是调整各级领导班子。邓小平重申他在 1975 年军委扩大会议上提出的一个原则：在没有战争的条件下，要把军队的教育训练提高到战略地位。

邓小平强调指出：一个方面是部队本身要提倡苦学苦练。军队要能打仗，靠提高政治觉悟，靠勤学苦练。军队的好传统、好作风，也要从苦练当中恢复和培养起来。干部，包括各级领导干部，都要在苦练中增长指挥能力和管理能力。另一方面是通过办学校来解决干部问题。要承认我们军队打现代化战争的能力不够。要承认我们军队的人数虽然多，但是素质比较差。特别是各级干部的指挥、管理能力弱。邓小平对办军队院校提出三个要求。第一，训练干部，选拔干部，推荐干部。第二，认真学习现代化战争知识，学习诸军兵种联合作战。不但高级干部要学，连排干部也要学，都要懂得现代化战争。第三，恢复我们军队的传统作风。概括地说，这种作风就是艰苦奋斗的作风，实事求是的作风，群众路线的作风。要在学校里培养这种作风，并把它带到部队，发扬光大。

邓小平在这次座谈会上多次提到 1975 年召开的军委扩大会议，并且充分肯定了那些会议给军队整顿带来的成效。

1975 年 1 月，根据毛泽东的提议，中共中央发出 1975 年 1 号文件，任命邓小平为中共中央军委副主席兼中国人民解放军总参谋长。接着，在中共十届二中全会上，邓小平当选为中共中央政治局常委、中共中央副主席。

毛泽东要邓小平担负中央军委领导工作的目的之一，是要继续完成对军队整顿的工作。

从 20 世纪 60 年代起，由于国际形势的变化和中苏关系的恶化，我们对战争的分析判断转变为立足于准备"早打、大打、打核战争"，加上林彪主管军队工作的后期，军队执行"三支两军"任务，导致军队员额和国防经费极度膨胀，军队数量逐步攀升至660余万，国防经费在国家财政支出中的比例一度达到26.1%。如此庞大的军队数量和高额的国防经费势必对国家经济建设和人民生活造成不利影响。毛泽东晚年已经意识到这个问题。1971年"九一三事件"后，毛泽东就提出军队要整顿，并让主持中央军委工作的叶剑英着手进行这项工作。但是，由于"四人帮"的干扰等，这项工作进展得并不顺利。

邓小平担任军队领导工作以后，接手实施军队整顿的任务。1975年1月中旬，邓小平分三次召集总参、总政、总后、各大军区和空军、海军负责干部进行座谈，讨论压缩军队定额和解放老干部、落实干部政策等问题。

1月19日，在各大军区负责人座谈会上，邓小平根据毛泽东"军队要整顿"的指示，提出军委只准备两项工作，第一是召开军委扩大会议，其中一个大题目就是军队要整顿。第二是战备，要准备打仗，解决战备方针、装备等问题。

邓小平严肃指出了军队臃肿的问题，指出军队"要减少150万人，100万兵，50万干部"。精简主要是减少机关和保障分队，减少铁道兵和工程兵，不是减少技术兵。不仅技术骨干要留下，有的技术兵种还要增加编制。总的原则是保留技术骨干。

邓小平在会上说，搞派性的军队非调走不行。所有闹派性的人一律调走，一个兵都不留，一个干部都不留。凡是有军籍的人，包括省军区司令员，陷到派性里去的，不管有多少，统统调出来。团长也好，政委也好，统统调出来。毛主席已经有指示了，凡是有两派的地方，派性没有解决的地方，民兵一律不建立，也不要组织这个指挥部，那个指挥部，枪也不要发。军队也有安定团结问题。不管几条工作任务，今年每个党委第一条任务是要安定团结。

1月25日，邓小平在中国人民解放军总参谋部机关团以上干部会上发表讲话。

他指出：我们这个军队有好传统。从井冈山起，毛泽东同志就为我军建立了非常好的制度，树立了非常好的作风。可是从1959年林彪主管军队工作起，特别是在他主管的后期，军队被搞得相当乱。现在，好多优良传统丢掉了，军队臃肿不堪。军队的人数增加很多，军费开支占国家预算的比重增大，把很多钱花费在人员的穿衣吃饭上面。更主要的是，军队膨胀起来，不精干，打起仗来就不行。所以毛泽东同志提出军队要整顿。军队的总人数要减少，编外干部太多要处理；优良传统要恢复。这就有大量的工作要做。这些年来，我们军队出现了一个新的大问题，就是闹派性，有的单位派性还很严重。这个问题主要在干部。不消除派性，安定团结不起来，军队战斗力也一定会削弱。每个干部都要把党性放在第一位。原来喜欢搞派性的，要觉悟，要改正，改正了就好。今后军队干部的使用、提升，一条重要的原则，就是不能重用派性严重的人，不能重用坚持派性不肯改正的人。再一个问题是军队的纪律很差。现在提出加强纪律性，首先要从我们北京的机关、部队做起。所以，军队的整顿，一个是要提高党性，消除派性；一个是要加强纪律性。还有一些题也要解决，如落实政策。现在有好多政策没有落实。我们总参谋部，顾名思义，就是要给党中央、中央军委当好参谋，给我们军队的统帅毛主席当好参谋。有一系列工作要做。现在是问题成堆。

邓小平在会上又一次提出了"军队的总人数要减少"的问题，强调要定编制，在明确编制的基础上进行精简。

1975年2月5日，中共中央决定，取消军委办公会议、恢复军委常委会，叶剑英、邓小平、刘伯承、陈锡联、苏振华、徐向前、聂荣臻、粟裕等人为常务委员，常委会工作由叶剑英主持。在军委常委会成立后的第一次会议上，叶剑英把酝酿已久的召开军委扩大会议的筹备工作提上议事日程。他提出，军委扩大会议要解决的问题很多，但一次会议解决不了。中心是解决人的问题，也就是编制问题、压缩军队定额问题、干部问题，目的是要进一步把军队整顿好。邓小平坚决支持叶剑英的建议。

2月9日，在军委常委第一次会议上，邓小平指出："总参的工作次序，第一是确定编制。今年军委扩大会议就是要集中解决这个问题。这个问题本身就是整顿军队。"3月3日，在军委常委会第四次会议上，邓小平再次强调，要在明确编制的基础上精简。他强调，有了编制，定额才能压下来，秘书、公务员才能减下来。北京军区、沈阳军区、广州军区、武汉军区、总部、海军、空军都要搞编制表。"编制就是制度，有理无理，第一条就是看你合不合编制。"

在叶剑英、邓小平的共同努力下，1975年6月24日至7月15日，中央军委扩大会议终于召开。此次军委扩大会议，是继1967年4月军委扩大会议后8年中举行的唯一一次中央军委扩大会议。

7月14日，邓小平在军委扩大会议上讲话。他尖锐地指出：军队建设要解决"肿""散""骄""奢""惰"五个字，军队领导班子要解决"软""懒""散"的问题。

邓小平说，所谓"肿"，就是人数多，军费开支大多花在吃饭穿衣上面了。所谓"散"，就是有派性和组织纪律性差，总有少数人喜欢垒点山头，喜欢搞那么一个小圈子，喜欢那些吹捧自己的人、听自己话的人，任人唯亲。所谓"骄"，就是军队支左，权力大得很，大权在握，加上其他些原因，在军队的一部分人中，滋生了骄气。有的甚至不只是骄气，而是骄横，影响了军队内部、军政、军民的团结。所谓"奢"，就是追求资产阶级生活方式，闹享受，闹待遇，有的甚至公私不分，违反政策。所谓"惰"，就是有些高级干部革命意志衰退，追求个人利益，不注意保持革命晚节。有的人小病大养，无病呻吟。有的人工作不努力，不深入基层，不亲自动手，靠秘书办事，官僚主义。还有的人怕字当头，不敢办事，不敢讲话，怕讲错了挨批。

邓小平指出：军队的整顿就是要重点解决这些方面的问题。为此必须实行精简整编；加强组织纪律性；加强军政、军民和军队本身的团结；恢复我党我军的优良传统；并且要首先自上而下地调整好领导班子。他特别提出三个问题。一是整顿和准备打仗是军队工作的纲。二是抓编制，抓装备，还要抓战略，要按次序来抓。在没有战争的条件下，要把训练放在战略问题的一个重要位置上。三是需要开一个全军政治工作会议，加强军队党的工作和政治工作问题。

7月15日，叶剑英作了总结讲话，就军队整顿问题作了具体部署。叶剑英强调"军队要高度集中统一，决不允许资产阶级派性存在"。他特别指出：现在有的人到处送书、送材料、写信，把部队思想搞乱了，你们要抵制。以后没有军委的同意，任何人不得这么做！不容许任何野心家插手军队，搞阴谋活动。叶剑英还通过个别谈话、出席小组会，把毛泽东对"四人帮"的多次批评告诉大多数与会人员。要他们听从指挥，注意形势，掌握动向，站稳立场，看清方向。

邓小平、叶剑英的讲话为军队整顿指明了方向。尤其重要的是，这次会议还向部分军队高级干部传达了毛泽东对"四人帮"的多次批评，从而在根本上打击了"四人帮"争夺军队的种种图谋，为最终粉碎"四人帮"的篡权阴谋做了重要准备。

后来，杨成武在回忆这次会议时说：

　　会上，邓小平同志发表了《军队要整顿》的重要讲话，对"四人帮"作了坚决有力的回击。叶剑英同志针对"四人帮"煽动派性，把全国搞得乌烟瘴气的问题，作了重要的发言。叶帅尖锐地指出："现在搞资产阶级派性，就是搞资本主义，搞修正主义。"又说："军队要搞高度的集中统一，决不允许有资产阶级派性存在。要使广大干部战士认识资产阶级派性的反动性和危害性，警惕阶级敌人浑水摸鱼，乘机进行反革命破坏。"叶帅在发言中，还非常气愤地脱稿讲话，揭露了反革命分子江青插手军队，妄图把军队搞乱的阴谋诡计……会上，徐帅、聂帅也都作了重要讲话，一致赞同小平同志、剑英同志的意见。

接着，叶帅亲自给各大军区、军种的领导同志打招呼，他一个军区一个军区、一个军种一个军种地分别找司令员、政委谈话，传达毛泽东同志的指示。他跟同志们说：毛主席说现在有个"上海帮"，你们要注意警惕，稳定部队，把部队掌握好。

紧接着，叶剑英同志就全力贯彻军委扩大会议精神。头一项重要工作是根据毛泽东同志和军委的部署，调整配备全军各大单位的领导班子，这是为粉碎"四人帮"采取的强有力的组织措施。叶剑英同志亲自拟定了调整各大单位领导班子的"六人小组"人员，亲任组长。他还亲笔写了这个名单向毛泽东同志报告。毛泽东同志批准后，叶帅就带领"六人小组"紧张地进行工作，很快地对各大单位的领导班子进行了调整。

7月19日，中共中央下发第18号文件，将邓小平、叶剑英在这次会议上的讲话，以及经毛泽东圈阅的中央军委《关于压缩军队定额、调整编制体制和安排超编干部的报告》，转发给各省、市、自治区，各大军区、省军区党委，中央和国家机关各部委，军委各总部、各军兵种党委。8月7日，中央军委转发总政治部《关于安排超编干部的方案》，公布了调整后的各总部、各军（兵）种、各大军区主管名单。9月，中央军委批转总参谋部《压缩军队定额、调整编制体制的方案》。按照这个方案，陆军比例减小，海军空军比例增大；机关、保障部队比例减小，战斗部队、院校和科研单位比例增大。实施这个方案，军队编组情况有较大改善，可以适应不同规模（小打、中打、大打）现代战争的需要。把压缩定额节省下来的军费用于加强军事工业，提高装备水平。从 1975 年第四季度开始，各军区、军兵种即按新编制进行整编，裁减部队，调整机构。到 1976 年年底，全军总人数比上年减少 13.6%。

为加强训练，10 月成立了以副总参谋长李达为召集人的三总部训练小组。这年各军区和军兵种共组织了 17 次军事演习。为提高管理水平，增强纪律性，11 月中央军委颁发了内务条令和纪律条令。

根据军委扩大会议决定，1975 年下半年首先调配好各大军区、各总部、各军兵种和军以上单位的军、政一把手，然后配好师以下的领导班子。为此，成立了由叶剑英、聂荣臻、粟裕、陈锡联等为成员的领导小组。在叶剑英主持下，对各大军区、各总部、各军兵种和北京卫戍区、国防科委、军事科学院、军政大学等二十多个大单位的领导班子，进行考察、调配。8 月 30 日，中央军委发出《通知》，发表经中共中央、毛泽东批准的中国人民解放军上述大多数单位的主官名单。10 月 1 日，又发表北京军区主官和一些单位部分主官的名单。经过调整配备，绝大多数大单位建立起了一个精干的、敢字当头的、强有力的领导班子。

军委扩大会议及会后采取的一系列整顿措施，不仅开始解决臃肿、分散等军队的问题，而且对全国局势的稳定、各条战线的整顿产生了积极的影响。特别是抵制了"四人帮"插手军队，较好地解决了军队的领导问题，为 1976 年秋粉碎"四人帮"奠定了可靠的精神和物质基础。

军委扩大会议后，中央军委于 7 月 20 日至 8 月 4 日在北京召开了国防工业重点企业会议，有 400 多个厂、所领导干部参加。国防工办自 3 月贯彻中央 9 号文件以来，已采取"调虎离山"的办法，把各主要军工企业的造反派头头召集到北京开会学习，开始扭转生产形势。4 月，邓小平主持召开了一次国防工业重点企业汇报会，研究搞好常规武器的十年发展规划，要求缩短战线，精简型号，加强管理，狠抓科研。同月，叶剑英主持召开了国防工业和部队装备问题汇报会，毛泽东对会议情况汇报作了"要在三年左右时间内把失修装备突击修好"的批示，强调要对武器装备的研制生产方面的混乱状况进行整顿。当时海军装备失修状况最为严重，舰船在航率下降到 40% 左右。会后海军召开了专门会议，落实了以解决南海舰队抢修问题为重点的抢修工作安排。

这次国防工业重点企业会议进一步研究了军工企业的整顿问题。

8月3日，邓小平、叶剑英、李先念等到会讲话。邓小平在讲话中再次重申：

第一，一定要建立敢字当头的领导班子……怕字当头，不干工作，小病大养，无病呻吟，这样的领导干部，索性请他好好休息……领导班子问题一定要抓紧解决，要找一些能够办事、敢于办事的同志来负责。

第二，一定要坚持质量第一。这个问题很重要，特别是军工产品……质量问题与建立规章制度有关。没有必要的责任制度，质量难于保证，这方面要很好地整顿。同时，也要请管国防工业的同志把科研工作抓紧，因为现在确实有好多军工产品，由于技术没有过关而不能正常生产。要发挥科技人员的积极性，要搞三结合，科技人员不要灰溜溜的。不是把科技人员叫"老九"吗？毛主席说，"老九不能走"。这就是说，科技人员应当受到重视。他们有缺点，要帮助他们，鼓励他们。要给他们创造比较好的条件，使他们能够专心致志地研究一些东西。这对于我们事业的发展将会是很有意义的。

第三，一定要关心群众生活。这个问题不是说一句话就可以解决的，要做许多踏踏实实的工作……群众对生活方面的议论是相当多的，不要以为都是讲怪话。我们党和国家一定要关心群众生活，现在应该提出这个问题了。

邓小平还具体提出调 5 亿斤粮食给一些城市，养 500 万头猪，甚至可以考虑办现代化的养鸡场。

叶剑英在会上讲话中再次强调要警惕大大小小的野心家。

李先念在会上讲了要建立和健全总工程师、总会计师的责任制，保证企业的正常生产秩序。在这次会议推动下，军工生产全面好转。

但是，1975 年开始的军队整顿，随着"反击右倾翻案风"运动在全国展开，邓小平被撤销党内外一切职务，军队整顿的工作也随之夭折了。

1976 年 2 月，中共中央批转了中央军委关于检查 1975 年 7 月中央军委扩大会议文件的报告，这个报告称邓小平、叶剑英在 1975 年军委扩大会议上的讲话是"有错误的"，"建议停止学习和贯彻执行"。

邓小平后来回忆说：1975 年我们"做了一些工作，也见效，后来由于遇到曲折，停了下来"。

军队整顿工作的曲折，始终成为邓小平的一块心病。邓小平第三次复出后，在思考如何抓军队工作时，就要求继续贯彻执行 1975 年军委扩大会议的决定。他指出：1975 年的军委扩大会议是正确的，这次会议提出的关于领导班子的整顿问题，军队建设中的问题，包括精简、减少军队员额等，都是应该贯彻的。

1977 年 11 月，因为主持中央军委日常工作的叶剑英在广州休假，为筹备 12 月召开的军委全体会议，军委主要领导人先要集中在广州研究会议的文件。邓小平于 11 月 8 日乘专列前往广州。途中，邓小平同时任解放军报社社长叶楠等谈叶剑英在即将召开的中共中央军委全体会议上主题报告的起草问题。他又一次肯定了 1975 年召开的军委扩大会议。

到了广州后，11 月 18 日上午，邓小平和中共中央政治局委员、

1977 年 11 月,邓小平与叶剑英在广州

中央军委常委、海军第一政委、中共上海市委第一书记、上海市革命委员会主任苏振华,中央军委常委、军委秘书长罗瑞卿等在广州听取了中共中央政治局委员、中央军委委员、中国人民解放军广州军区司令员许世友,中国人民解放军广州军区政治委员向仲华等关于广州军区工作的汇报。

邓小平说,揭批"四人帮"的运动,军区党委要再好好抓一下,一定要放手发动群众。只有充分发动群众,先把问题都揭露出来,然后加以分析区别,才能按政策去办。在这个问题上,军区党委要注意打破顾虑。

邓小平指出:清查工作要好好抓一下,你们这里不是清水衙门。广州军区出了黄永胜等好几个与林彪有牵连的人,问题比其他单位多,不能低估。跟着林彪犯错误的人,有的改变了立场,有的没有改变。清查工作要搞好,不注意会留下后患,也不能教育帮助干部。现在有错误的还可以改,滑过去了,至少少了一个改错的机会。"四人帮"罪证材料之一、之二、之三很重要，但还要用从运动中揭发出来的活人活事来教育人，从运动中可以了解干部、发现干部，可以看出干部思想作风的表现。运动没有搞透的要补课，有阻力的要冲破它。

在谈到落实政策问题时，邓小平说：我收到金敬迈（广州军区作家）的一封信，有人说他整了江青的"黑材料"，至今不让他搞创作。你们要查一查。从这件事可以看出，"四人帮"被打倒了，政策到现在还没有落实。

1977 年 12 月 12 日，中共中央军委在北京召开全体会议。

会议肯定 1975 年军委扩大会议是正确的，提出了军队建设的 10 项任务，通过了《关于加强部队教育训练的决定》等 9 个决定和条例。

12 月 28 日，邓小平在中共中央军委全体会议上讲话。在讲到整顿领导班子问题时，邓小平指出：对于同"四人帮"篡党夺权阴谋活动有牵连的人和事，一定要彻底查清。军队是无产阶级专政的主要工具。军队不搞好，军队干部不纯，祸害很大。要全面地历史地看干部，不仅要看他过去的历史，也要看他在同林彪、"四人帮"斗争中的表现。今后配备领导班子，要选那些认真学习马列主义、毛泽东思想，在斗争中经得起考验的人；要选那些党性强，能团结人，不信邪的人；要选那些艰苦朴素，实事求是，说老实话，办老实事，做老实人，作风正派的人；要选那些努力工作，联系群众，关心群众疾苦，有魄力，有实际经验，能够办事的人。

邓小平在谈到形势问题时说：国际形势是好的。战争可能延缓爆发，我们要争取有更多的时间，把装备搞上去，把部队的教育训练搞好。特别是要训练干部学会指挥现代战争。

邓小平还提出：要把教育训练提高到战略地位，就包括把军队办成一个大学校，使干部既学到现代战争知识，又学到现代科学知识和生产知识，还要学会做政治工作和管理工作，成为军队和地方都合用的干部。考虑到战士复员到地方工作能更好地发挥作用，对战士的教育训练就要做到一兵多能。要学政治、学军事、学技术，还要学点数理化，学点工农业知识，学点外语。要使我们的干部和战士，经过训练以后，既能打仗，又能搞社会主义建设。

在谈到纪律问题时，邓小平强调指出：军队非讲纪律不可。要提倡顾全大局。有些事从局部看可行，从大局看不可行；有些事从局部看不可行，从大局看可行。归根到底要顾全大局。

邓小平十分重视军队的团结问题，他说：我们要反对那些搞帮派、搞宗派的行为，要反对任人唯亲。我们讲团结，必须贯彻执行党的民主集中制的原则。

中央军委全体会议后，在邓小平的主管下，军队的整顿、改革等各项工作开始走上一条正确的轨道。

第五章　调整政策——在广东、四川点了两把"火"

　　粉碎"四人帮"后，克服因"四人帮"干扰而造成的经济困难，把整个国民经济纳入有计划、按比例、高速度发展的轨道，成为"文化大革命"结束后"抓纲治国"的主要任务之一。为了恢复经济秩序，进行经济建设，中共中央和国务院先后召开了农业、计划、铁路、工业、财贸、煤电、运输、粮食等全国性的会议，采取了一系列的措施。主要包括两个方面。一是加大财政投入。随着 1977 年 5 月份开始的财政形势的好转，国家追加了对石油、电力部门的投资。还增拨专款用于农业，以加强农田基本建设，加速实现农业机械化。二是开展"双学"运动。号召全国各行各业学大庆、学大寨，通过普及大寨县、建立大庆式企业，来加速国民经济的高速发展，这是当时发展国民经济的主要措施之一。于是，各条战线各部门都先后召开"双学"会议，把学大庆、学大寨的群众运动大张旗鼓地开展起来。

　　1976 年 12 月 10 日至 27 日，中共中央、国务院在北京召开了第二次全国农业学大寨会议。主管农业的国务院副总理陈永贵在会上作了《彻底揭批"四人帮"，掀起普及大寨县运动的新高潮》的报告。12 月 25 日晚，华国锋在会上作重要讲话。他指出，王、张、江、姚是一伙"极右派"，我们要保卫和发展"文化大革命"的胜利成果。他在讲话中还提出了 1977 年全党全军和全国各族人民的四项主要任务：第一，深入开展揭发批判"四人帮"的伟大群众运动，是1977 年的中心任务。第二，加强党的建设。要以加强党的集中统一领导、加强党的民主集中制、发扬党的优良作风为中心内容，在全党进行一次马克思主义的思想教育运动，把我们的党建设好。第三，深入开展农业学大寨、工业学大庆的群众运动，努力把国民经济搞上去。第四，进一步把群众性的学习马列著作和毛主席著作的运动推向新的高潮。会议号召全国人民以揭批"四人帮"为动力，为普及大寨县而奋斗，要求到 1980 年全国三分之一的县建成大寨县。

一年多前的 1975 年 9 月 15 日，国务院在山西昔阳曾经召开了第一次全国农业学大寨会议。当时主持党中央日常工作的邓小平出席了这次会议，并在会议开幕式上作报告。

邓小平针对当时的农业形势，提出过关于农业整顿、调整农村政策的一些重要思想。

邓小平在大会的讲话中总结了建国 25 年来农业的成就，着重强调了农业的基础地位和实现农业现代化的艰巨性。

他指出：实现四个现代化，照我个人的看法，关键是农业现代化。四个现代化，比较起来，更加费劲的是农业现代化。毛主席向来讲我们的国家建设要按农、轻、重的次序安排。为什么要把农字放在第一位？农业是基础。我们今后 25 年时间达到四个现代化目标，必须认真注意这个问题。不管工业发展得怎样快，不管我们科学技术的水平提高到怎么样，要有农业这个基础的发展，才能够推动另外三个现代化的前进。如果农业搞得不好，很可能拉了我们国家建设的后腿。在工业方面，我们也打下了一个初步的基础。但是，我们应该有清醒的头脑，尽管有了这个基础，但我们还很穷、很落后，不管是工业、农业，要赶上世界先进水平还要几十年的时间。所以，我们说形势好，有希望，大有希望，但是，头脑要清醒，要鼓干劲，不仅路线要正确，而且要政策正确，方法正确。周总理在四届人大讲了毛主席提出的发展国民经济的任务，就是到本世纪末，全面实现农业、工业、国防和科学技术的现代化，使我国国民经济走在世界的前列。25年，从明年起，我们赌了咒，发了誓，要干这么一件伟大的工作，这真正够得上是雄心壮志。我们相信大家能够办到，但是，不要疏忽大意，不要以为轻而易举。

邓小平在大会讲话时，江青不时插嘴打断，邓小平则当场反驳。

邓小平说："这次会议很重要，可以说是 1962 年七千人大会以后各级领导干部来得最多的一次重要会议。"

说到这里，江青马上扯着大嗓门喊了一句："内容不一样。"

邓小平说："这次会议涉及的问题，虽然不像 1962 年的七千人大会那样全面，但就实现 25 年的目标来说，这次会议的重要性仅次于那次会议，或相当于那次会议。"

江青喊道："相当于。"

邓小平说："农业方面，我们由过去旧中国的半饥饿状态做到了粮食刚够吃，这件事情不可小视，这是一个伟大的成绩。中国这么多人口，吃饭问题是个大问题。"

江青又喊道："路线才是大问题。"

邓小平说："吃饭不是大问题，谁不吃饭能干事？"

邓小平继续说："我们不能吹牛。类似大寨型的县、社、队，各地都有，但是很不平衡，全国还有部分县、地区，粮食产量还不如解放初期。"

江青又打断邓小平话，高声喊道："不能那么说，那只是个别的事情。"

邓小平反驳说："即使是个别的情况，也是值得很好注意的事。""据 23 个省、市、自治区统计，人民公社基本核算单位农业产值按全国人口计算平均才 124 元，最低的贵州，倒数第一，只有六十几块。这是讲产值，还不等于社员收入，社员收入有的很少，有的社员还倒欠账。"

江青说："有些债要取消了！"

邓小平说："那是政策问题，中央要另行研究。""四川倒数第二，人口那么多，才九十几元。这行吗？"

江青说："8 000 万人口。"

邓小平说："9 000 多万啰！""这种状况，我们能够满意吗？"

邓小平强调：形势要求我们走快一些。现在全国存在各方面要整顿的问题。毛主席讲过，军队要整顿，地方要整顿。地方整顿又有好多方面，工业要整顿，农业要整顿，商业也要整顿，文化教育也要整顿，科学技术队伍也要整顿。

邓小平特别阐述了农业整顿的必要性和具体内容。他指出：一要巩固和发展集体经济；二要调整现有若干方面的政策；三是关键在领导。领导第一是省委，然后是地委、县委，特别要注意县委。县委相当于军队的团，又是领导机关，又是执行机关。有一个好的县委领导班子，就可以带动公社、带动大队，就可以很好地选择公社、大队的领导干部。领导干部要稳定，不稳定，农业发展不起来。要把那些思想好、联系群众、能够带头干、能够艰苦奋斗的人提起来，不管过去是这一派那一派，不管过去犯了点什么错误，要用，用这种党性强的人。选好了人就有希望。没有好的带路人能带好路吗？不解决这个问题，空喊口号，天天喊学大寨，也没有希望。

邓小平在讲话中分析了全国农业学大寨的现状，对学大寨提出新的要求。

他指出：现在的问题是，要求逐步地有更多大寨式的县。不要只提公社，不要只提大队，要提高一步，搞大寨县。邓小平提出"学大寨要真学"，要研究大寨、昔阳的一些具体政策，要学路线、学方针、学政策、学方法。

邓小平在会上还讲到了要调整农村政策问题。

其实，关于调整农村政策这一问题，在全国农业学大寨会议之

1975 年邓小平在大寨虎头山上

前，中共中央、国务院已经着手进行。在全国农业学大寨会议后期，从 9 月 23 日起，中共中央在北京召开了农村工作座谈会，专门讨论农村政策问题。这个座谈会开了一个月，到 10 月 21 日结束。

在 1975 年的农业整顿中，农村政策的调整包含"放宽"和"稳定"两种情况，属于放宽政策的，有发展养猪业、支持社队企业等；属于稳定政策的，有农村人民公社的所有制问题、粮食收购价格问题等。农村政策的放宽和稳定，带来了农业的增产，农村的发展，农民和全国人民生活的改善。

由于"文化大革命"中片面强调集体养猪、限制农民家庭养猪等政策的偏差，在相当长的一段时间里，生猪生产下降，猪肉供应紧张。1974 年全国只收购肉猪 9 843.8 万头，比 1973 年减少 352.5 万头。城市采取定量供应的办法，许多城市人均肉食定量只有每月 1 斤。四川素称“天府之国”，吃肉也成了问题。

邓小平敏锐地看到，问题出在指导思想和政策上面。1975 年 7 月，邓小平同四川省委第一书记刘兴元谈话，要四川省委研究农业政策，包括养猪政策。他说政策不能随便改，改了群众就不信任，四川要在几年内把农业搞上去。

8 月 20 日至 9 月 7 日，国务院召开生猪生产座谈会，讨论修改了《关于大力发展养猪业的通知（草稿）》（以下简称《通知》）。《通知》指出：“积极发展集体养猪，继续鼓励社员养猪”的方针，是毛主席批准的现阶段发展养猪业的正确方针，不能改变。社员饲养公猪、母猪，应当允许。只能用积极发展集体养猪的办法提高集体养猪的比例，决不能用限制社员养猪的办法来提高这个比例。不能把社员正当的家庭副业当作资本主义倾向去批判。鼓励社员养猪的政策和奖励办法不要随意变动。

《通知》下达后产生了积极作用，社员养猪得到一定的发展。1975 年底全国生猪存栏上升到 2.8 亿头，比 1974 年底的 2.6 亿头增加了 2 000 万头，增长 7.7%。四川省 1975 年生猪年底存栏数也比 1974 年增长了 2.4%。

关于发展社队企业问题，在中央召开农村工作座谈会期间，毛泽东于 1975 年 9 月 27 日就支持发展社队企业的三份材料给邓小平写了批示：“请考虑，此三件（两封信及一篇报道）可否印发在京各中央同志。”

毛泽东批给邓小平的三件材料是：1975 年 9 月 5 日，浙江省永康县人民银行干部周长庚关于要求支持发展社队企业给毛泽东、中共中央的信，和随信附上的 1974 年 12 月 28 日《华国锋同志给湖南省委的一封信》及《河南日报》1974 年 12 月 15 日以《光明灿烂的希望》为题发表的河南省巩县回郭镇公社围绕农业办工业、办好工业促农业的调查报告。

邓小平按照毛泽东的批示，将两封信和一篇报道一起作为中共中央农村工作座谈会的文件印发。参加座谈会的部门和地方负责人都支持发展社队工业。

在座谈会期间，10 月 11 日，《人民日报》头版通栏转载了《光明灿烂的希望》一文，转载时在原标题上加了"伟大的"三字，同时发表评论《满腔热情地办好社队企业》。10 月 16 日，《人民日报》又以《希望就在这里——全国农业学大寨会议讨论发展社队企业、壮大集体经济的问题》为题发表记者述评，肯定了社队企业"这一具有强大生命力的社会主义新事物，为我国农村的社会主义革命和社会主义建设开辟了广阔的道路"。述评指出：社队企业代表着"伟大的希望和前途，要满腔热情地支持它，办好它"。社队企业的发展展现了中国社会主义新农村的远大前景——"伟大的、光明灿烂的希望就在这里"。10 月出版的《红旗》杂志第 10 期也发表了《大有希望的新生事物——江苏省无锡县发展社队工业的调查报告》，用典型事实说明社队工业"对于发展农业、建设社会主义新农村、改造小生产的习惯势力有着很大的作用"。此文发表以后，当月，就有 21 个省市、中央 4 个部门共 243 个单位 6 000 多人前往江苏省无锡县参观、学习。社队企业（即后来的乡镇企业）这种中国农民在实践中创造的富有中国特色的新形式，1975 年 9、10 月间，在毛泽东、邓小平的明确肯定和积极支持下，得到蓬勃发展。

1975 年 8 月 24 日，陈永贵向党中央和毛主席报送了对农村工作的五点建议。其中关系最为重大的一点是把人民公社的基本核算单位由生产队提升为大队。陈永贵认为，农业要大干快上，要缩小队与队之间的差别，实行大队核算势在必行。9 月 3 日，毛泽东对陈永贵的建议写了批示："小平同志：此件请阅。请考虑一下，此件是否可以印发政治局同志，并在政治局讨论一次。"农村工作座谈会讨论的主要问题就是陈永贵的建议。大多数与会同志不同意把核算单位从生产小队过渡到生产大队。有的指出，三级所有，队为基础，毛主席讲过至少30年不变，已经深入人心。如果向大队核算过渡这件事一股风吹下去，对群众生产、分配会产生不利影响。有的认为，现在最好不要一下大量地改变核算单位，这样容易引起波动，也巩固不下来。说是要分期分批，但实际上人们会怕被说成右倾，一哄而起，不可能分期分批。即使分期分批，搞上几年，没有实行大队核算的生产队也会观望，积累也不会搞了，农田基本建设也不搞了，吃光分光。此事只能搞试点，宁可把准备时间拖长一些。座谈会于10月8日写出《关于目前农村工作中若干问题的讨论意见（送审稿）》，上报毛主席。

关于人民公社集体经济以生产队所有制为基础，是经过60年代初调查研究、制定《人民公社六十条》时反复研究确定下来的。这时，毛泽东保持了比较清醒的头脑，他考虑了不同意见，没有赞成陈永贵为代表的急于升级的意见。这就稳定了农村经济政策，避免了"左"的干扰可能带来的对农业生产和农村经济的破坏。

在学习理论的过程中，中国人民解放军第38军政治部一位干部于1975年5月22日给毛泽东写信，建议：国家目前实行的粮食统一征购价格，能否加以变更，即按自然条件好与差的情况和劳动生产率高低程度，采取不同种类的征购价格，条件好的适当低些，条件差的适当高些。调整价格后，一方面可以促进农业生产的全面发展，另一方面也有利于缩小农村社、队之间的差别和工农、城乡之间的差别，加速集体所有制向全民所有制过渡的步伐。同时，还可以从经济上限制小生产者的产生和发展。毛泽东在5月25日批示印发中央各同志研究，说此事办起来甚复杂，应在几个公社试点，看看结果如何再说。请李先念主持办理。

李先念即组织国务院调查组到山西、河北等地调查，于9月向毛泽东并中共中央写出报告，认为区别穷队与富队实行两种收购价格的建议，实际上不可行。因为富队拼命生产但价格低，穷队生产未搞好反而价格高，会挫伤农民的积极性，政治上造成农民之间的对立。而且形成穷队与富队的原因，不完全是自然条件不同，与人们的主观努力也有很大关系。生产条件是可以改变的，如果对不同生产队生产的农产品实行两种价格，实际上是"鞭打快牛"，在具体工作上也难以操作，因为商品可以在队与队之间流动，国家的收购站是难以区别对待的。

1975 年整顿中采取的放宽和稳定农业的政策，对农业生产和农村经济的发展，起到了推动和促进的作用。1975 年夏季，河南、安徽、湖北、辽宁等省部分地区遭特大洪水，但农业还是取得了丰收。全国农业总产值比上年增长 4.6%；粮食产量达到 28 452 万吨，比上年增长 3.4%，创历史最高水平。粮食亩产上《纲要》的省市达到 9 个（上海、北京、浙江、广东、天津、江苏、湖南、辽宁、山东），历史上多灾低产的山西、陕西、甘肃、宁夏、青海、西藏等省区及工业比较集中的辽宁，继河北、山东、河南之后，也实现了粮食基本自给。这些巨大成绩的取得，同 1975 年放宽和稳定农业政策是密切相关的。

但是，由于批邓反击右倾翻案风的开展，关于农业整顿、农村政策的调整也随之寿终正寝了。

邓小平第三次复出后，他反复思考如何加快工业和农业的发展，把国民经济搞上去，特别是对中央开展的"双学"运动即学大寨、学大庆学什么、如何学，有着自己不同的思考。

11 月 17 日下午，邓小平和苏振华、罗瑞卿、梁必业等在广州听取中共广东省委第一书记、广东省革命委员会主任韦国清，中共广东省委书记、广东省革命委员会副主任王首道等的汇报。参加汇报的还有焦林义、李坚真、刘田夫、王全国、吴南生等同志。

在谈到农村政策时，邓小平强调："过去许多行之有效、多年证明是好的政策要恢复。'三清'（指清劳力、清物资、清财务）要加个清政策。……例如，对'四边地'，过去就有政策。清理一下，哪些

1977 年 11 月，邓小平在广州

好的要恢复，省里自己定的，现在就可以规定哪些可以恢复。"

邓小平针对广东农村一些地方不允许农民搞家庭副业、养鸡、养鸭的问题，指出："说什么养几只鸭子就是社会主义，多养几只就是资本主义，这样的规定要批评，要指出这是错误的。"

邓小平问道："农民养一头猪给多少粮食？"

韦国清汇报了广西的做法。

邓小平说："四川过去养一头猪奖粮食 80 斤，猪的数量就上来了。你们这里奖多少？"

省委的同志回答说："40 斤。"

"40 斤能上来？政策应该清理出来，交农民讨论。农民养一头猪能不能挣 20 块钱？"邓小平又问道。

省委的同志回答说："挣不了，有的还赔钱。"

邓小平说："赔钱他还干？"

"赚点肥料。"

邓小平接着说："20 块钱包括肥料收入在内。养猪，饲料是个问题。1975 年决定国家拿 5 亿斤粮食养猪，只能养 500 万头猪。大家都来搞，猪就养得多了，肥料也就多了。如果一年多养 500 万头猪，每头挣 20 元，农民就增加 1 亿元的收入。如果大家都普遍注意这个问题，猪的存栏数就上去了，农民收入增加了，肥料解决了，食肉问题也解决了。"

邓小平对当时全国开展农业学大寨、普及大寨县运动中，学习大寨的民主评分提出批评。他指出：民主评分不能普及，大队核算也不能搞早了。生产没有发展到那个程度，不能随便过渡。

邓小平还提出，农民负担重的问题要很好地研究一下。现在农村中好些东西是搞形式主义，实际上我们也存在"苛捐杂税"。

邓小平在谈话中说：现在肥料贵，农机贵，农民买不起，增产不增收，有时还要减收。用什么手段使生产成本降低？农业靠工业，工业要降低成本。

邓小平还针对当时广东出现的一些人逃港问题，提出了一些办法。他说："文化大革命"前，全国侨汇才 3 亿美元，现在广东就有 4 亿多。所以我们搞外汇有很多门路，多搞点外汇，争取进口些大设备。要找几个省来共同出力解决香港供应的问题，光靠广东一个省解决不了。供应香港、澳门，是个大问题。你们要提个方案，把情况作个分析，如实反映情况，说清楚你们负担的是什么任务、遇到了什么问题、哪些可以自己解决、哪些要中央解决。比如，搞几个现代化养猪场、养鸡场，宁肯进口一点粮食养猪、养鸡，以进养出，赚回钱来。生产生活搞好了，还可以解决逃港问题。逃港，主要是生活不好，差距太大。用警察或军队解决不了问题。

邓小平又说：有位华侨对旅游事业提了很多意见，其中说到广州，说我们的建筑大而无当，还说住房里不能放痰盂、不要设蚊帐，外国人不搞这一套。中国把旅游事业搞好，随便就能挣二三十亿外汇。用这些外汇进口大中型设备有什么不好？"四人帮"搞的"洋奴哲学"帽子满天飞，把我们国家赚钱的路子都堵死了。从旅游角度可以解决广东许多问题。要用旅游养旅游，无非是进口一些材料，盖点旅馆、餐厅，一二年就赚回来了。当然还要搞些飞机、汽车，修点道路，还要保障安全，也不那么简单。

在谈到口岸工作问题时，邓小平说：你们是第一个口岸，然后才是上海、天津等地方。深圳每年光兑换外币就3 000多万美元，可是还用打算盘的办法，花点钱买几个小计算机嘛。广东、福建还有个侨务政策问题，中央侨委建立后还要研究。

邓小平最后说：看来最大的问题是政策问题。政策对不对头，是个关键。这也是个全国性的问题，要清理一下。过去行之有效的办法，可以恢复的就恢复，不要等中央。农村中有个按劳分配问题，工厂同样有这个问题。农村没有财务制度，工厂同样没有。工厂没有总会计师、总工程师，岗位责任制这样的制度也没有了。这些制度是必须有的。一个产品是不是合格，检验员要签字。有的事是总工程师签字，有的事是总会计师签字，签了字就要负责任。开滦煤矿一直搞得很好，为什么？中央了解了一下，原来就是按劳分配制度一直没有变，奖励制度一直没有废除。要采取精神鼓励为主、物质鼓励为辅的按劳分配制度。奖金制度要恢复。规章制度、管理制度，好的都要恢复。总之，要把那些合理的恢复起来，改掉那些不合理的。这些想法，中央的意见是一致的。

在听完广东省委的工作汇报后，邓小平强调指出：你们的问题相当集中，比较明确，要写个报告给中央，把问题分析一下，什么是自己要解决的，什么是需要外省和中央解决的，看来中心的问题还是政策问题。

这是邓小平在广东点的第一把"火"。

邓小平的这把"火"，点燃了广东的农村改革，使广东成为农村改革的先行地之一。

"文化大革命"中，广东同全国一样，强调"以粮为纲"，限制多种经营，禁止农民家庭副业，农业生产比较落后。广东省中山县板芙公社里溪大队就是一个例子。

里溪大队是一个比较贫穷落后的小山村，也是全公社有名的"落后大队"。由于搞平均主义，吃大锅饭，社员的生产积极性被严重挫伤。加之不准农民搞家庭副业，限制养鸡鸭，谁家搞家庭副业，谁家就会被扣上"走资本主义道路"的大帽子。结果家家户户都"吃不饱"，社员人人都"穿不暖""睡不好"，最令大队干部头疼的是，劳动力严重不足，偷渡现象特别严重。第三生产队当时有近 300 人口，70 多名青壮年劳动力，由于饥饿，其中就有一二十个青壮年劳动力偷渡到香港。

为了解决社员的饥饿问题，这个大队比较早地偷偷开始了农村改革。粉碎"四人帮"后，大队干部冒着极大的风险，偷偷地将"五边地"，即将偏远、基本丢荒的瘦田、返酸地分下去给社员，用以耕作番薯等作物，解决各家的口粮问题。在包田的过程中，"联产到劳"也应运而生。而且规定超产部分归承包社员所得。由于政策的调整，里溪人再也不用饿肚子了。这个大队很快也摘掉了"落后大队"的帽子。他们的这种做法也引起了公社、县，甚至省里的高度关注。他们对里溪改革的态度是一不支持、二不反对、三不鼓励、四不提倡、五不报道、六不推广，简称"六不"。

邓小平在广东的讲话，推动了广东农村政策的调整和农村改革的进行。广东省委对调整农村政策的态度也十分明确。1978 年 4 月，习仲勋被任命为广东省委第二书记。一到广东，习仲勋就深入广东农村，开展调查研究，指导农村政策的调整。1978 年下半年，广东就有部分社队开始尝试恢复曾经搞过的"包产到组"，并相继实行"三定一奖责任制"（即定工、定产、定成本、超额奖励）。到了 1978 年冬天，省委在全省冬种生产中普遍推行"三定一奖责任制"。在此基础上，同年底广东省委又提出实行"五定一奖"（定劳动、定地段、定成本、定分工、定产量、超产奖励）。习仲勋在一次省委扩大会议上说："可以在生产队统一核算和分配的前提下，包工到作业组，联系产量计算劳动报酬，实行超产奖励。有些生产队实行'五定一奖'生产责任制的结果证明，这个办法对促进生产有积极的作用，应当认真试点并由点到面推行。"习仲勋还在省委常委扩大会议上说："各地、县在保证完成粮食计划生产量、国家征购任务和社员口粮不减少的前提下，可以调整粮食和经济作物种植面积。"

不仅如此，习仲勋也支持社员搞家庭副业，养鸡、养鸭。这样，里溪人的胆子更大了，步子也迈得快了。他们不仅实行"五定一奖"，还搞起了副业生产，家家户户都养起了鸡、鸭。到1978年下半年，全大队多的一户养了几百只，少的也有一两百只，养大了就拿到市场去卖，当时的沙岗墟，几乎整条街都是里溪人吆喝卖鸡、鸭。

里溪的农村改革是广东农村改革的一个缩影。

从邓小平在广东"点火"开始到1978年底，广东的农村改革取得了明显的效果，基本解决了长期以来吃不饱饭的问题，这也为以后广东的进一步改革打下了基础。

就在邓小平广东点"火"的同时，安徽的农村改革也在悄然进行。

1977年6月，就在中央已经决定要恢复邓小平工作的同时，曾是邓小平领导全面整顿的先锋官万里被任命为中共安徽省委第一书记。

这时的安徽差不多是当时全国最穷的省份之一。

万里上任不久，便深入安徽各地进行调查研究，在短短的几个月内，跑遍了安徽十几个地区的工矿和农村。万里发现，虽然城市中工业萧条、秩序混乱、供应紧张，但是安徽作为一个农业省，作为十年动乱的重灾区，农村问题远比城市严重得多。村镇到处都是面容憔悴、缺衣少食、住房破旧的农民。

面对严酷的现实，万里决心将农村和农业工作作为重点来抓。在他的支持下，安徽省农委经过反复调查研究，起草了《关于当前农村经济政策几个问题的规定》（简称"省委六条"），并于 1977 年 11 月 15 日在省农村工作会议上作为省委文件通过。其主要内容是：尊重生产队的自主权；落实按劳分配制度；减轻生产队和社员负担；允许和鼓励社员经营自留地和正当的家庭副业；搞好农村经营管理，允许生产队根据不同农活建立不同的生产责任制，可以组织作业组，只需个别人完成的农活，也可以责任到人；队干部参加集体生产劳动。

这是粉碎"四人帮"后全国出现的第一份有关农村政策的突破性文件。"省委六条"一经发出，立即得到全省农民的热烈拥护，使安徽率先开始了农村政策的拨乱反正。

对于万里的这些做法，时任国务院副总理陈永贵看到后，非常生气地说：这"六条"，条条都是冲着大寨来的！很快，陈永贵就组织大寨报道组对安徽的"省委六条"开始强有力的反击。

看到安徽的"省委六条"，邓小平拍案叫好。所以，邓小平在广东时就强调：不要等中央，地方范围内可以先搞起来，该恢复的恢复，该清理的清理。

1978 年 1 月下旬，邓小平出访缅甸，1 月 31 日上午从缅甸首都仰光回国。下午抵达成都。2 月 1 日上午，邓小平在成都听取了中共四川省委负责同志的工作汇报。

邓小平说：我只是听听汇报，粗略地了解一下情况。有些问题是共同的。解决这些问题，零碎地解决不行，要统一考虑，把政策理一下。有些问题是需要中央考虑解决的。安徽的万里搞了个农村政策的"六条"规定，你们可以参考一下，也可以搞多少条嘛，不能老是原来的老框框。我们在"文化大革命"前，企业管理中那一套是学苏联的，是世界上比较落后的。"文化大革命"后，我们把这一套也砍掉了，那就什么都没有了。农村的路子要宽一些，思想要解放，还是原来的老概念，不解决问题。要有新概念，只要所有制不动，怕什么！工业如此，农业也如此。要多想门路，不能只是在老概念中打圈子。说完，邓小平让秘书把安徽的"省委六条"交给了四川省委负责同志。

邓小平接着说：农村和城市都有个政策问题。农业六十条，大部分是好东西，是适合的。工业三十条，比七十条更丰富了。其中很多用七十条的好东西。党委领导下的厂长负责制，解决好多问题。没有岗位责任制不行，什么都要党委管，等于无人负责。有了菩萨他就得负责。这些都是政策问题，制度问题。我在广东听说，有些地方养三只鸭子就是社会主义，养五只鸭子就是资本主义，怪得很！农民一点回旋余地没有，怎么能行？农村政策、城市政策，中央要清理，各地也要清理一下，你们自己范围内能解决的，先解决一些。过去行之有效的办法，比如儿子接老子的岗位，这是很好的制度。

讲到城市问题，邓小平指出：城市有什么问题，要理一下，如何解决？比如广东有些东西，稍微投点资就可以出口。城市也有个政策问题，比如提留百分之五（指附加），地方要用得好，这百分之五可以解决很多问题。零星用，效果不会好。这个问题，牵动面大，过去是满打满算，现在就是应留给地方一些的问题，我个人想，总要给地方一些机动。现在搞旅游，准备投一批资，可以很快收回，一年收回20亿（元），就是很大帮助。还有个厂社挂钩问题，要试一试。这个经验不多，或者可能是个好办法。

邓小平说：真正解决下乡知识青年问题，归根到底是城市工业发展。美国工业人口占总人口三分之二，农业人口6 000万，真正从事农业劳动的300多万，占农业人口的百分之五左右。我们基本是农业人口，重庆另列户口，这个符合事实，不很困难，你们写个报告。重工业发展以后，是不是开辟一些就业门路，比如轻工业、服务行业，都可以用一些人。资本主义国家服务行业可以用很多人，我们用的人很少。又比如发展旅游事业，可以用很多人。对多余人员的出路要多想些办法，只能靠自己多开辟门路。全国都要研究有什么门路容纳这些劳动力的问题。工厂里要培养科技人员。资本主义发达国家，科技人员和工人的比例开始为一比八，后来科学技术发展了，倒过来为八比一。我曾经讲过，可能有两个问题拖我们的后腿。一是农业，搞粮食可不容易；二是工业管理水平，我们不会管理。

说到三线问题，邓小平指出，三线比一、二线更复杂。遗留问题更多。填平补齐问题更大，而且都是非常重要的东西。国防的，科学技术的都不配套。三线供应这么困难。生活、交通困难大，只能就现实调整。（李）先念同志看了第二汽车厂，一个厂分散的范围那么大，自己内部运输都困难。

关于领导班子问题，邓小平说，要抓紧解决。利用抓纲治国、揭批"四人帮"的大好时机，好好抓一下，解决得更好一些。总的政策是，过去"四人帮"要打倒的一批老家伙，现在还得请他们回来。老家伙的任务，首先是找接班人。接班人不能是坐火箭上来的干部。找接班人，老家伙要有自觉性。

2月2日上午，邓小平又听取了中国人民解放军成都军区党委负责同志的汇报。邓小平在谈话中强调：军队的问题，说来说去是把班子搞好。把班子配好，其他问题就好办。这是个方针。争取半年把班子调整好，半年不行，一年。成都军区解决不了，还有总政嘛。

2月3日，《人民日报》加"编者按"在第一版的显著位置发表了署名报道《一份省委文件的诞生》，详细介绍了安徽"省委六条"的主要内容、诞生经过以及得到广大群众欢迎的情况，在全国产生了很大的反响。

邓小平离开成都后不久，中共四川省委根据邓小平的讲话精神制

1978 年 2 月邓小平在成都期间慰问成都军区领导干部

定了《关于目前农村经济政策几个主要问题的规定》，简称"十二条"，即加强劳动管理；严格财务管理制度；搞好生产计划管理；兼顾国家、集体和个人的利益，坚决保证社员分配兑现；减轻生产队和社员的负担；以粮为纲，开展多种经营；奖励发展耕牛；大力发展养猪事业；大搞农田基本建设；积极兴办社队企业；积极而又慎重地对待基本核算单位由生产队向大队过渡的问题；允许和鼓励社员经营少量的自留地和家庭副业。这个规定强调要执行按劳分配的原则，认为"定额到组，评工到人"的办法（实际就是包产到组）简便易行，应当认真搞好。

　　四川"十二条"规定的颁布实施，调动了广大群众的生产积极性，促进了四川省农业生产的快速发展。1978 年 6 月 16 日，《人民日报》在第一版发表新华社记者的报道，介绍了四川省认真清理、全面落实农村经济政策的主要做法和经验，对各地调整和落实农村政策、恢复和发展生产起到了积极的推动作用。四川省也成为全国推行农业生产责任制的又一个发源地。

几个月后，当邓小平了解到四川省制定了一些新的调整农业的政策时，充分肯定四川的农业发展政策对头。他说，所谓政策，还是老政策，无非是按劳分配，这是最根本的，不吃"大锅饭"，按劳分配，再加上点小自由，如养鸡，给少量的自留地，一年就搞起来了，两年就翻身了。

这是邓小平在四川点的第二把"火"。

第六章　旗帜鲜明——支持真理标准问题的讨论

邓小平出来工作后，旗帜鲜明地反对"两个凡是"的错误观点，强调实事求是是毛泽东思想的精髓。他认为，要推翻"两个凡是"，肃清林彪、"四人帮"的危害，首要的就是"一定要恢复和发扬毛主席为我们党树立的实事求是的优良传统和作风"。

1977 年 8 月 18 日，邓小平在党的十一大的闭幕词中，再次提出一定要恢复和发扬毛主席为我们党树立的群众路线、实事求是、批评和自我批评、民主集中制的优良传统和作风。他强调实事求是，"做老实人，说老实话，办老实事，这是一个共产党员的起码标准"。

邓小平的这一努力，也得到了叶剑英、陈云、聂荣臻、徐向前等党内德高望重的老同志的响应与支持。9 月，在毛泽东逝世一周年之际，他们纷纷在报纸、刊物发表纪念文章或讲话，宣传毛泽东倡导的实事求是等党的优良传统和作风，倡导要完整地、准确地领会和掌握毛泽东思想的精神实质。

9 月 5 日，《人民日报》发表聂荣臻《恢复和发扬党的优良传统》。文章中说："要搞好党的作风，最重要的是恢复和发扬毛主席为我们党树立的实事求是、群众路线和民主集中制的优良传统和作风。这些优良传统和作风，是毛主席建党学说中带根本性质的问题，也是毛泽东思想体系中带根本性质的问题，应当引起全党同志的高度重视。"文章对毛泽东的《实践论》和《矛盾论》作了深入的分析，认为："《实践论》的思想，也就是实事求是的思想。实践是第一性的，实际生活、现实事物，是第一性的。我们的一切正确思想，归根结底，只能从实践中来，从实际经验中来，并且必须回到实践中去，通过实际经验的检验。《矛盾论》讲的是客观世界的矛盾及其在我们头脑中的反映。我们的思想要符合客观实际，就必须实事求是地分析客观存在的矛盾，反映客观存在的矛盾。客观世界充满了矛盾，充满了变化，我们的思想必须如实地反映这种矛盾和变化；一切正确思想，都以时间、地点、条件为转移，否则就变成形而上学。"文章指出："坚持实事求是的作风，就要坚持用正确的态度对待马克思列宁主义、毛泽东思想。"学习和运用马克思列宁主义、毛泽东思想，一定要掌握精神实质，学习它的立场、观点和方法，把基本原理当作行动指南，不要把马克思列宁主义、毛泽东思想的一些词句当作脱离时间、地点和条件的教条。"坚持实事求是的作风，就要反对说空话，特别要反对说假话。"

9月19日，徐向前《永远坚持党指挥枪的原则》的文章在《人民日报》发表。文章回顾了党指挥枪的历史，批判了张国焘等人以枪指挥党的错误，并指出要"完整地、准确地领会和掌握马克思列宁主义、毛泽东思想，提高识别真假马克思主义、分清路线是非的能力，同一切背离马克思列宁主义、毛泽东思想，背离党的正确路线的言行作坚决的斗争"。

9月28日，《人民日报》发表了陈云的文章《坚持实事求是的革命作风》。陈云指出："实事求是，这不是一个普通的作风问题，这是马克思主义唯物主义的根本思想路线问题。我们要坚持马克思列宁主义，坚持毛泽东思想，就必须坚持实事求是。"文章认为：如果我们离开了实事求是的革命作风，我们就离开了马克思列宁主义、毛泽东思想，而成为脱离实际的唯心主义者，我们的革命工作就要陷于失败。"是否坚持实事求是的革命作风，实际上是区别真假马克思列宁主义、真假毛泽东思想的根本标志之一。"文章还尖锐地指出："由于'四人帮'的影响，今天还有这样一些领导机关，这样一些党员干部，在他们中间，主观主义、形式主义的作风，不是少了而是多了，毛主席长期倡导的那种深入群众进行调查研究、根据实际情况解决具体问题的实事求是精神，却不是多了而是少了。报刊上有些文章还是不懂得区别马列主义、毛泽东思想的字句和实质，还不是满腔热情去完整地准确地宣传毛泽东思想的实质，用它作为具体分析具体问题的指南。"

这些宣传实事求是的文章，虽然没有直接批判"两个凡是"，但都是针对"两个凡是"的。

10月9日，叶剑英在中央党校开学典礼上作了《坚持和发扬理论联系实际的学风》的讲话，强调在学习马克思理论著作时，一定要提倡融会贯通，联系实际，实事求是，有的放矢。

邓小平和老一辈革命家的这些文章和讲话，成为批评"两个凡是"、解放思想、在思想路线上拨乱反正的先导。由此，逐渐在全国形成了要求恢复实事求是优良传统的政治氛围。

1978年3月26日，《人民日报》发表了一篇题为《标准只有一个》的思想评论，提出了"真理的标准，只有一个，就是社会实践"。马列主义、毛泽东思想是真理，但不是检验真理的标准。文章发表后，引起了一些反响，报社很快收到20多封读者来信。其中有的来信表达了不同看法，认为马列主义、毛泽东思想才是检验真理的标准。

与此同时，胡乔木和于光远、邓力群等国务院研究室的同志，撰写了《贯彻执行按劳分配的社会主义原则》一文，以经济建设的实践否定了毛泽东晚年关于"资产阶级法权"的论述。这篇文章邓小平看过两遍，他具体地指导了文章的起草和定稿。

3月28日，邓小平在和胡乔木、邓力群谈话时说："这篇文章我看了，写得好，说明了按劳分配的性质是社会主义的，不是资本主义的。"

他指出：我们一定要坚持按劳分配的社会主义原则。按劳分配就是按劳动的数量和质量进行分配。根据这个原则，评定职工工资级别时，主要是看他的劳动好坏、技术高低、贡献大小。总之，只能是按劳，不能是按政，也不能是按资格。现在小学教员的工资太低，要提高。有些教得很好的小学教员，工资可以评为特级。要实行考核制度。考核必须是严格的、全面的，而且是经常的。各行各业都要这样做。要有奖有罚，奖罚分明。奖金制度、稿费制度也要恢复。总的目的，就是鼓励大家上进。

在谈到如何使城市容纳更多的劳动力时，他指出：这里有一个城市结构的问题，有一个在城市里开辟新的领域的问题。要研究一下，使我们的城市能容纳更多的劳动力。现在搞上山下乡，这不是长期的办法。还指出：我们有一个最重要的问题需要解决，就是管理问题。实际上我们不懂得管理。什么事情要发展，首先想到的就是增加人。每个部门都是机构臃肿，人浮于事。搞管理，应当有定额，有责任制，有考核。可是这些东西我们都不讲究，实际上没人管。

在胡乔木提出中国社会科学院应增加若干研究所时，他指出：赞成增加新的研究所。什么事情总得有个庙，有了庙，立了菩萨，就可以动起来了。有些翻译人员，有专门知识的人，年龄都很大了，不赶快给他们立个庙，过些年就没办法发挥他们的作用了。党史也是一样，现在还有些老人，再过几年，老人没有了，很多事情就没办法再了解。

邓小平继续强调：第四部分还要好好改一下，同当前按劳分配中存在的问题联系起来，切实解决一些实际问题。还有脑力劳动的问题，文章中讲得不够。生产力愈向前发展，从事脑力劳动的人愈来愈多。当然，从事脑力劳动的人还要搞体力劳动，将来还要保存手工业，到了共产主义社会，做菜烧饭是不是都变成自动化了？我不相信会完全变成自动化。脑力劳动者也是劳动者，要把这一点强调一下。

邓小平还要求他们改好后再送他看一下，然后发表。

一个多月后，4月30日，邓小平又找胡乔木、邓力群，谈了对这篇文章的修改意见。

他说："今天找你们来，主要是谈按劳分配的文章。文章其他部分都可以了。最后一部分中讲到工资改革，有些话要说得活一点。工资级别一定要有，而且定级别一定要以技术为主。工人的工资是不是一定是八级，还可以考虑。上海在八级之外，又加了半级。不一定就是八级，改成十级，十二级都可以嘛！也许不需要搞上海那么多级。总之，八级工资制需要作些改革。还有行政人员的工资级别，也有一个改革问题。"

胡乔木插话说："文章再改一改，改后是不是再送给您看一下？先念同志已看过这篇文章，他的意见是可以发表了。"

邓小平说："我不看了，不知先念同志有没有时间看。我看这篇文章可以了，你们稍微改一改，就送《人民日报》，可以用特约评论员的名义发表。"

这篇文章改后再送请李先念审阅，李先念看了两遍，给予肯定，提了意见。5月5日，文章以"特约评论员"的名义在《人民日报》上发表。

文章发表后，也引起了一些争论。邓小平后来说："关于按劳分配的文章，我看了，先念也看了，提过意见，也是马克思主义的文章。经济理论界关于按劳分配问题的讨论，首先开启了从理论上对'两个凡是'的挑战。"

4月，《光明日报》编辑部准备将早已收到、几经修改的南京大学哲学系教师胡福明写的一篇文章《实践是检验一切真理的标准》，在该报《哲学》专刊第77期发表。该报负责人杨西光看到这篇文章后，觉得提出的问题很重要，如果针对当前理论和实践关系问题上的一些混乱思想作更充分的论证，放在第1版，影响更大。于是，他决定先把该文从《哲学》专刊上撤下来，再作修改，然后在报纸的显要位置上发表。他在对文章作了重要修改后，又委托中央党校理论研究室的同志帮助进一步修改，为了增强现实针对性，最后将标题改为"实践是检验真理的唯一标准"。文章经主持中央党校工作的胡耀邦最后审定后，于 5 月 10 日在中央党校内部刊物《理论动态》第 60 期上刊登。

5 月 11 日，《光明日报》以"特约评论员"的名义在头版发表这篇文章，新华社当天发了通稿。5 月 12 日，《人民日报》《解放军报》和上海、江苏、福建、河南等四省市报纸全文转载。随后又有多家省报予以转载。由此，一场关于真理标准问题的大讨论在全国范围内正式展开。

《实践是检验真理的唯一标准》一文完全是针对"两个凡是"的。按照"两个凡是"的观点，毛泽东的思想理论从一提出就是正确的，没有错误，因此不需要经过实践的检验。文章明确提出：实践不仅是检验真理的标准，而且是唯一的标准。这是因为，辩证唯物主义所说的真理是客观真理，是人的思想对于客观世界及其规律的正确反映。因此，作为检验真理的标准，就不能到主观领域内去寻找，不能到理论领域内去寻找。作为检验真理的标准，必须具有把人的思想和客观世界联系起来的特性。因此，正是实践，也只有实践，才能够完成检验真理的任务。任何理论都要不断接受实践的检验。

文章强调：

"一个理论，是否正确地反映了客观实际，是不是真理，只能靠社会实践来检验。这是马克思主义认识论的一个基本原理。正是实践，也只有实践，才能够完成检验真理的任务。

"凡是科学的理论，都不会害怕实践的检验。相反，只有坚持实践是检验真理的唯一标准，才能够使伪科学、伪理论现出原形，从而捍卫真正的科学与理论。

"客观世界是不断发展的，实践是不断发展的。新事物新问题层出不穷，这就需要在马克思主义一般原理指导下研究新事物新问题，不断作出新的概括，把理论推向前进。

"革命导师……并不认为自己提出的理论是已经完成了的绝对真理或'顶峰'，可以不受实践检验的；并不认为只要是他们作出的结论不管实际情况如何都不能改变；更不要说那些根据个别情况作出的个别论断了。他们处处时时用实践来检验自己的理论、论断、指示，坚持真理，修正错误，尊重实践，尊重群众，毫无偏见。他们从不容许别人把他们的言论当作'圣经'来崇拜。毫无疑义，马克思主义的基本原理，马克思主义的立场、观点和方法，必须坚持，决不能动摇；但是，马克思主义的理论宝库并不是一堆僵死不变的教条，它要在实践中不断增加新的观点、新的结论，抛弃那些不再适合新情况的个别旧观点、旧结论。"

文章阐述了任何理论都要不断接受实践检验的观点："我们不仅承认实践是真理的标准，而且要从发展的观点看待实践的标准。实践是不断发展的，因此作为检验真理的标准，它既具有绝对的意义，又具有相对的意义。""凡经实践证明是错误的或者不符合实际的东西，就应当改变，不应再坚持。"

文章指出："现在'四人帮'及其资产阶级帮派体系已被摧毁，但是，'四人帮'加在人们身上的精神枷锁，还远没有完全粉碎。毛主席在第二次国内革命战争时期曾经批评过的'圣经上载了的才是对的'（《论反对日本帝国主义的策略》）这种倾向依然存在。无论在理论上或实际工作中，'四人帮'都设置了不少禁锢人们思想的'禁区'，对于这些'禁区'我们要敢于去触及，敢于去弄清是非。科学无禁区。凡有超越于实践并自奉为绝对的'禁区'的地方，就没有科学，就没有真正的马列主义、毛泽东思想，而只有蒙昧主义、唯心主义、文化专制主义。""躺在马列主义、毛泽东思想的现成条文上，甚至拿现成的公式去限制、宰割、裁剪无限丰富的飞速发展的革命实践，这种态度是错误的。"

这篇文章发表后，立即在党内外引起极大的关注，并出现了两种截然不同的反应。多数同志认为，这篇文章提出了一个意义重大的问题，应当展开讨论。到 5 月底，全国先后有 30 多家报纸刊登了这篇文章。中国科学院和中国科协党组还作出决定，支持并参与对真理标准问题的讨论。

但是，讨论也遭到了一些人的反对和压制。特别是受到了中央主管宣传工作的负责人和中宣部负责人的指责。5 月 17 日，中央主管宣传工作的负责人汪东兴说：《实践是检验真理的唯一标准》和《贯彻执行按劳分配的社会主义原则》这两篇文章，"我们都没有看过。党内外议论纷纷，实际上是把矛头指向主席思想。我们党报不能这样干"。"要查一查，是哪个中央的意见？"《实践是检验真理的唯一标准》在"理论上是荒谬的，思想上是反动的，政治上是砍旗的"。5 月 18 日，汪东兴又召集中宣部和《红旗》杂志负责人谈话，他批评"《人民日报》最近发表一些文章，不慎重"，提出意识形态部门要"接受教训，统一认识，下不为例"。当天下午，中宣部负责人紧急召集正在北京参加全国教育工作会议的各省文教书记、宣传部部长开会，就宣传问题打招呼。中宣部负责人要大家注意《实践是检验真理的唯一标准》这篇文章，强调："不要以为《人民日报》转载了，新华社发了，就成定论了。今后不管《人民日报》或新华社发出的稿子，只要有不同意见，都可以讨论，并希望向中宣部反映。毛主席说过，不论风从哪里来，都要用鼻子嗅一嗅。表态不要随风倒，应该按真理办事；是真理就坚持，不是就不要坚持；态度要鲜明，不隐瞒自己的观点"，要提高鉴别能力，并要求大家回去向省委常委汇报，不要随风转。来自中央高层的这些责难，从一开始就把这场争论上升到了"政治"高度，并很快在理论界、新闻界和各地传开，这给许多刊登讨论真理标准问题文章的报刊带来了不小的压力。

《实践是检验真理的唯一标准》这篇文章刚发表时，邓小平没有注意。他后来说：关于检验真理标准的文章，是在《光明日报》登的，开始我没有注意。后来越争论越大，引起了我的兴趣。

邓小平是 5 月下旬在全军政治工作会议期间听说关于这篇文章的争论的。

全军政治工作会议是 4 月 27 日在北京召开的。会议在讨论解放军总政治部主任韦国清在会上作的《在新的历史条件下发扬政治工作优良传统，提高我军战斗力》的报告和讨论修改为中央军委起草的《关于加强军队的政治工作的决议（草案）》时，有人反对把韦国清报告中提出的"新的历史条件"和"保持我军的无产阶级性质"这两个提法写进《决议》。认为"新的历史条件"政治工作的提法同华主席讲的"新的发展时期"的总任务提法有矛盾，同中央口径不一致。如果说两种提法是一致的，那就应该用"新的发展时期"，不必再提"新的历史条件"；"新的发展时期"是从 1976 年 10 月 6 日粉碎"四人帮"算起的，如果提"新的历史条件"，也应从这个时期算起，不能讲 25 年以来；现在提"新的历史条件"，讲过去的多了，讲今后的少了，向后看的多了，向前看的少了。并表示不同意在《决议》政治工作的任务中写上"保持我军的无产阶级性质"，说毛主席、十一大、五届人大都是讲的"人民军队"，提我军是无产阶级性质没有多少根据。由于这个问题关系这次全军政治工作会议和今后军队政治工作的方向这样一个重大的原则问题，关系怎样对待军队政治工作的历史和毛泽东思想的根本态度问题，所以当即遭到与会同志的反对和批评，在会上引起争论。

全军政治工作会议上的争论引起了邓小平的注意，他认为会上提出的意见并不是名词概念之争，也并非偶然、孤立的现象，而是当时社会上在如何对待毛泽东思想问题上"两个凡是"的思潮在军队的反映。本来，邓小平并没有打算在这次全军政治工作会议上讲话，但在了解到会上这一争论的情况后，他说：这次全军政治工作会议，我一定要讲话，要着重讲党的实事求是的思想路线。

　　针对"两个凡是"，他在准备讲话稿时和在会上的讲话中，表明了自己的态度。

　　5 月 30 日，邓小平在同胡乔木等谈准备在会上讲话的内容时提出，要着重讲实事求是问题。他的谈话首先是从对会议报告和决议中两个提法提出反对意见一事谈起，他说：有的同志对这次政治工作会议的两个提法提出了不同意见，认为新的历史条件下的政治工作的提法，同华主席讲的新的发展时期的总任务不一致；认为要保证人民解放军的无产阶级性质的提法，同毛主席讲的人民军队的革命本质也不一致。总而言之，就是这么个意见：只要你讲话和毛主席讲的不一样，和华主席讲的不一样，就不行。毛主席没有讲的，华主席没有讲的，你讲了，也不行。怎么样才行呢？照抄毛主席讲的，照抄华主席讲的，全部照抄才行。这不是一个孤立的现象，这是当前一种思潮的反映。这些同志讲这些话的时候，讲毛泽东思想的时候，就是不讲要实事求是，就是不讲要从实际出发。实事求是，从实际出发，很容易被一些同志忘记、抛弃，天天讲毛泽东思想，就是忘记这个根本观点、根本方法。这是邓小平第一次把实事求是概括为毛泽东思想的根本观点、根本方法。

　　邓小平说：我在这次会议上的总结发言，准备讲三个问题。第一个问题，就是要讲实事求是是毛泽东思想的根本态度、根本观点、根本方法。着重讲第一个问题。实事求是是马列主义哲学的概括，是马列主义理论、马列主义方法的概括。它同各种机会主义思想都是完全对立的，包括教条主义、经验主义、"左"的右的机会主义和修正主义。这是毛主席经常讲的道理，也是他讲得最多的道理。我们讲要继承和发扬毛主席为我们培育的优良传统，第一个就是实事求是。归根到底，这是涉及什么是马克思列宁主义，什么是毛泽东思想的问题。毛泽东思想最根本的最重要的东西就是实事求是。现在发生了一个问题，连实践是检验真理的标准都成了问题，简直是莫名其妙！

　　邓小平说：不但军队有这个问题，现在我们的外贸、我们的管理、我们的经济政策，都受到这些思想的影响，自己把自己的手脚束缚起来，很多事情都不敢搞。现在的国际条件对我们很有利。西方资本主义国家从它们自身的利益出发，很希望我们强大一些。这些发达国家有很多困难，它们的资金没有出路，愿意把钱借给我们，我们却不干，非常蠢。现在东方有四个"小老虎"，一个是南朝鲜，一个是台湾，一个是香港，一个是新加坡。它们的经济发展很快，对外贸易增长很快。它们都能把经济发展得那么快，我们难道就不能吗？我们的脑子里还都是些老东西，不会研究现在的问题，不从现在的实际出发来提出问题，解决问题。这样天天讲四个现代化，讲来讲去都会是空的。

　　第二个问题讲不破不立。邓小平说：有人说我们现在只能批"四人帮"，不能同时批林彪，如果既批"四人帮"，又批林彪，就叫双箭齐发。这也反映了一种思潮，就是有些怕就是了。实际上，"四人帮"同林彪是一伙，现在林彪的那一套还在起作用。两个都要批，只有彻底地批了，也就是破了，正确的东西才能立起来。现在不愿意批林的人有几种情况：一种就是不联系实际，搞公式主义、形式主义；还有一种就是怕批林惹火烧身，批到自己头上。

　　第三个问题讲以身作则。邓小平说：这个问题在军队的各级干部中非常突出。有些老同志现在就是追求享受，愈多愈好，愈高愈好。如果他们不带头，什么事情都很难办。艰苦朴素，深入实际，各级的领导干部都要带头。

　　邓小平还说：我放了一炮，提出要完整地准确地理解毛泽东思想，后来又加了一句毛泽东思想的体系。有人说我这个提法是同华主席唱对台戏，结果华主席用了我这个话，这些人不吭气了。还有知识分子的问题，也有人说我的讲话背离了毛泽东思想。这些事都不是孤立的。

6月2日，邓小平在全军政治工作会议上发表讲话。他指出："有一些同志天天讲毛泽东思想，却往往忘记、抛弃甚至反对毛泽东同志的实事求是、一切从实际出发、理论与实践相结合的这样一个马克思主义的根本观点，根本方法。不但如此，有的人还认为谁要是坚持实事求是，从实际出发，理论和实践相结合，谁就是犯了弥天大罪。""他们提出的这个问题不是小问题，而是涉及怎么看待马列主义、毛泽东思想的问题。"

在提出了实事求是是毛泽东思想的根本观点、根本方法后，邓小平进而从搞现代化建设的角度，从向前看的角度阐述了实事求是的思想，强调只有做到解放思想才能做到实事求是。他说："现在我们的外贸、我们的管理、我们的经济政策，都受到这些思想的影响，自己把自己的手脚束缚起来，很多事情都不敢搞。我们的脑子里还都是些老东西，不会研究现在的问题，不从现在的实际出发来提出问题，解决问题。这样天天讲四个现代化，讲来讲去都会是空的。"他指出："马列主义、毛泽东思想的基本原则，我们任何时候都不能违背，这是毫无疑义的。但是，一定要和实际相结合，要分析研究实际情况，解决实际问题。按照实际情况决定工作方针，这是一切共产党员所必须牢牢记住的最基本的思想方法、工作方法。""我们应该也只能采取实事求是、从实际出发、理论和实践相结合的方法，总结过去的经验，分析新的历史条件，提出新的问题、新的任务、新的方针。""这就是我们在实际行动中坚决拥护毛泽东思想的表现。反之，如果我们只把过去的一些文件逐字逐句照抄一通，那就不能解决任何问题，更谈不到正确地解决什么问题。""我们一定要肃清林彪、'四人帮'的流毒，拨乱反正，打破精神枷锁，使我们的思想来个大解放，这确实是一个十分严重的任务。"

1978年6月2日，邓小平在全军政治工作会议上讲话

邓小平在全军政治工作会议上的讲话，是对开展真理标准问题讨论的最强有力的支持，当天，新华社作了报道。6月3日，《人民日报》发表《邓副主席精辟阐述毛主席实事求是光辉思想》，详细介绍了邓小平的讲话。6月6日，《人民日报》《解放军报》全文发表。6月29日，邓小平的这篇讲话被作为中发1978年39号文件的主要内容之一下发。它不仅给参加真理标准问题讨论的人们鼓了劲，还提供了科学的思想理论武器。同时也给那些思想僵化的同志以极大的震动。

6月15日，汪东兴召集中宣部和中央直属新闻单位负责人开会，强调"党报要有党性"，指责党性不强在宣传上造成的危害，着重批评《人民日报》，几次点了胡耀邦的名。

6月16日，《人民日报》发表了一篇《关于真理的标准问题》的文章，《光明日报》予以全文转载。这期间，胡耀邦组织中央党校有关同志撰写了《马克思主义的一个最基本的原则》一文，由于当时《人民日报》和《光明日报》正受到巨大的压力，所以只好将文章送到《解放军报》，得到了时任中共中央军委秘书长罗瑞卿的支持。文章经罗瑞卿审阅修改定稿后，6月24日，以《解放军报》特约评论员名义在该报发表。文章进一步阐明了实践是检验真理的唯一标准这个马克思主义的基本原理，比较系统地从理论上回答了对此提出的种种责难。文章指出：马列主义、毛泽东思想本身要由实践来检验，其正确性要由实践来证明。思想不能证明自身。理论是实践的指南和实践是检验真理的标准，这是两个不同的问题，不能相互混淆。林彪、"四人帮"的唯心论和形而上学，非常突出地表现在他们的真理观上。文章强调：尊重实践，尊重科学，破除迷信，解放思想，我们就能推动理论研究，获得新的真理。

7月5日，中国科学院理论组和中国自然辩证法研究会召开讨论会，研究真理标准问题。7月17日至24日，中国社会科学院哲学研究所和《哲学研究》编辑部约请中央国家机关、29个省市自治区的党校、高校、研究机关的部分哲学理论工作者和实际工作者160多人，讨论理论和实践的关系问题。大家普遍认为，检验真理的标准只能是社会实践。

7月，汪东兴在山东又提出"一不要砍旗，二不要丢刀子，三不要来180度的转变"。中宣部部长张平化对这场讨论"设禁区""下禁令"。7月21日，邓小平专门找张平化谈话，明确告诫他不要再"下禁令""设禁区"了，不要把刚刚开始的生动活泼的政治局面向后拉。第二天，邓小平在同胡耀邦谈话时，明确肯定和支持真理标准问题的讨论，指出：《实践是检验真理的唯一标准》这篇文章是马克思主义的；争论不可避免，争得好；引起争论的根源就是"两个凡是"。

8月19日，邓小平在接见文化部负责人时说：《光明日报》发了文章，当时没有注意。后来听说有人反得很厉害，才找来看了看。我说过《实践是检验真理的唯一标准》这篇文章是马克思主义的，驳不倒的，我是同意这篇文章观点的，但有人反对，说是反毛主席的，帽子可大啦。我说过要完整准确地掌握毛泽东思想体系，有人反对。问题是从"两个凡是"来的。我们做事一定要从实际出发，实事求是，理论联系实际，要认真思考问题，提出问题，解决问题。毛主席没有讲过的话多得很呢。我们不要下通知，划禁区。要敢于正视现实，敢于提问题、想问题，这样才能够很好地实现新时期的总任务，为四个现代化服务。

这时，叶剑英、李先念、谭震林等老一辈革命家也纷纷表明自己的观点，公开支持这一讨论。针对真理标准问题讨论受到的种种压制，叶剑英在一次中央政治局会议明确表示，不主张对讨论采取压制态度，对待毛泽东思想，不能采取教条主义态度。9月上旬，李先念在国务院务虚会上明确指出：实践是检验真理的唯一标准，凡是经过长期社会实践证明是符合客观规律、符合大多数人利益的事，就坚决地办、坚持到底，不允许任何人轻易改变和取消。我们的一切政策、计划、措施是否正确，都要以能否为人民群众谋利益作为标准来检验。11月，邓小平对时任中共中央委员、全国人大常委会副委员长谭震林应《红旗》杂志约稿撰写又遭拒登的《井冈山斗争的实践与毛泽东思想的发展》一文，作出批示：我看这篇文章好，至少没有错误。我改了一下，如《红旗》不愿登，可以送《人民日报》登。为什么《红旗》杂志不卷入？应该卷入。可以发表不同观点的文章。看来不卷入本身可能就是卷入。华国锋、叶剑英、李先念在先后看过文章后，均同意发表。《红旗》杂志当年出版的第12期刊登了这篇文章。

邓小平的支持，有力地推动了真理标准问题讨论在全国的展开和深入。到 1978 年下半年，真理标准问题讨论逐渐进入高潮。从 6 月下旬开始，各省的省委书记和省长、中国人民解放军各大军区的主要负责人也纷纷表明对真理标准问题的态度，使真理标准讨论很快就越出了理论界的范围，影响到当时的实际工作。

6 月 27 日，中共甘肃省委第一书记宋平出席该省真理标准座谈会，旗帜鲜明地支持实践是检验真理的唯一标准的观点。他指出：对于重大理论问题，实践是检验真理的唯一标准，这是马克思主义的常识，是区别唯物主义和唯心主义的一个根本标志。我们要恢复毛主席一贯倡导的实事求是的科学态度，才是真正维护、高举毛主席的旗帜。现在妨碍我们解放思想的东西很多，要解放思想，就要好好学习辩证唯物主义，坚持实践是检验真理的唯一标准，一切从实际出发，实事求是地对待问题。敢于研究。要在完整的、准确的马列主义、毛泽东思想体系上下功夫。6 月 28 日，《光明日报》作了重点报道。7 月 25 日，《人民日报》发表宋平的文章《一切从实际出发，按照客观规律办事》。

7 月下旬，中共黑龙江省委在第一书记杨易辰主持下讨论真理标准问题。杨易辰根据实践是检验真理的唯一标准的原理，全面分析了"文化大革命"前省委的情况，否定了"文化大革命"中对省委作出的不符合实际的判断和结论，认为"文化大革命"前的黑龙江省委不是黑的，而是红的。8 月 14 日，《人民日报》在第 1 版头条位置予以报道。

广东省委第一书记习仲勋在省委常委等参加的学习会上发言说，实践是检验真理的唯一标准，这绝不是一个单纯的理论问题，而是一个有重大实践意义的问题。要准确地、完整地理解马列主义、毛泽东思想体系，而不是去抄现成的公式，抓住片言只语去到处套用。

继甘肃、黑龙江、广东后，新疆、福建、浙江、江西、河北、青海、内蒙古、宁夏、四川、湖北、天津、江苏、广西、贵州、山东、山西、上海、吉林、云南、西藏、河南、陕西等省、自治区、直辖市的主要领导都先后对真理标准问题表态。12月8日，《人民日报》报道了湖南省委支持真理标准问题讨论的态度。形势的发展，促使湖南省委赶上了末班车。

10月和11月，中国人民解放军的11个大军区、5个兵种和3个军委直属大单位的领导干部，也都通过报纸公开表明了自己支持真理标准讨论的立场和态度。

在这次大讨论中，不但党政军领导干部和广大理论工作者积极参与，而且自然科学界许多学者也通过座谈会或撰写文章，用自然科学史上大量事例和自身经验，说明科学原理是通过实践不断检验才最后确立起来的。

据不完全统计，到1978年末，中央及省级报刊发表的关于实践是检验真理的唯一标准的文章达650篇，至于各种类型的讨论会，不包括中央单位，仅地方上就召开了70多次。

真理标准问题的大讨论，形成了一场广泛而深刻的思想解放运动，成为正本清源、拨乱反正和改革开放的思想先导。它冲破了"两个凡是"的禁区，打碎了个人崇拜的精神枷锁，使长期以来禁锢人们思想的僵化局面被冲破，极大地促进了人们的思想解放，对提高全党、全国人民的思想水平和识别问题的能力，起了重要的作用。这场讨论，批判了危害多年的极"左"思潮，恢复了马克思主义的思想路线，反思了过去的曲折，思考了未来的出路，党内外思想日益活跃，开始出现酝酿对外开放和对各方面体制进行改革的新局面。

1982年9月，邓小平陪同金日成去他的家乡四川访问。途中，邓小平向金日成谈起了1978年的真理标准问题大讨论。他说："粉碎'四人帮'后，当时主持中央工作的同志坚持'左'的政治路线，又提出了错误的思想路线，叫做'两个凡是'。我说过，如果毛主席在世，他也不会承认'两个凡是'，因为那不是马列主义、毛泽东思想。

如果按照'两个凡是'，我就不能出来工作，更不用谈别的问题了。我是在粉碎'四人帮'之后九个月，即一九七七年七月才出来工作的，到那时我才能参加中央的会议。我出来以后，提出毛泽东思想的精髓是实事求是，从此开始了实践是检验真理的唯一标准问题的讨论。当时有一些人抵制这个讨论。一九七八年六月我在全军政治工作会议上讲了一篇话。以后我从你们那里访问回来，在东北三省沿途又讲这个思想路线问题。经过差不多一年的讨论，到一九七八年底我们召开了十一届三中全会，批评了'两个凡是'，提出了'解放思想，开动脑筋'的口号，提倡理论联系实际，一切从实际出发，肯定了实践是检验真理的唯一标准，重新确定了实事求是的思想路线。"

邓小平的这一段谈话，概括了真理标准讨论的由来和经过，也展现了邓小平在这场大讨论中的主要活动和关键性的作用。

第七章 打开国门——"实行开放政策"

粉碎"四人帮"后，我们整个国家问题成堆，亟待解决。特别是经济形势十分严峻。邓小平第三次复出后，除了管科学教育、军队，1978年春，他又协助华国锋领导国务院的全面工作，并主管外交。邓小平反复思考的一个中心问题就是如何实行对外开放。

邓小平回顾历史，总结经验，分析我国从近代以来长期处于停滞和落后状态的一个重要原因就是闭关自守。他认为，任何一个国家要发展，孤立起来，闭关自守是不可能的。

"开放"一词就是邓小平首先提出来的。

1978年10月，邓小平在会见联邦德国新闻代表团时，同客人就中国实行开放政策，学习世界先进科学技术等问题，进行了深入交谈。邓小平从总结中国长期历史经验教训说起，他指出：中国在历史上对世界有过贡献，但是长期停滞，发展很慢。现在是我们向世界先进国家学习的时候了。在回答客人的提问时，邓小平第一次明确使用了"开放"一词，郑重强调："你们问我们实行开放政策是否同过去的传统相违背。我们的作法是，好的传统必须保留，但要根据新的情况来确定新的政策……我们引进先进技术，是为了发展生产力，提高人民生活水平，是有利于我们的社会主义国家和社会主义制度。"邓小平1984年时也说："恐怕明成祖时候，郑和下西洋还算是开放的。明成祖死后，明朝逐渐衰落。以后是清朝康乾时代，不能说是开放。如果从明朝中叶算起，到鸦片战争，有三百多年的闭关自守，如果从康熙算起，也有近二百年。长期闭关自守，把中国搞得贫穷落后，愚昧无知。"

新中国成立之初，我国曾宣布：可在平等互利的基础上，与各外国政府和人民恢复和发展通商贸易关系。但是，我们当时不具备对外开放应有的国际环境和思想理论准备。以美国为首的西方资本主义国家对我国进行封锁。20世纪五六十年代，我们曾一度对苏联、东欧国家开放。从60年代起，由于中苏关系的全面恶化，中国与东欧国家的关系也很紧张，再加上我们自己孤立自己，中国几乎是在与世隔绝的状态下从事我们的经济建设。特别是"文化大革命"中，"四人帮"搞极左，批所谓"洋奴哲学""爬行主义""崇洋媚外""卖国主义"，把我国同世界完全隔绝开来。

1975年8月，邓小平在国务院讨论国家计委起草的《关于加快工业发展的若干问题》时，针对"四人帮"污蔑对外开放是"崇洋媚外"的谬论，鲜明地提出要虚心学习外国一切先进的东西：世界上工业落后的国家要赶上工业先进的国家，都要采用最先进的技术，我们也要这样做。要坚持学习与独创相结合的方针，学习外国一切先进的优良的东西，有计划有重点地引进国外的先进技术，为我所用，以加快国民经济的发展速度。要争取多出口一点东西，换点高、精、尖的技术和设备回来，加速工业技术改造。提高劳动生产率。因此，要千方百计地增加出口。邓小平还提出"煤炭也要考虑出口，还可以考虑同外国签订长期合同，引进他们的技术装备开采煤矿，用煤炭偿付。这样做好处很多：一可增加出口，二可带动煤炭工业技术改造，三可容纳劳动力。这是一个大政策"。这个重要思想的提出，说明邓小平是从世界范围考虑问题，时刻关注世界形势的变化的。

但是，邓小平的这些重要思想随着邓小平被打倒而受到了批判。

也正是在这个时候，世界上的一些国家和地区，顺应和利用新起的技术革命和国际分工与开放的形势，调整了自己的经济政策和产业结构，在国际大市场中积极竞争，经济得到迅速发展，又一次拉大了与中国经济发展的距离。

邓小平第三次复出后认为，在新的历史时期，对中国来说，要赶上和超过世界发展水平，首先必须打开国门，实行开放政策。

邓小平首先是身体力行，频繁出访。仅1978年他就出访了7个国家。

"文化大革命"后期各国领导人来中国访问的不少，而我国领导人回访的不多。这在保持国与国之间的平等关系方面是说不过去的。所以，粉碎"四人帮"后，中央安排了较多的国事访问，当时内部称为外交"还债"。

1978年1月26日至31日，应缅甸总统吴奈温的邀请，邓小平对缅甸进行正式友好访问。

这是邓小平在粉碎"四人帮"后首次出访。缅甸破格给予元首级的接待。缅甸总统吴奈温到机场迎接并同邓小平会谈。邓小平着重介绍了中国抓纲治国初见成效的情况，阐述了对国际形势变化的看法。

1978年2月3日至6日，邓小平对尼泊尔进行正式友好访问。与比斯塔首相和比兰德拉国王分别会谈及会见，就国际形势、柬越冲突、南亚局势等广泛交换了意见，一致表示将努力保持和发展两国长久存在的友好关系。尼泊尔重申不结盟的外交政策，通报了尼与南亚各国关系情况；感谢中国对尼政治上的支持和经济上的援助，希望不断发展两国经济合作关系，建议双方领导人和各级别官员加强互访。邓小平向尼方通报了中国国内形势和中印关系的情况；赞同增加中尼双边往来，表示尼方提出的经贸合作项目可由双方有关部门具体商谈。

1978年9月8日，应朝鲜劳动党中央委员会总书记、朝鲜民主主义人民共和国主席金日成的邀请，邓小平率中国党政代表团赴朝鲜，参加朝鲜国庆30周年活动。9月12日上午，邓小平同金日成会谈。在谈到引进技术发展经济问题时，邓小平说：我们一定要以国际上先进的技术作为我们搞现代化的出发点。最近我们的同志出去看了一下，越看越感到我们落后。什么叫现代化？50 年代一个样，60 年代不一样了，70 年代就更不一样了。

1978 年 10 月，应日本政府的邀请，邓小平前往日本访问。这是中华人民共和国成立后中国国家领导人第一次访问日本。10 月 23 日上午，邓小平出席日本首相福田赳夫的欢迎仪式，仪式后前往首相官邸拜会。邓小平在谈话中指出签订《中日和平友好条约》的意义。随后，出席《中日和平友好条约》两国批准书互换仪式。

1978 年 10 月 26 日，邓小平在日本千叶县君津钢铁厂参观

访日期间，邓小平参观了三家日本企业的工厂，其中有日产汽车公司的座间工厂、新日铁公司的君津钢铁厂、松下电器公司的茨木工厂。在座间工厂，邓小平一行乘坐电动汽车参观了第三车身车间和第二装配车间，对自动化程度先进的机器人焊接生产线表现出浓厚兴趣，体会到了现代化。他在讲话中指出："中国正在进行现代化建设，我们感谢工业发达的国家，尤其是日本产业界对我们的协助。"在著名的日产汽车公司，当邓小平了解到公司每个工人每年能生产汽车 94 辆，而我国最先进的长春第一汽车制造厂每个职工只能年产 1 辆汽车

时，他不禁感慨地说："我懂得什么是现代化了。欢迎工业发达的国家，特别是日本产业界的朋友们对中国现代化的合作。"10月25日，邓小平在日本东京出席记者招待会时，回答西方记者关于中国的现代化问题："我们所说的在本世纪末实现的现代化，是指比较接近当时的水平。世界在突飞猛进地前进，那时的水平，例如日本就肯定不是现在的水平，我们要达到日本、欧洲、美国现在的水平就很不容易，要达到22年以后的水平就更难。我们清醒地估计了这个困难，但是，我们还是树立了这么一个雄心壮志。"为了要实现现代化，"要有正确的政策，就是要善于学习，要以现在国际先进的技术、先进的管理方法作为我们发展的起点。首先承认我们的落后，老老实实承认落后就有希望。再就是善于学习。这次到日本来，就是要向日本请教。我们向一切发达国家请教。向第三世界穷朋友中的好经验请教。相信本着这样的态度、政策、方针，我们是有希望的"。10月26日在由东京前往京都的"京光-81号"高速列车上，有日本记者问邓小平的感受，他爽快地回答："就感觉到快，有催人跑的意思，我们现在正合适坐这样的车。"

1978年10月26日，邓小平乘坐新干线超特快列车前往京都

　　1978 年 11 月 5 日至 9 日，邓小平应泰国总理江萨·差玛南的邀请，对泰国进行了正式友好访问。这是对泰国总理江萨 3 月访华的回访，也是两国建交后中国领导人首次访泰。11 月 6 日上午，邓小平同江萨举行小范围会谈和正式会谈，就国际形势、双边关系问题等交换意见。在小范围会谈谈到了中国一贯的侨务政策。11 月 7 日和 8 日，邓小平参观了泰国农业和合作社部所属的淡水渔业研究所和农民自主经营的葡萄园。11 月 9 日上午，邓小平出席了中泰两国政府关于成立贸易联合委员会的议定书、关于 1979 年度两国出口商品的议定书和中泰两国政府科学技术合作联合委员会第一次会议会谈纪要的签字仪式。邓小平此次访问取得了积极的成果，为中泰关系的顺利发展和友好合作铺平了道路。

1978 年 11 月，邓小平应泰国、马来西亚、新加坡三国总理的要求出访东南亚三国。图为李先念等到机场送行

1978 年 11 月 9 日下午，邓小平乘飞机离开曼谷抵达吉隆坡，对马来西亚进行正式访问。10 日下午，邓小平会见了马来西亚国家最高元首叶海亚·佩特拉国王和王后。随后前往总理府拜会达图·侯赛因·宾·奥恩总理，并举行小范围会谈和第一次会谈。11 日下午，同侯赛因举行小范围会谈和第二次会谈。邓小平在几次会谈中阐述了对国际局势的看法，就双边关系交换了意见。在第一次会议中，邓小平指出：国际局势是有利于被压迫民族，有利于发展中国家和第三世界国家的，但世界整个形势趋向紧张、不安宁。其根源是霸权主义争夺。面对战争爆发的危险，各国政治家除注意提高警惕外，应找一条延缓战争爆发的办法，而不能无所作为。正是基于这样的判断和分析，中国的对外政策，除发展同世界各国的政治、经济、文化关系外，就是延缓这个战争的爆发。这是我们处理国际事务的根本依据。

1978 年 11 月 12 日上午，邓小平抵达新加坡，对新加坡进行了两天访问。

这是中国领导人首次访问新加坡，也是对李光耀总理 1976 年访华的回访。邓小平同李光耀总理举行了两次会谈。就国际形势特别是东南亚地区形势交换意见。邓小平指出："东南亚形势变化很难预料，亚洲安全体系在亚洲特别是东南亚是有市场的。中国政府当然要正面地明确地表明我们的立场。"在谈到东盟的作用时说："东盟把和平、自由、中立区的主张贯彻到底，本身就是对霸权主义的一种平衡力量，至少可起防御作用。东盟是本地区和平和稳定的因素。"

访问期间，邓小平参观了新兴工业中心裕廊镇，听取了该镇管理局主任关于新兴工业中心建设情况的介绍。邓小平当时就表示，要把新加坡的"经"取到中国来。中国要学习新加坡的做法。邓小平还听取了新加坡住房和发展局局长关于新加坡公共住房计划实施情况的介绍，并登上该局 22 层办公大厦顶层瞭望周围新建成的公共住房，称赞他们建筑业的机械化程度高。

1978 年 11 月 13 日上午，邓小平在新加坡住房和发展局听取关于新加坡公共住房情况的介绍后登上高 22 层的办公大厦的楼顶，瞭望周围一栋栋新建成的公共住房，赞扬新加坡在解决住房问题方面所作的努力

邓小平对访问新加坡的感受很深。新加坡面积只有 600 多平方公里，人口也只有 250 万。但新加坡从 20 世纪 60 年代起，就十分重视加强对外经济联系，积极参与国际市场竞争，利用发达国家传统工业转移到海外的机会，不断从国外引进资金和先进技术，使经济迅速腾飞起来，成为亚洲地区"四小龙"之一。新加坡引进外资发展经济的成功经验，也给邓小平留下了深刻印象。后来，邓小平在《关于经济工作的几点意见》的讲话中又专门谈到："我到新加坡去，了解他们利用外资的一些情况。外国人在新加坡设厂，新加坡得到几个好处，一个是外资企业利润的百分之三十五要用来交税，这一部分国家得了；一个是劳务收入，工人得了；还有一个是带动了它的服务行业，这都是收入。我们要下这么个决心，权衡利弊、算清帐〔账〕，略微吃点亏也干，总归是在中国形成了生产能力，还会带动我们一些企业。我认为，现在研究财经问题，有一个立足点要放在充分利用、善于利用

外资上，不利用太可惜了。"

在邓小平出访的前后，中国其他主要领导人的国际交往也很频繁。李先念于1978年3月访问菲律宾和孟加拉国，1979年初出访坦桑尼亚、莫桑比克、赞比亚、扎伊尔、巴基斯坦。华国锋也于1978年5月访问了朝鲜，8月访问了罗马尼亚、南斯拉夫和伊朗。

邓小平一直都在提出，要引进发达国家的先进科学技术、先进设备和先进的管理经验。

20世纪五六十年代，在毛泽东和周恩来的领导下，邓小平就曾为发展中国对外经济交往进行了艰辛的探索与开拓。"文化大革命"后期，围绕着所谓"风庆轮事件"，邓小平和"四人帮"进行了坚决斗争。1975年，邓小平主持中央和国务院的日常工作期间，结合整顿，把"引进新技术、新设备，扩大进出口"作为加快工业发展的一个"大政策"提了出来。他强调："外国都很重视引进国外的新技术、新设备。把他们的产品拆开一看，好多零部件也是别的国家制造的。有一些原材料，我们一时解决不了、必须进口的，还是要进口一些。如化纤厂搞起来了，缺少某些化工原料就不能生产，不进口怎么行？要进口，就要多出口点东西。"为此，他提出采用补偿贸易方式扩大进出口，即通过与西方国家签订长期合同，进口国外成套设备来发展石油和采煤工业，然后用这些设备生产的产品补偿外债。他认为这样做一可以增加出口，换取外汇；二可以带动煤炭、石油工业的发展；三可以容纳劳动力就业，可谓一举多得。1975年8月23日，邓小平在会见美国国会议员团时又说："我们要学习、吸收世界上一切先进技术。"这个"大政策"的提出，把对外贸易、技术引进这一原本一般经济事务的工作，提到了国家经济建设战略方针的高度。

邓小平第三次复出后，在总结历史经验的基础上，不仅认清我们面临的国际形势，而且深刻分析了我国的国情，他多次指出，中国是一个大国，又是一个穷国，我们提出现代化的时候，必须看到两个基本特点。这两个特点造成了我国人口多、人均资源相对不足、资金匮乏、技术水平低、经营管理落后、地区发展不平衡的状况。立足于国内、立足于自力更生的方针搞建设是对的，但仅仅是中国自己关起门来搞建设是不行的，是不能成功的。中国的发展离不开世界。他提出，要学习国外先进的管理经验，引进国外的先进设备、技术。

1977 年 5 月，复出前夕的邓小平就批评我们在科技、教育方面"过去没有吸收外国先进的东西"。恢复工作后不久，7 月 23 日，他就在一次谈话中明确指出："要学习外国的先进技术。你们可以花钱把外国资料买来，编者按到教材中去，也可以派留学生去学，还可以请外国技术专家来教。"几天后，他又指示：国外专家要求回来的，"可以接收"。8 月，他在主持科学和教育工作座谈会时插话说：要把国外先进的科学技术成果放到教材里去；要把自己研究和引进技术结合起来。他强调，我们实现四个现代化，是要使用世界上的一切先进技术。搞现代化，理所当然不是拿落后的技术作为出发点，而是用世界的先进成果作出发点。一切先进成果都是全人类共同努力的结果，就是资产阶级也懂得这个起码的常识，世界上先进的东西它都引进。自力更生，但决不排除世界上一切先进的成果。

1978 年 2 月 9 日，邓小平在中央政治局会议上谈到引进国外先进技术时说：引进先进技术，我们要注重提高，这是一项大的建设。引进技术的谈判，要抢时间，要加快速度，对共同市场（指西欧共同市场），也要迅速派人去进行技术考察。邓小平认为，现在是对我们最有利的时机。要抓紧时间，多争取一年时间都合算。他要求，对共同市场，对于日本、美国，要专门成立一个班子，不干别的事，集中力量，专门研究。要注意国际动态。

3 月 18 日，邓小平在全国科学大会上强调："独立自主不是闭关自守，自力更生不是盲目排外。科学技术是人类共同创造的财富。任何一个民族、一个国家，都需要学习别的民族、别的国家的长处，学习人家的先进科学技术。我们不仅因为今天科学技术落后，需要努力向外国学习，即使我们的科学技术赶上了世界先进水平，也还要学习人家的长处。"也就是在这次全国科学大会上，不少同志谈到，目前世界经济的发展与科学技术的关系更加密切，国民经济和各行业的发展主要依赖于科技的发展。我国经济落后的一个重要原因是科技落后。同世界先进水平相比，我国的科学技术在多数领域相差 15 年到 20 年，有些领域相差更多一些。因此，我们要想把经济搞上去，首先要老老实实地学习世界先进技术。如果闭目塞听，不了解国际上科学技术发展的动向、趋势和水平，赶超世界先进水平就无从谈起。

在邓小平这些思想的引导下，1977 年和 1978 年，中国政府派出许多考察团走出国门，向外国学习。从 1977 年下半年开始，轻工部、地质部、农业部、冶金部、兵器工业部、石油部、国家经委等国务院部委，分别派出考察团，考察西方发达国家。例如，1977 年 9 月，冶金部副部长叶志强带一批专家到日本考察，催生了引进成套设备建设宝钢的重大项目。1977 年 12 月底，国家经委主任袁宝华、对外贸易部部长李强率领代表团赴英、法进行企业管理的考察。

1978 年春，根据中央的要求，国家计委等五个部委很快拟定了关于《今后八年发展对外贸易、增加外汇收入的规划要点》。4 月 19 日，中央政治局开会专门讨论并原则同意了这个规划。邓小平在会上提出："政策上大胆一点，抢时间进口设备，是划得来的，得到的比付出的利息要多，问题是要善于去做。目前的时机是有利的。""粉碎'四人帮'以后，思想解放了，可以拿资本主义国家行之有效的办法为我们所用。要想一想，现在思想解放得够不够，到底有什么障碍，看看上层建筑、生产技术方面存在什么问题。"5 月 7 日，邓小平在会见外宾时，强调："我们要把世界一切先进技术、先进成果作为我们发展的起点。"5 月 17 日，国务院成立引进新技术领导小组，专门负责研究制定引进国外先进技术的计划。

在此前后，一批由国务院领导及各部门、各地方负责人组成的代表团先后赴西方发达国家和地区进行访问和考察。

这时的西方资本主义已经度过了第二次世界大战之后发展的"黄金时代"，遭遇战后最为严重的经济危机。一些主要的资本主义国家的国内生产总值都出现了负增长。在这种情况下，他们不仅愿意扩大对华贸易，还愿意向中国提供优惠贷款，甚至进行投资。邓小平敏锐地抓住了这个有利的国际条件。他说：我们现在要实现四个现代化，有好多条件，过去没有，现在有了。比如毛泽东同志在世的时候，我们也想扩大中外经济技术交流，包括同一些资本主义国家发展经济贸易关系，甚至引进外资、合资经营等等。但是那时候没有条件，人家封锁我们。今天有比过去好得多的国际条件。

1978 年上半年，中央又派出了两个代表团，前往西方资本主义国家考察经济。3 月 28 日至 4 月 22 日，由上海市革命委员会副主任林乎加率领的中国经济代表团，对日本进行了考察、访问。5 月 2 日到 6 月 6 日，国务院副总理谷牧带领一个包括 6 位省部级干部在内的 30 多人的政府经济代表团，出访了法国、瑞士、比利时、丹麦和德意志联邦共和国 5 个国家 15 个城市。成员中有水利电力部部长钱正英、国家建委副主任彭敏、农林部副部长张根生、北京市革委会副主任叶林、广东省革委会副主任王全国、山东省革委会副主任杨波等省级干部，还有国务院办公厅调研室主任王维成、严明以及谷牧同志办公室的李灏、胡光宝等 6 位司局级干部。这个代表团的全体成员，都是第一次出国。外交部礼宾司在代表团出国之前专门作了一次培训，介绍了欧洲国家各方面情况，包括礼仪等日常生活知识。由于思想观念、生活习俗等方面的反差太大，遇到的情况还是让大家始料不及，并出了一些"洋相"。有亲历者回忆说："打倒'四人帮'以后，从中央到地方的各级领导干部，都在深刻反思历史的教训，这是一个总的背景。当时，外国究竟是怎么样？我们并不十分清楚。大家都有一种困惑，为什么我们的经济搞得这么差？我们的体制究竟出了什么问题？我们知道一点儿信息，日本、德国被战争打垮了，但他们为什么能在经济上崛起呢？走出去看过以后，使我们大开眼界！可以说，这一次出国考察，对我们这一代人来说，真是印象深刻啊！使我们看到了中国与世界的差距。"

这是中国首次向西方发达国家派出的国家级政府经济代表团，受到了急于寻找市场的西欧五国的高度重视和热情接待。

在谷牧率代表团出访西欧五国之前，邓小平专程到北京饭店与代表团成员见面，嘱咐谷牧和全团成员：要广泛接触，详细调查，深入研究一些问题。好的也看，坏的也看，看看人家的现代化工业发展到什么水平了，也看看他们的经济工作是怎么管的。资本主义国家先进的经验、好的经验，我们应当把它学回来。

谷牧率领的这个经济代表团，在一个多月的时间里，马不停蹄地走访了法国、西德、瑞士等 5 国的 15 个城市，并会见了有关政界人士和企业家，参观了大量的工厂、农场、城市设施、港口码头、市场、学校、科研单位和居民区，搜集到很多重要的资料信息，也深入思考和研究了一些涉及中国对外经济工作的重要问题。

两个代表团考察归来后，林乎加、谷牧分别向中共中央政治局作了汇报。他们一致认为，通过出国考察，眼界大开，承认我国的工农业技术和发展水平，至少比发达国家落后 15 年至 20 年，管理水平和劳动生产率差距也甚大。

6 月 1 日，林乎加在汇报中，总结了日本战后经济快速发展的三条主要经验：大胆地引进新技术，充分利用国外资金，大力发展教育事业和科学研究。他建议：利用国外资金建设 1 亿吨年生产能力的煤炭矿井，1 000 万吨年生产能力的冀东钢铁厂，多搞几个有色金属矿，并保证 1985 年化纤和塑料产量各达到 200 万吨。

听了汇报后，邓小平说：下个大决心，不要怕欠账，只要有产品就没有危险。华国锋鼓励说：凡是中央原则定了的，你们就放开干，化纤搞 200 万吨，由计委、经委、建委落实。

谷牧率领的代表团回国后，邓小平就约谷牧谈话，详细询问了出访情况，并就实行开放政策、积极引进外国先进技术等问题讲了三点意见：一是引进这件事一定要做；二是下决心向国外借点钱搞建设；三是要尽快争取时间。

6 月 22 日，邓小平专门找余秋里、谷牧等人谈话。他说"同外国做生意，搞买卖，搞大一点"，"利用资本主义危机，形势不能错过，胆子大一点。不要老是议论，看准了就干"。

在邓小平的建议下，6 月 30 日下午，中共中央政治局专门听取了谷牧关于访问欧洲的情况汇报。出席听取汇报的中央领导同志有：华国锋、叶剑英、李先念、乌兰夫、纪登奎、苏振华、吴德、陈锡联、聂荣臻、陈慕华、王震等。

从下午 3 点半一直到晚上 11 点，谷牧在 7 个多小时的汇报中着重讲了三点。第一，第二次世界大战后西欧资本主义国家的经济确有相当大的新发展，尤其是科学技术日新月异，工农业生产、交通运输、通信手段广泛采用电子技术，现代化水平很高，劳动生产率大大提高。我们已经落后很多，他们在社会化大生产的组织管理方面也有许多值得借鉴的经验。第二，这些西欧国家，大部分对华友好，由于资金过剩，技术要找市场，商品要找销路，因此，对于同中国发展经济关系很有兴趣。他们普遍认为，中国是世界上重要的稳定因素，有个强大的中国，加上强大的欧洲，世界局势就好办得多。我国粉碎"四人帮"后的安定团结政治局面，使他们增强了信心，潜力巨大的市场对他们很有吸引力。第三，在发展对外经济关系中，国际经济运作中有许多通行的办法，包括卖方信贷、买方信贷、补偿贸易、中外合作生产、吸收国外投资等，我们也可以研究采用。这些办法可以缓解我们外汇支付的困难，加速我国经济的发展。谷牧在提交的《访问欧洲五国的情况报告》中说：西欧资本主义国家经济萧条，资本过剩，急于找出路，建议立即与西欧几个国家进行正式谈判，争取签订长期贸易协定，把口头协定的东西尽快落实下来。谷牧的汇报，使中央领导同志被外面的世界吸引了，感到震惊和震撼，在谷牧汇报时不断提问和插话。中央领导同志感慨地说：对于国外的情况，我们过去了解不多、不全面，有些同志也不敢多讲国外的优势和我们跟国外的差距。谷牧这次考察，把国外的情况真正讲清楚了。发达国家发展很快，我们差距很大，必须迎头赶上。

听了汇报后，华国锋、叶剑英、李先念一致认为大好形势不可错过，在引进问题上，应胆子大一点，步子大一点。华国锋要求出国考察的人共同研究，提出几条，在国务院务虚。"七月份就务起来，一面议，一面定了就办，看准了就要干。"叶剑英、聂荣臻、李先念也都说，外面的情况，谷牧这次出去看清楚了，讲明白了，该是下决心采取措施实行的时候了。李先念还着重提出引进要注意解决五个平衡的问题：一是注意外交关系的平衡，他要求计委、经委提出个引进单子，根据外交路线进行平衡；二是国内的平衡，进口不能样样都进，要有先有后；三是引进要同国内机械制造平衡；四是引进注意与技术力量的配套；五是注意与外汇的平衡。

汇报会结束后，谷牧主持召开了三个半天的出国考察人员座谈会，拟定了七个文件，准备提交国务院务虚会讨论。林乎加在 7 月 4 日的座谈会上作了长篇讲话，主要讲了九个问题：要抓技术、资金和人才；关键把钢铁搞上去；加快石化工业建设；积极发展加工贸易；机械工业要进行改造；进口项目要专人负责；扩大出口加强还债能力；引进决心要大；行动要快。这个讲话后来以国务院务虚会简报的形式印发。

10 月 6 日，《人民日报》发表胡乔木在国务院务虚会发言的基础上整理出来的长文《按照经济规律办事，加快实现四个现代化》，对

"为什么资本主义国家的经济管理方法有值得我们学习的地方"作了明确解答，强调"坚持自力更生不但不排斥学习外国先进事物"，而且只有把社会主义制度的优越性同发达的资本主义国家的先进科学技术和先进管理经验结合起来，把外国经验中一切有用的东西和我们自己的具体情况、成功经验结合起来，我们才能够迅速提高按照客观经济规律办事的能力，才能够加快实现四个现代化的步伐。

同年 11 月 9 日，《人民日报》发表《思想再解放一点》的特约评论，强调正确地认识过去所学的"苏联经验"，也是解放思想的一个重要问题。新中国成立之初曾提出向苏联学习的口号，在社会主义建设的不少方面借鉴了苏联的做法。在还缺乏经验的情况下，这样做是必要的。但是，当时苏联关于经济建设、企业管理的那套东西，也不是没有弊病的。因而在学的过程中，也出现过盲目照搬的教条主义倾向。中国现在的管理体制，特别是工业的管理制度，不少就是 50 年代从苏联搬过来的，实践证明其中很多做法是妨碍生产力发展的。而有不少同志却习以为常，看不到其中的问题，不懂得必须对苏联经验进行具体分析，根据中国的情况大胆实行改革。

邓小平认为，要下决心向外国借点钱搞建设。

中华人民共和国成立以后，只在 20 世纪 50 年代获得过苏联的贷款。1964 年还清苏联债务以后，"既无外债，又无内债"成为国人引以为傲的一件事。中国不接受外国政府贷款和无偿援助，更不允许办中外合资企业。1977 年 9 月，邓小平还对外宾表示：我们"主要依靠自己积累资金"，"不愿意背很多的债"。

为解决大规模引进技术设备所需的外汇，中共中央政治局会议提出了许多办法，诸如扩大出口、补偿贸易、来料加工、来样加工、分期付款、延期付款等形式，但都不能从根本上解决问题。

与此同时，面临着产业升级的发达国家，在寻找新的生产基地、把劳动密集型产业转移出去的过程中，把注意力转向了具有丰富廉价劳动力和巨大潜在市场的中国。谷牧率代表团出访欧洲期间，西方经济大国都急切地表示出要到中国投资的意愿。

1978年6月，谷牧率代表团访问欧洲回国后不久，邓小平详细了解代表团出国考察的情况。在看到了中国与世界的这种供需关系后，邓小平改变了以往的看法。他说：现在的国际条件对我们很有利。西方资本主义国家从它们自身的利益出发，很希望我们强大一些。这些发达国家有很多困难，它们的资金没有出路，愿意把钱借给我们，我们却不干，非常蠢。现在东方有四个"小老虎"，它们的经济发展很快，对外贸易增长很快。它们都能把经济发展得那么快，我们难道就不能吗？

1978年，邓小平以超乎寻常的精力，出访了中国周边的国家日本、缅甸、尼泊尔、朝鲜、泰国、马来西亚和新加坡。访问期间，在亲身感受其中一些国家现代化建设的速度与成果的同时，邓小平深入探寻了这些国家实现现代化过程中所采取的方法和步骤。他说："我到新加坡去，了解他们利用外资的一些情况。外国人在新加坡设厂，新加坡得到几个好处……我们要下这么个决心，权衡利弊、算清账，略微吃点亏也干，总归是在中国形成了生产能力，还会带动我们一些企业。"

基于这样的认识，邓小平提出了充分利用外资的设想。他说："现在研究财经问题，有一个立足点要放在充分利用、善于利用外资上，不利用太可惜了。"11月，他在中央工作会议上正式提出："要善于利用国际国内有利形势，吸收外国资金技术。"11月26日，邓小平在会见日本访华团时明确指出："现在我们的方针是，尽量吸收国际先进经验，引进资金和技术，加速我们的发展。"在各种利用外资的办法中，邓小平更加倾向于中外合资经营。1978年10月，邓小平访问日本期间，对日本经济团体联合会会长土光敏夫、日中经济协会会长稻山嘉宽提出的"中国最好举办中外合资企业"的建议给予了肯定。同月，邓小平对美国通用汽车公司提出的"合资经营"给予充分肯定，明确批示："合资经营可以办。"

邓小平支持在广东、福建试办经济"特区"。

还是在 1977 年，国务院财贸办、国家计委、外贸部、财政部等有关部委和广东省的领导就先后到宝安调研考察，为解决当时的逃港问题和保障港澳市场供应，提出把宝安、珠海两地建成供应港澳鲜活农副产品的出口生产基地。后来省里又决定把卖海沙收入中的 400 万元留给宝安，就用这笔钱建起了一批养殖场和果园等出口基地。

1978 年 3 月，外贸部基地局局长杨威带领由国家计委、外贸部组成的工作组到宝安，和广东省的同志一起，对宝安、珠海两个县兴办副食品出口基地问题作了研究，工作组和县委共同制定了一个生产和出口的年度计划以及三年五年规划。

4 月 10 日至 5 月 6 日，国家计委副主任段云带领由国家计委、外贸部组成的经贸考察组到香港、澳门调研。考察组参观了两地的一些企业和市场，同我驻港机构和一些爱国厂商进行了座谈，又同广东省的同志交换了意见，回京后写了一份《港澳经济考察报告》。

报告分析了港澳经济发展较快的原因：有充裕的资金来源，较为廉价的劳动力，都是"自由港"，购进原材料和技术设备比较方便，企业以销定产，市场需要什么就生产什么，产品适应性很强；尤其是大力发展对外加工业，利用外来资金和当地劳动力，进口设备、原材料和半成品，大搞加工装配，增加出口，这是两地经济发展的主要途径。报告指出：要切实把宝安、珠海两个基地建设好；大办副食品生产基地，增加鲜活商品出口；积极发展建筑材料工业和加工工业；开辟游览区，办好商业、服务业和文娱场所。

报告提出，为了把两个县尽快建设好，有必要实行某些特殊管理办法，建议把宝安、珠海两县改为两个省辖市（相当于地级市），派得力干部，加强领导力量。同时，报告还就充分发挥我驻港澳贸易机构的作用、利用港澳大力发展对外加工装配业务、加强我在港澳的经济力量、加强港澳地区经济工作的统一领导等进行了分析，提出了建议。

6月3日，党中央、国务院领导同志听取了赴港澳经济贸易考察组的汇报，指出：这个报告，总的同意，凡是看准了的，就要抓紧落实，说干就干，把它办起来。随后，根据国务院领导指示，国务院办公室将《港澳经济考察报告》作为参阅文件，印发有关地方和部门。

1978年4月初，习仲勋调任广东省委第二书记，主持广东省的日常工作。面对困难重重的经济局面，他重点考虑如何解放思想，调动一切积极因素，尽快把经济搞上去。6月，习仲勋主持召开省委常委会议，专门听取省革委会副主任王全国参加谷牧副总理率领的赴西欧五国考察团的情况汇报，并决定在广州中山纪念堂召开广东省、广州市处以上干部大会进行传达。省委领导和其他干部听了传达，反响热烈。6月20日，习仲勋再次主持召开省委常委会，学习中央、国务院领导关于《港澳经济考察报告》等的指示，研究宝安、珠海两县的建设和开展对外加工装配业务问题，提出了有关落实意见。7月上旬，习仲勋到宝安调研，他看到深圳河两岸反差很大，强烈感受到搞活地方经济的唯一出路在于发展经济、对外开放。经过多次调查、研究和讨论，1978年10月23日，广东省向国务院上报了《关于宝安、珠海两县外贸基地和市政建设规划设想的报告》，提出要在三五年内把宝安地区建成具有相当水平的工农业相结合的出口商品生产基地，并成为吸引港澳游客的游览区，发展对外贸易，巩固祖国南大门。报告还建议将宝安、珠海两县改为地级市。

1978年11月10日到12月15日，中央召开工作会议。习仲勋在中南组分组会议上，作了《广东的建设如何大干快上》的发言。他提出："希望中央能给广东更大的支持，同时多给地方处理问题的机动余地。如果中央允许我们吸收港澳、华侨资金，从香港引进一批先进设备和技术，购进电力、进口部分饲料，就可以一方面先把国营农场、畜牧场、淡水养殖场等武装起来，作为示范，培养人才，取得经验。凡是来料加工、补偿贸易等方面的经济业务，授权广东决断处理，以减少不必要的层次和手续。"

福建的同志也在会上提出，要利用侨乡优势，吸收外资、侨资，放手大搞出口贸易，为发展福建经济创出一条路子，建议中央在具体政策上给予支持，外贸分成多给地方一点，开放福州、厦门等港口。这些意见和建议，引起了党中央的高度重视。邓小平表示坚决支持。

1979 年以后，邓小平的这个思路更加明确了。

1979 年 4 月，中央召开工作会议，专门讨论经济建设问题。会议中讨论了广东、福建两省要中央给点政策、加快发展的要求。这次中央工作会议期间，邓小平等中央领导同志听取了习仲勋等人的汇报。习仲勋在汇报中提出，希望中央下放若干权力，让广东在对外经济活动中有必要的自主权；允许在毗邻港澳的深圳、珠海和重要侨乡汕头市设立出口加工区等设想。习仲勋说：我们省委讨论过，这次来开会，希望中央给点权，让广东能够充分利用自己的有利条件在四个现代化建设中先走一步。这个提议，引起了中央领导高度重视。邓小平表示："广东、福建实行特殊政策，利用华侨资金、技术，包括设厂，这样搞不会变成资本主义。因为我们赚的钱不会装到华国锋同志和我们这些人的口袋里，我们是全民所有制。如果广东、福建两省八千万人先富起来，没有什么坏处。"

在会议召开期间，习仲勋抽了一个下午的时间，在中南海怀仁堂专门把广东省委的想法向邓小平作了汇报。他再次提出希望中央下放若干权力，让广东在对外经济活动中有较多的自主权和机动余地；允许在毗邻港澳的深圳、珠海以及属于重要侨乡的汕头，各划出一块地方，单独进行管理，作为港澳同胞、华侨和外商的投资场所，按照国际市场的需要组织生产，并初步定名为"经贸合作区"。

　　对于这一大胆设想，邓小平表示赞赏。当他听到因为意见不一致，"经贸合作区"的名字定不下来的时候，建议说："还是叫特区好，陕甘宁开始就叫特区嘛！中央没有钱，可以给些政策，你们自己去搞，杀出一条血路来。"

　　这是邓小平第一次提出"特区"这个概念，它是以后正式名称"经济特区"的由来和简称。也是我国对外开放的"突围"，杀出一条"血路"的突破口。

　　在邓小平的提议下，中央工作会议正式讨论了广东和福建的请求，并作出试办出口特区的决定。1979年7月15日，中共中央国务院批转了广东和福建两省的报告，指出："出口特区，可先在深圳、珠海两市试办，待取得经验后，再考虑在汕头、厦门设置问题。"

　　扩大国际交往，引进世界先进科学技术、先进设备、先进管理经验，吸收和充分利用外资，试办出口加工区，试办经济特区，是邓小平思考中国对外开放战略的重要组成部分。在中国对外开放战略的指引下，中国经济迈开了快速发展的新步伐，并取得了举世瞩目的巨大成就。

第八章　北方谈话——"我是到处点火"

辽宁本溪："好好向世界先进经验学习"

1978 年 9 月，应朝鲜劳动党中央委员会总书记、朝鲜国家主席金日成的邀请，邓小平率中国党政代表团赴朝鲜参加朝鲜国庆 30 周年活动。9 月 13 日中午，邓小平一行结束了在朝鲜的访问，登上了回国的专列。

邓小平没有直接返京。9 月 13 日下午 5 时 16 分，邓小平乘坐的专列驶进东北的钢城辽宁本溪。中共本溪市委、市革委会负责人罗定枫等在月台上迎候邓小平一行。

邓小平满面笑容地走下车厢，同中共本溪市委、国务院工作组、本溪驻军和本溪钢铁公司、矿务局、铁路局的负责人见面。

罗定枫代表本溪人民向邓副主席问好。

邓小平问道："你们本溪多少人口？"

"全市约 133 万人，其中城镇人口 67 万多，农村人口 64 万多。"罗定枫回答说。

邓小平说："60 多万也不少了。"

接着，罗定枫汇报了本溪市和本溪钢铁公司的情况。

本溪地处辽宁省东部，北与沈阳、抚顺相连，西与辽阳、鞍山相接，东邻吉林通化市，是东北的工业基地，矿藏十分丰富，被誉为

"地质博物馆"。新中国成立初期，本溪曾是中国十大直辖市之一。本溪是中国著名的钢铁城市。1953年本溪钢铁公司成立。1956年11月，一钢厂成功研制的平面弹簧扁钢，曾被用于第一批国产汽车。他们参与研制的高导磁高磁感软磁合金材料成功应用于我国第一颗人造卫星。1977年8月，初轧厂1 150毫米万能板坯轧机投产。

邓小平听后说："不要自满，现在要比国外水平。"

罗定枫汇报说："本溪、本钢是个受'四人帮'破坏的重灾区。"

邓小平说："我知道。现在就是要好好向世界先进经验学习，不然老是跟在人家后面爬行。什么是爬行主义？这才是真正的爬行主义。"

罗定枫检讨说："我们在揭批'四人帮'斗争中联系批林还不够。"

"不批林，揭批'四人帮'就搞不透。实际上林彪和'四人帮'是一伙的，好多事情他们很早就是一起干的。"邓小平说道。

谈到本溪工业生产情况，辽宁省委第二书记任仲夷说："本溪搞得还是不错的。"

"你们是比较好的。"邓小平话锋一转，"在国内你们不错，在国外与发达的国家比，你们还是落后的。"

"我们本溪、本钢潜力很大。"罗定枫这样说。

邓小平说："不仅是你们这里潜力大，全国各个地方的大大小小企业，各个方面的潜力都很大。"

罗定枫说："我们还很落后。"

邓小平说："要到发达的国家去看看。过去，我们对国外的好多事情不知道，也不可能知道。知道还有罪嘛，崇洋媚外嘛！我们应当去看看人家是怎样搞的。"

邓小平十分了解各地的情况，也十分了解本溪。这是一个以冶金为主的重工业城市，许多企业设备老化、工艺落后、污染严重，整个城市的环境相当差。

针对这种情况，邓小平说："我们有的企业太脏，企业管理不好。

日本管的好，日本有的资本家，首先抓卫生，第二是抓安全。凡是哪个工厂脏的，那个厂肯定管得不好。"

罗定枫说："我们这个地方很脏，卫生搞得不好。"

随同邓小平访朝的代表团副团长彭冲插话说："冶金企业都比较脏。"

邓小平说："你那地方干净，证明你那企业管理肯定不错。环境卫生抓得好，人的疾病少些，人一整洁，精神面貌也好了。"

停了一下，邓小平好像是在作解释似的又说："资本主义国家也研究心理学，拖拖拉拉的就管不好。企业管理一抓卫生，二抓安全。抓好这两个也不容易，没有很好的秩序，就不可能抓好。一个工厂搞得干净，也不容易，你们试试看。有了好的秩序，安全也就好了。卫生搞不好，质量也搞不好。厂子的清洁，也是个综合能力的表现。"

任仲夷插话说："过去黑龙江有个副食商店营业员戴上手套操作，给顾客拿食物，竟被批为修正主义。"

邓小平说："他们是越脏越革命。"

下午 5 时 32 分，开车铃声响了，邓小平与大家一一握手告别。

任仲夷表示："我们要改变面貌。"

邓小平一边走向车门，一边回身嘱咐道："要改变面貌，改变精神状态。"

火车启动时，这个有 100 多万人口的钢城已经亮起了点点灯火。

黑龙江大庆："一定要把'三废'处理好"

9 月 14 日凌晨 2 点，邓小平的专列驶进吉林北部的陶赖昭火车站。等候在这里的黑龙江省委书记李力安、省委副秘书长曲绍文、大庆市委书记陈烈民等人上车迎接邓小平。

火车在陶赖昭稍作停留后，按照邓小平的要求，直奔大庆而去。

这是邓小平第三次视察大庆。

前两次是在 20 世纪 60 年代大庆创业初期。

大庆油田的发现奠定了我国石油工业起飞的基石，对我国的经济发展具有非常重要的意义。大庆油田的辉煌倾注了邓小平的许多心血。

1958 年 2 月 27 日，石油工业部部长李聚奎，地质勘探司司长唐克，地质师翟光明、王纲道来到中南海居仁堂向邓小平汇报全国石油勘探开发情况。

邓小平一边听汇报，一边做着记录。当唐克汇报到人造油情况时，邓小平插话说："听说你们石油工业部有人搞人造油和天然油的讨论。石油工业怎样发展？我看人造油是要搞的，并且下决心搞，但中国这样大的国家，当然要靠天然油。"

第一个五年计划期间，石油工业部是唯一没有完成产量计划的工业部门，天然油只有 86 万吨，而且全在大西北，不仅满足不了国家需要，运输也不方便。于是在大连、抚顺、茂名等地发展了人造油的生产，而且产量达到 60 万吨，几乎与天然油的产量平分秋色。由于勘探工作做得少，技术落后，有人认为在中国发展天然油前景不大，因此提出与其打干井造成浪费，不如把这些资金用于发展焦油和太阳能上。

邓小平是不同意这种观点的，他认为，我国的石油工业从发展战略上看，还是要搞天然油。

但是，一个现实的原因是勘探上不去。主要是队伍力量薄弱，装备落后，技术人才缺乏。当时全国石油职工仅有 14 万人，205 个钻井队，使用的大多是中小型钻机，年钻井总进尺只有 52 万米，地质勘探、油田开发的专业人员也很少。这样薄弱的力量，在西北也无法铺开，只能集中在几个地方开展工作，全国普查更谈不上。

邓小平说：现在你们的地质队和地球物理队可不可以加一番，轻便钻机只有 95 个队也太少了一点，中型钻机只有 140 多部也太少了。

石油钻机要自己造，可以和机械部商量一下，你们也要促进一下。要做 1 200 米的钻机，也要搞 3 000 米的钻机。套管、钻杆应当努力设法在国内解决。总之，一个是勘探队的问题，一个是钻机总是应该促进一下。第二个五年计划期间，你们打钻子（指钻井进尺）加一番行不行？

当汇报到第二个五年计划期间勘探工作的规划部署时，邓小平说：石油勘探工作应当从战略方面考虑问题。战略、战役、战术总是要三者结合的。把真正有希望的地方，如东北、苏北和四川这三块搞出来，就很好。对这些地方应该积极创造条件，在地质上创造一个打井的基础，可以 3 年搞成，也可以 5 年搞成，应该提出一个方案来。

第二天上午，邓小平对石油工业战略发展方向作了重要指示：在第二个五年计划期间，东北地区能找出油来就很好，把钱花在什么地方，是一个很重要的问题。总的来说，第一个问题是选择突击方向，不要十个指头一般齐。全国如此之大，二三十个地方总是有的，应该选择重要地点先突击。选择突击方向是石油勘探的第一个问题，不然的话，可能会浪费一些时间。石油勘探的战略方针不能在这里、那里搞一下，总要有个轻重缓急，研究一下，哪个地方能先找出油来，哪个地方没有油，要排出一个次序。松辽、华北、华东、四川、鄂尔多斯五个地区要多花一些精力，研究考察一番。柴达木地区在第二个五年计划期间还用不上，塔里木可以不忙，找油就像打仗一样，过分分散就不利。

根据邓小平的指示，国家计委和机械部立即行动，帮助石油部解决人员、装备问题。到当年年底，钻井队数由 205 个增加到 394 个，增长了近一倍；石油职工人数由 14 万人增加到 23 万人。这就为后来进军松辽打下了坚实的物质基础。

邓小平的这次谈话后，松辽盆地的勘探步伐大大加快了。1958 年4 月松辽勘探大队成立，5 月改建为松辽勘探处，6 月松辽石油勘探局成立。当地政府调集了 5 个地质详查队在松辽盆地开展地质调查工作，9 个重磁力队投入重磁力全面普查和局部详查，1 个物探研究队开展资料研究，同时调动 4 部钻机打基准井，32 支勘探队伍 1 000 多人在松辽盆地开展了全面勘探工作。

1959 年 4 月 11 日，松基三井正式开钻，9 月 26 日，终于开采出石油了。此后，松辽平原相继发现了几十个油气田。

邓小平一直关注着大庆油田的勘探工作。

1961 年 7 月下旬，邓小平来到大庆视察。在哈尔滨与油田的领导一见面时，邓小平就问："杜六井的气怎么样？这是一件新闻，以前还没听过。"

当有关同志把情况汇报后，他说："气，你们要搞快一点，找到气，能解决大问题。"当说到已在杜六井以西、以北地区及齐齐哈尔、富拉尔基等地打了几口井，看来这个地区地质情况比预计复杂时，他说："气比油更活跃，你们要好好找。"

听到大庆油田的面积和可采储量后，邓小平说："现成 7 亿吨是肯定了，你们要搞到 10 亿吨，有了 10 亿吨，一年就可以生产 3 000 万吨。"邓小平在谈话中 4 次提到要搞到 10 亿吨。

在从哈尔滨来大庆的火车上，邓小平还关心地问："你们现在注水还没过关？"康世恩回答说："现在听到的都是好消息，水注得很顺利，效果也明显，比预期的情况好。但这里也潜伏着问题，就是担心水推进的不均匀，会沿着渗透性好的油层跑得较快，形成单层突进，油井过早被水淹。"

"多少时间能淹掉？"邓小平问。

"今年就可能看出来。"

邓小平说："要出问题就早出，好早点想办法。"

7 月 23 日上午 8 点半，邓小平到达大庆后，先后参观了孙玉庭钻井队、北 1 - 58 井喷油、北 1 排 2 号转油站、干打垒房子、3

排 1 号注水站及西油库。中午阅览了地质图并听取了油田的情况汇报。

在参观一口油井时，邓小平问："这口井每天产量多少？"

工人回答说，用 12 毫米油嘴每天产油 120 吨。后来解释这口井是排液井，生产并不能用大的油嘴，只能用 5 至 7 毫米油嘴。

邓小平又问："用 7 毫米的油嘴能生产多少？"

"可以产 50 吨油。"

"恐怕不止这个数字，要有 70 至 80 吨。"邓小平说。

邓小平问："正常生产时能产多少？"

"按全油田平均，一口井 30 吨左右。"油田领导说。

邓小平说："恐怕也不止这个数。"

离开这口井后，邓小平在汽车上按每天产油 70 吨、80 吨分别作了计算。他说："一天产 70 吨，一年就是 25 000 多吨，一天生产 80 吨，每年就是 28 000 吨。这是高产量的油井，是好油井。"

参观完油田后，邓小平满意地说："这里的速度是快的。"接着他又问："炼油厂跟得上吗？"陪同视察的同志回答说："原计划今年就把常减压部分搞起来。现在看今年上不去，争取明年搞成。"

听到这里，邓小平紧锁眉头说："看来速度比原来预想的慢，要抓紧哟，有啥子困难说嘛！争取明年搞成。"

邓小平十分关心大庆的农业生产。他说："大庆这个地方靠着铁路，有火车站，草原很平，汽车到处可以跑，土地肥，到处能种地。要好好种地，成立专业队，实行单独核算，开头两年要补贴点，以后就要自给自足。农副业队生产的东西，也要实行等价交换。专业队集体所有制，不要和企业混在一起。你们要争取做到蔬菜、副食品自给。"

"农田不要再开了。要多搞些畜牧业，多种树，又可以保护草原，又能解决肉食问题。"

"这里养猪的条件也很好，要好好养猪。我在密云调查，那里养猪，可以不喂粮食，就是喂草，喂草籽也可以长膘。你们要多打点草和草籽，多养点猪。"

他看到牧场的牛后说："这里的条件太好了。遍地是草，你们也可以办牧场，养点乳牛、菜牛，养点羊。"

邓小平在视察中还提出，要好好种树。树吸收水分，每棵树就等于一个小水库。要保证每人一年成活二三十棵。你们油区要种些树，也归你们所有。先还是搞成材的树，多少年之后就可以用。几年就可以长得很粗，盖一排房子是好木头。井边要多栽些树，最好种核桃树，可以榨油。

在这次视察中，邓小平对职工的生活关心最多，也说得最多。他在哈尔滨时就问油田的领导："职工生活如何？一个月吃多少钱？"

"按过去一个月十三四元就够了，最近来了一批进口面粉，每斤三角二分，这样花钱就多了，低工资工人就很紧。"

邓小平当即对省委书记李剑白说："进口面粉也不能抬高物价，要把进口面粉的价格压下来，按国内调拨价卖给职工，要保证职工生活不降。"

李剑白表示要马上解决这个问题，把前面多收的款退回。

接着，邓小平又问："职工的冬季服装解决了没有？食堂办得如何？职工在食堂吃饭吗？"

听完汇报，他说："有些人愿意在家吃饭也可以，食堂要好好培植，不宜过大。"

这次来到大庆后，邓小平看了工人们正在搞干打垒的房子，很满意。他一一询问，去年盖了多少平方米？今年能盖多少？每平方米多少钱？当他听到每平方米十二三元钱时说："这样就可以多搞。"

147

邓小平说："这里的粮食解决了，副食也解决了。你们现在是
'两挤'。一是家属房子很挤嘛。房子太紧张了，太久了不行。这里有
土地，职工是欢迎那种房子的，干打垒嘛。只需一点木料就可以盖
了。这个问题家属反应很大。这里很艰苦，已经艰苦了几年了，今年
明年就搞，要提高建筑面积。要挤些时间盖房子，今年搞一年，明年
再搞一年，不行后年再搞一年，三年要解决这个问题。要搞干打垒。
一定要解决这个问题，今年要计划每户再多搞半间房子，一家给一间
房子嘛。只要减些学习时间，节约劳动时间，就可以多盖一些房子。
学习时间可以集中在冬天，夏天就是读点报，自由看点书，必要时讲
一次课。不要怕人家说'大庆不搞政治了''不搞阶级教育了'，人人
参加劳动，这不是政治吗？你们一天工作 10 小时，8 小时工作，半小
时交接班，一个半小时搞点农业，修理修理设备，这样安排是合理
的嘛。"

当时油田物资匮乏，许多生活用品凭票供应。邓小平问："日用
品供应如何？"听说职工没时间去排队，购买日用品很困难，应买的
东西也买不上时，他说："你们最好办几个供销社，送货上门。供销
社实行集体所有制，按批零差价办。"

1964 年 7 月 16 日下午，邓小平同李富春、薄一波在杨尚昆、宋
任穷、吴晗、李范五等陪同下，再次到大庆油田油区视察。他们先后
用了 2 个半小时，视察了 1202 钻井队采油李天照井组、中三转油站、
中二注水站、西油库和大庆炼油厂等。

下午 3 时许，邓小平一行来到油区。在车上，陪同的石油工业部
副部长徐今强请示什么时间汇报工作，邓小平说："不汇报了，你们
的情况都了解。"

邓小平对技术革新问题很感兴趣。在去 1202 钻井队的路上，
徐今强介绍了当年的钻井情况和 1202 钻井队的情况。当谈到这个

队已经出了几批基层干部，一直还是个标杆队时，邓小平说："这样就好。"

谈到油田建设工程质量十分重要和余秋里部长对质量抓得很紧以及当年钻井和基建质量的情况时，邓小平说："这是很重要的问题。"到1202钻井队后，邓小平看了牙轮钻头和刮刀钻头。

徐今强介绍说："我们的牙轮钻头比苏联的好，有一个刮刀钻头曾打了1 000米。但我们的钻头还不如美国。"

邓小平说："进一步研究是可以解决的。一个钻头可以打一口井，当然就可以提高效率，降低成本。"

当讲到钻机改用电动机时，邓小平问："电动机比柴油机有什么优缺点，有没有电源？"

徐今强回答说："这里有，可以解决。"

邓小平说："这是值得研究的。"

徐今强介绍说："钻机可以整体搬家。我们的钻机还是落后的，这几年主要是人的觉悟提高了，操作方法改进了，钻井的效率也提高了。"

听到这里，邓小平说："对！听说兰州制造了一个新的。"

徐今强解释说："试制了一台，尚需改进。"

邓小平到了采油李天照井组后，很感兴趣地说："我1961年来的时候不是这样，那时是很脏的，现在很整齐。"他转身问身边的陪同人员："像这样的井组有多少？"

陪同人员回答说："80%至90%，程度不一样，还有10%至20%差一些。"

邓小平说："那总是有的，可以逐步跟上去。"

当工人打开采油阀门让邓小平看看喷油情况时，邓小平高兴地说："你们管理得真好，我看了两次，出油都很好，你们要为社会主义出大力气，为国家争光。"

当谈到执行岗位责任制好的已经达到 75%、干部上岗的已经有 1 100 多人，出了不少像姬德先的人物时，邓小平说："好！"

徐今强接着向邓小平等人介绍了油井清蜡的技术程序，他说："每口井要一个绞车，需要三个人，现在已开始试验电缆清蜡。"徐今强还介绍了这和将来实行油田遥控、提高劳动生产率以及油田开采的关系。邓小平对此很感兴趣，要看电缆清蜡井，并一直向李富春、薄一波介绍。

上车时邓小平又说："这是很值得注意的问题。提高劳动生产率，这是一件大事。总理在国外见到一个炼油厂，只有 300 多人，包括检修人员在内。"他转身问徐今强："你们的炼油厂有多少人？你们的炼油厂是古巴式的吗？"

徐今强回答说："古巴式的常减压正在建设，还有四型催化裂化是古巴的资料。"当徐今强将它和兰炼（兰州炼油化工总厂）作了对比后，邓小平说："技术上的进步是无穷无尽的。"他转身又对李富春、薄一波说："现在已开工的工厂和车间（指大庆炼油厂），是自己设计的，比苏联的要进步，用地面积少、投资省。古巴式的现在正在建设，明年可以完工。"

在中三转油站，徐今强介绍了电脱水，并和兰炼作了比较。邓小平说："就是要这样做。"

在视察西油库时，徐今强介绍说："这里的装车能力已经可以适应 1 000 万吨原油生产量。"

邓小平说："好！搞到 1 000 万吨还需要多少投资？"

徐今强回答说："一亿三四千万。"

邓小平听后说："这是很大一笔数目！"

在路上，看到家属正在修路，徐今强就向邓小平介绍了把家属组织起来，搞农副业和基地建设的规划。当介绍到搞农副业以家属为主，机耕、精耕为主时，邓小平问："能做到吗？"

徐今强回答说："能做到。"邓小平高兴地说："好！"

徐今强还进一步向邓小平介绍已经组织了多少家属生产队，已经培养了多少家属干部，这对巩固家属队伍、实现农业以家属为主很重要。实现工农结合、城乡结合，有利生产、方便生活，是很重要的组织措施。

邓小平说："这些家属都是从农村来的，这样组织起来好。"

在路上，邓小平还详细询问了粮食产量、分配问题，以及是否有节余。徐今强说："去年节余300万斤，今年打算储备1 000万斤左右，还要支援华北会战一些，以后每年节余一点，以备万一。"

邓小平说："好！他们是新地区，你们应该支援一下。"

在车上，邓小平还询问了职工的劳逸结合情况。

徐今强说："这里冬季时间长，夏季施工时间就几个月，现在是每天工作10小时。"

邓小平问："10小时是怎样支配的？8小时睡眠能不能保住？冬季怎么办？"

徐今强向邓小平介绍了劳逸结合的安排，并说："冬季搞休整，在室内可以搞预制。现在已经摸索出一些冬季施工和室内预制规律，看来冬季还是可以做大量工作的。"

邓小平说："这样好，冬季就要搞这个规律。"

视察回去后，徐今强又向邓小平介绍了油田、炼油厂边建设边生产的做法，可以早解决国家对石油和产品的需要，可以早回收投资。

邓小平说："对。"

在吃完饭休息时，邓小平还念念不忘这个问题，他对李富春和薄一波说："这样的做法很好。"

7 月 17 日上午，邓小平一行又视察了大庆炼油厂。当听到炼油厂在 1963 年年底已建成年处理量 100 万吨的第一套常减压及其配套工程，并做到四个一次成功时，邓小平非常高兴，连声称赞："好！好！"

……

十几年过去了，邓小平这次来大庆，仍然流露出了平日少见的兴奋。

在火车上，他就向省、市委领导详细询问了油田的开发情况和产量。有关负责人告诉他：到 1978 年，大庆油田已经达到了年产原油 5 000 万吨以上，并且稳产了 2 年。

邓小平关心地问："5 000 万吨，还能稳产多久？"

市委负责人回答："可以稳产到 1985 年。"

邓小平听后高兴地嘱咐："一定要把油田管理好。"

火车在大庆车站徐徐停下。邓小平稍事休息立即驱车前往油井一线参观。

采油一部的干部和群众在 6 排 17 号井旁等候邓小平的到来。

掌声过后，采油一部党委副书记孙叶松说："邓副主席，这就是 14 年前您视察过的那口光荣井，而今它的日产已由当初的 32 吨上升为 63 吨，我们做到了开发 18 年，产量翻一番。"

邓小平连声赞许："好！好！"

来到"30 万吨乙烯会战"指挥部，邓小平详细询问了引进设备的情况。然后他说："引进来设备就要掌握，就要生产，要快。"

当听到使用新的 9 套装置生产的产量中仅乙烯就可年产 20 万吨、在世界上也是相当大的时候，邓小平说："这个好，搞起来快，多了可以出口，出口也有市场。"

邓小平还提出，应用新的生产设备，要把"三废"处理好，不要造成环境污染。

"30万吨乙烯会战"指挥部的领导向邓小平汇报说："我们准备引进污水处理装置。"邓小平说："这样上得就快了，很好嘛！"他还关切地询问了整个工程投资多少，用外汇多少，什么时候建成。项目负责人回答说："一期工程1981年可以建成，二期工程1983年可以建成。"邓小平高兴地说："好！1981年建成了我再来看。"

离开了"30万吨乙烯会战"指挥部，邓小平来到大庆化肥厂。这一年，大庆的石油化工已有相当的规模，化肥厂成为化工行业的排头兵。邓小平兴致勃勃地询问了化肥厂各个装置的性能和生产情况，询问了同样装置国内外用人数量的对比，肯定了化肥厂"进行专业化管理""逐步把人员减下去"的做法。在巍峨高耸的造粒塔旁，邓小平不顾74岁高龄，想要上去察看，经周围人员极力劝阻，才肯止步。看着邓小平兴致勃勃，化肥厂的干部工人大受鼓舞，他们把自己生产的尿素样品作为礼物送给邓小平，邓小平高兴地收下了。

这次邓小平到大庆，一个特别关心的问题就是大庆油的外围与深层勘探工作的进展及可采储量的增加情况。当时，大庆人自己提出的口号"大庆外围找大庆，大庆底下找大庆"，形象地说明大庆油田当时的进取势头。邓小平在设计院认真听取了有关汇报，并详细询问："现在井打多深，下面有没有油？"他还问及了地震多次覆盖技术和钻机、钻头的运行状态。

汇报中间，邓小平站起身来，俯身在东北地区地质构造图上仔细观看。当有关负责人汇报到华北古潜山找油和新疆、四川打深井时，邓小平说："要打7 000米深井。"当了解到有的国家

6 000 米钻机还有一些缺点时，他马上说道："买美国的，还是它厉害。"

谈话之间，邓小平三次提到要买钻机。

随后，邓小平听取大庆党委负责人介绍大庆发展规划。

"要加快找油，加快找气，找到更多的油气田。"这是邓小平视察大庆时反反复复提的要求。他说："我们在钻井、勘探和综合利用上与国外有很大的差距，这些要早解决，搞'十来个大庆'是不容易的。"面对在场的各方面负责人，他深情地说："我们要有 5 亿吨油就好了。"全场一片默然。当时大庆原油的年产量是 5 000 万吨。

1978 年 9 月 14 日，邓小平在大庆听取大庆党委负责人介绍大庆发展规划

吃午饭的时候，大庆油田的党委负责人谈到了当时进行的陆相生油理论研究。邓小平很感兴趣。"李四光说陆相能生油，有人不服气嘛。"他说，"我国地质理论上几个学派并存，搞百家争鸣嘛！不能把人家否定掉。"席间他还提出："港口的原油计量问题要解决，要不，我们吃亏，别人笑话。要搞电子计算机中心。一天 24 小时工作，不然就是浪费。"当听到大庆当时有 15 万职工组织起来学习文化科学技

术时，邓小平高兴地说："这个好，今后就是要考核。"他对大庆油田党委负责人说："你们要研究一下，以后可不可以搞 6 个小时工作，2 个小时学习。"

油田职工的生活怎么样，是邓小平一直牵挂的。前两次视察大庆时，他曾就职工的衣食住行作过许多重要的指示，解决了不少难题。这次来到大庆，看到职工们的生活有了很大的改善，他非常高兴，但他仍忘不了要问一问职工们的生活情况。他逐一询问了大庆蔬菜、肉食供应情况。当听说企业养猪可以达到 12 万至 15 万头，平均每个职工每月可吃上 2 斤自产猪肉时，邓小平说："这不错。"对蔬菜生产，邓小平说："要搞蔬菜脱水，脱水以后贮藏、运输都方便。"当有关领导汇报到组织家属参加农业劳动可以解决两地生活问题，可以增加生产、增加家庭收入时，他连连说："好！好！你们这个办法好。"

听完汇报，邓小平又兴致勃勃地观看了大庆职工家属自己生产的粮食、蔬菜、水果样品，并高兴地收下了拍摄油田农副生产的照片集。

邓小平还十分关心大庆职工的居住和收入情况。他询问干打垒房屋还有多少后说："大庆贡献大，房子要盖得好一些。要盖楼房，要搞建筑材料。"当听到大庆工人标准工资平均 44.6 元时，说："太低了，贡献大，应该提高。"后来他在哈尔滨开的黑龙江省委会议上又说："大庆仓库那个保管员现在才 40 多元钱，太低了。可以是八级，至少七级，这样鼓励学习、鼓励上进。"

邓小平不仅关心大庆的石油生产，还关心大庆的农业生产。20 世纪 60 年代他视察大庆时，对这个问题作过指示。今天他听说大庆已经搞了 32 万亩耕地时，高兴地说："大庆的地，每亩 100 斤化肥，产玉米 1 000 斤，这个不简单。"他还指示："大庆要挖土地潜力，多种树。农业搞机械化，节约下人力种树，还可以种草，发展畜牧业，草原可以改造，排水，搞条田、方田，要改造草原。"

邓小平还谈到了保护环境的问题。针对大庆油、气、化工污染严重的状况，邓小平语重心长地说："我们的化学工业'三废'问题都没有解决好"，"一定要把'三废'处理好。"

邓小平和大庆油田采油女工在一起

邓小平来大庆视察的消息，迅速传遍了整个油田。广大职工家属、学生纷纷涌上街头，涌向邓小平视察的地方。邓小平在视察途中，十分高兴地向路旁的群众招手致意，每到一处，都热情地与周围的群众握手。当他步入大庆机关二号院时，800 多名干部、工人和家属列队欢迎。看到这热烈的场面，邓小平高兴地与大家握手。"不能都握了。"他亲切地向站在后边的人招手。之后，他特意来到失去双臂的劳动英雄耿玉亭面前，亲切地说："不容易啊，你的身体怎么样？"为了弥补不能与耿玉亭握手的遗憾，邓小平特意与耿玉亭的妻子握手并致问候。当陪同的同志提出大庆的干部群众想和邓副主席合影时，邓小平立即放下手中的茶杯说："好！安排好了就照！"人们被邓小平的情绪感染了，纷纷过来拥在他的身边，留下了宝贵的合影。

这次在大庆，邓小平先后4次与500多人合影留念。

晚饭后，邓小平乘车离开大庆，前往省城哈尔滨。在火车上他留给大庆人一句话："要把大庆油田建设成美丽的油田。"

黑龙江："有好多体制问题要重新考虑"

1978年9月15日上午9时，在哈尔滨市花园村宾馆会议室，邓小平听取黑龙江省委常委的工作汇报。

参加汇报的有中共黑龙江省委书记李力安、王一伦、李剑白，中共黑龙江省委书记、黑龙江革命委员会副主任陈雷，中共黑龙江省委书记、中共大庆油田委员会书记、大庆油田革命委员会副主任陈烈民等。省、市党政军领导和有关方面的其他负责人也参加了汇报会。

当时，省委第一书记杨易辰正率团出访欧洲，省委书记李力安主持了汇报会。

会议开始，邓小平微笑着对李力安说："你简要地说说吧。我是没有更多的好主意的，只能随便吹一吹。"一句话引来了满屋的笑声，会议室里的气氛顿时活跃起来。

李力安向邓小平汇报了黑龙江省的农业现状，并提出1978年粮食要达到300亿斤。

邓小平立即询问："黑龙江粮食年产历史最高水平是多少？'文革'前是多少？"

李力安回答："历史最高水平是293亿斤，'文革'前是156亿斤。因为这两年人口有所增加，去年和前年又受了灾，不得已挖了库存。"

邓小平立即严肃地说："口粮不要减，减口粮伤元气，建国以来教训太多了。"他希望农村要搞多种经营，要养猪，还要养牛。他根据黑龙江省土地面积大、土质好的特点，希望黑龙江省在全国第一个实现机械化，为其他地区做出榜样。

邓小平说："不搞机械化怎么行？腾出劳力搞多种经营。全国搞机械化，我总是提倡一个地区一个地区打歼灭战。你们黑龙江应该是第一个，土地面积多，土质好，尽管无霜期短。要搞机械化，包括打井喷灌，不要花那么大精力搞平整土地。"

邓小平还提出积极采用农业先进增产技术问题，强调要摸一下在不增加化肥的情况下，要年产 400 亿斤粮食，需要什么条件。

当汇报到开荒问题时，邓小平说："韩丁对我国大面积开荒提出过一些宝贵意见，他列举世界上一些国家由于开荒带来风沙等自然环境恶化的例子，指出搞大面积开荒得不偿失，很危险，容易引起气候变化、黑风暴、风沙。我看很有道理，开荒要非常慎重。黑龙江本来降雨量就少。你们开荒方针怎么定的？要搞一些调查研究，科学地处理这个问题。"

李力安汇报到黑龙江国营农场工作时，邓小平接连几次插话。他说农场不仅要搞粮食，还要变成农工联合企业，基本上是搞农产品的加工，农业的技术改造；农场要搞种子基地、种子公司，国家收购它的种子，拿去供应其他地方；农场还可以搞肥料工厂，要通过这些办法实现农业工业化的目标；农场要搞养鸡场，要把饲料变成工业品，按鸡配料，小鸡吃什么，半大鸡吃什么，大鸡吃什么，按科学配方。这样可以搞大的养鸡场、养猪场、养牛场，然后再加工，蛋品的加工、肉制品的加工、奶制品的加工，加工后再运出去。

邓小平指出："农业最终是要工业化的。"

李力安在汇报中说到这一年 7 至 8 月工业生产下降，这里面的原因有原料问题，也有按劳分配方面的问题。

1978 年 9 月，邓小平在黑龙江视察农业生产情况

按劳分配是邓小平一直思索的问题。

按劳分配是社会主义的一个重要特征。但是一个时期内在我国农村，劳动者的分配采取不合理的工分制，多劳不能多得；在工矿企业，只实行计时工资制，干好干坏一个样。这种分配形式只能造成人们的生产积极性不高、劳动效率低下的后果，不利于社会生产力的发展。

半年前，邓小平同国务院政治研究室的负责人谈话，在谈到按劳分配问题时说："国务院政治研究室起草的《贯彻执行按劳分配的社会主义原则》这篇文章我看了，写得好，说明了按劳分配的性质是社会主义的，不是资本主义的……我们一定要坚持按劳分配的社会主义原则。按劳分配就是按劳动的数量和质量进行分配。根据这个原则，评定职工工资级别时，主要是看他的劳动好坏、技术高低、贡献大小。"

所以当李力安谈到按劳分配问题时，邓小平立即接过话题说："分配政策值得研究，不能搞平均主义。要把按劳分配的原则落到实处，就要实行奖励制度。对管理好的企业，对国家贡献大的人应该给予奖励，以刺激其技术水平的提高、管理水平的提高。"

在听取关于林业问题汇报时，邓小平说："要搞木材加工业，所有木材资源就可以利用起来。往外运木材制品，既可以节约运输力量，又可以节约原材料。"

邓小平对黑龙江的林业十分关注。算上这一次，邓小平曾 3 次视察黑龙江省林区，对林业的可持续发展问题都作出了一些重要的指示，提出了以改革促进保护中利用、利用中保护的林业发展思路。早在 1961 年，邓小平视察黑龙江时就指出："你们的西部防护林带搞成了，已经有 5 米高了，再有 20 年就是一笔很大的财富。""要把它分成几段，固定所有制，保管使用都由他管。"他还指出："你们是个大林区，还要分散造林，可利用一切空间地方，搞经济林。"邓小平举例说："陈老总从日内瓦回来，说瑞士像个花园，几百年来都有一个法律，砍一棵树要种活三棵，否则犯法。我们也应当立个法。"1964年邓小平来黑龙江林区视察时，明确地表示："采育双包制好！就是把采育双包给工人嘛。"

吸收国外资金、引进国外设备，是发展经济、实现四个现代化的重要举措，也是邓小平此次在哈尔滨谈话的重点。

邓小平说："我们要大量吸收外国的资金、新的技术、新的设备。令人担心的是我们的体制现在已经不适应这项工作，不适应现代化建设，总的来说上层建筑不适应新的需求。我们必须懂得这一点。"

谈到这里，邓小平加重了语气："我们国家的体制包括机构体制等等，基本上是从苏联来的，是一种落后的东西，人浮于事，机构重叠，官僚主义发展。'文化大革命'以前就这样，办一件事，人多了，转圈子。大庆要进口一件什么设备，本来经过党委就可以解决，然而就是转圈子，定不下来，一拖就一年。所以，有好多体制问题要重新考虑……总的说来，我们的体制不适应现代化，上层建筑不适应新的要求。过去讲发挥两个积极性，无非中央和省市，现在不够了。既要发挥中央、地方的积极性，也要扩大基层企业的权力。"

邓小平指着大庆市委书记陈烈民说："比如大庆规定它建立引进的工厂，从头到尾就都由大庆自己负责。派人考察，同外国人来往，签订合同，每件技术怎么引进，怎么学会就都由这个企业负责。"

这时陈烈民插话说："现在出国考察的不管企业，管企业的不能出去考察。"

邓小平接着说："体制问题当然还要研究，但是不解决不行。"

就提高技术水平和科学管理水平，邓小平在讲话中举了个例子："武钢的一米七轧机，是西德、日本的最新技术，现在搁在那儿不会管、不会用，迫使我们要留一点外国技术人员，包括技术工人。"他语重心长地说："一个企业管理得好不好，大不一样，技术我们是落后，但人家的东西我们能不能掌握，要靠自己的努力。"

当李力安汇报到领导班子建设问题时，邓小平风趣地说："年纪大的，稳重有余，冲劲不足，我们这些人在内……要从中青年干部中、技术干部中懂行的提一些。要把那些打砸抢分子、派性严重、没有政绩的人，本领不大的人从领导班子中换掉。"

随即，邓小平赞扬了大庆的领导班子。他说大庆的班子不错，比较年轻，中青年多。现在所谓年轻，就是 40 出头一点的，也有 30 多、20 多的。年轻人有的是，培养一批合格的管理人员、技术人员，这方面如果现在不着手，将来就来不及，后继无人。军队现在就发生了这个问题，后继无人。不加紧解决这个问题不行。

在座的黑龙江省委常委们心里清楚，邓小平这些话是有感而发。"四人帮"被粉碎后，大批"文革"中被打倒的老干部恢复了工作，但也随之产生了干部队伍老化问题。1978 年邓小平在多次谈话中已经提到了这个问题，可见此事在他心目中所占的位置。

但邓小平想得更深，也更现实。当时最打紧的是确立正确的思想路线。如果思想意识还这样禁锢，"两个凡是"得不到彻底清算，那么政治路线、立国方针就无法端正。组织路线问题、培养合适的接班人问题就成了水面上的浮萍，落不到实处。即使是毛毛雨，也应该早下，政治的提前量必须打出来。

午饭过后，邓小平一行驱车南行，前往吉林长春。

吉林："实事求是，开动脑筋，要来个革命"

9 月 15 日晚，邓小平到达吉林长春之后，住在南湖宾馆 2 号楼。

这座为树林环抱的建筑落成于新中国成立 10 周年前夕，是中共吉林省委迎接重要宾客和举行重大会议的场所。

9 月 16 日早饭后，南湖宾馆一改往日的寂静，增加了许多喧嚣和热闹。鱼贯而入的轿车惊起了群群飞鸟。此时，吉林省党政军领导干部正井然有序地向会议厅聚集。

今天，邓小平没有安排视察和参观。他感觉，昨天在哈尔滨，很多话都是针对具体问题发表的意见，有些过于具体和琐碎。这次，他要涉及一些更重大更敏感的问题，把话讲足，把"火"烧透……

1978 年 9 月 16 日，邓小平在吉林长春

上午 9 时整，邓小平步入会场。

看着他那矍铄的神情和沉稳的步履，在场的很多领导干部不禁心生感慨。

早在 1958 年和 1964 年，作为中共中央总书记的邓小平两次视察长春。每次他都深入工厂、农村、学校，与干部群众交谈，倾听意见，指导工作。"文化大革命"中，他命途多舛，两次被打倒。而他似乎生来就有一种与命运抗争的勇气，高龄复出，老当益壮，锐意进取，给中国带来的是何等的变化与生机。

省委第一书记王恩茂宣布开会，并汇报了吉林省关于揭批"四人帮"运动、整顿社会治安和工农业生产等情况。

汇报过程中，邓小平问到了吉林省的粮食产量问题、农业机械化问题、吉林西部的地下水问题，还提到了一汽的技术改造、霍林河煤矿的技术引进、吉林卷烟的质量问题。他甚至还询问了中科院长春光机所在"文革"中科学家的冤案。

在听取长春的拖拉机生产情况的汇报时，邓小平指出，农业机械化主要还是解决拖拉机的前后左右拖带机械问题。现在全国的拖拉机都是 50 年代技术，落后得很，花的材料多，耗油量大，损耗率高。如果不改造，全国到处搞，这样下去就不行。目前修配也赶不上，这些问题要解决。吉林要搞一些大马力的拖拉机，在东北"太小了不好用"。不光生产拖拉机，还应生产拖拉机的拖带机器。大马力拖拉机不一定一个省搞，不要勉强在一个省搞，全国范围内只选几个点就够了。东北搞一个，看哪一个省好一些，集中在它的身上来改造。"比如，长春生产的拖拉机总装质量不合格，可以生产一些零件，让总装好的搞总装，采取专业化协作生产。这样又快又省，不要走小而全、中而全、大而全的道路。这是苏联的道路。"

省里的同志汇报说，吉林省化肥不多，小化肥没搞起来。邓小平说，小化肥不经济，成本高，价格贵，生产能力也不大，但很起作用，目前国家的化肥主要还是小化肥厂生产的。"但小化肥要改造，要逐渐搞大生产嘛！要全国设计，选择一个、两个、三个型号的，不搞不行。怎么样改造小化肥，搞个全国统一的改造方案。"

听到正在建设的霍林河煤矿要引进西德技术，邓小平说了一大段话：要引进西德的机器，就要完全保证用它的管理办法，否则就没有资格引进。它是完全自动化的。年产 5 000 万吨只用 900 人。要引进人家的技术，就要学习人家的管理方法。你们这个厂子要完全按它的管理方式生产。从开始就组织一个领导班子，从头到尾负责，包括直接谈判，直接签订合同，以后根据西德技术、管理办法生产。对这样的企业，不要搞改良主义，要彻底革命。以后所有引进的东西，必须坚持这一点，否则我们永远落后。我们的人海战术打不赢现代化战役。所以要培训人才，不但管理人员要合格，要学习，就是工人也要合格的。西德、日本工人起码要高中程度，而且是比较好的，才能掌握技术。高中毕业生就叫知识分子，工人本身也要知识化呀！不能够让讲空话的人、不懂的人去搞这样的企业。我们要好好学习，到外国去看一看，看人家怎么管理的。选送的人年龄不要太大。管理企业精力要非常集中，很辛苦，管900人比管9万人难。每个岗位都不能出差错。按错一个电钮损失就大了。总之要搞革命，不搞改良，不是叫技术革命嘛！我们不一直讲我们是革命者吗？就是要革命！长春汽车厂准备让哪个国家改造？上海准备引进西德奔驰汽车技术，用它的牌号。奔驰汽车在国际上也是质量好的汽车。

在听取吉林省财政收入情况的汇报时，邓小平说：全国财政情况都不错，但这不能反映我们的本质。如果我们自己满足这个，就危险了。因为它一不反映我们的技术水平提高多少，二不反映我们的管理水平提高多少。

汇报进行了半个多小时。

王恩茂在汇报结束后说：现在请邓副主席作指示。

掌声中，邓小平向与会者摆摆手，然后习惯地点燃一支香烟，开始了他的讲话。

邓小平说，现在摆在我们面前的有两个问题。第一个问题是实事求是，理论联系实际，一切从实际出发。这是政治问题，是思想问题。一切从实际出发，我们的事业才有希望。理论联系实际，就是从实际出发，把实践经验加以概括。

邓小平分析道：不论搞农业、搞工业、搞科学研究、搞现代化都要实事求是，老老实实。所有在一个县、一个公社、一个大队工作的同志，都要根据本地的条件，搞好工作。要鼓励哪怕是一个生产大队、一个生产队很好地思考，根据自己的条件思考怎样提高单位面积产量，提高总产量，还有技术方面、多种经营方面，哪些该搞的还没有搞，怎么搞。这样发展就快了。搞得好的，国家不要挖它的，而且要给予奖励。这样鼓励它提高技术水平、管理水平，提高生产能力。总之，实事求是，从实际出发，因地制宜。多少年来，就是"文化大革命"以前，我们的脑筋开动得也不够，这些年来思想僵化了。企业管理，过去是苏联那一套，没有跳出那个圈子。那时候，苏联企业管理水平比资本主义国家落后得多，后来我们学了那个东西，有了那个东西比没有好。但现在连那个落后的东西也丢掉了，一片混乱。现在要使所有的人开动脑筋，哪怕管理一个街道工厂，也要自己开动脑筋，敢于思考怎么样使生产增加、产品质量提高、成本降低、原材料消耗少、产品价格不断降低。不管大、中、小企业，搞得好的要奖励，不能搞平均主义，要鼓励先进。

他继续道：实践是检验真理的唯一标准，这是马克思主义，是毛主席经常讲的。在这方面，思想要解放。现在是人的思想僵化，什么东西都是上边说了就算数，华主席、哪个副主席说了就算数，自己不去思考，不去真正消化。毛主席总是提倡开动脑筋，开动机器。林彪"四人帮"把我们的思想搞僵化。思想僵化，就不可能实现四个现代化。实事求是很不简单，不是一个小问题。所有的人开动脑筋，就有希望。一个小的企业，甚至一个生产队，都应该搞好民主管理。我们的生产队为什么不搞民主？队长不合格就淘汰，社员应该有权利，现在有些干部权力大得很，包办选举，几个人说了算。所以，现在农村有霸，出霸王。不管是公社各级领导干部，还是工厂企业的管理干部，都要考核。现在我们的科研机构、学校的考核制度慢慢建立起来了，企业的考核制度也要建立起来，要真正搞按劳分配，鼓励向上，鼓励人们努力学习，这对社会主义的极大益处是发展社会生产力。总之，实事求是，开动脑筋，要来个革命。

在详细阐述了实事求是，一切从实际出发之后，邓小平把话题转到对毛泽东思想的态度问题上。

他说：怎么样高举毛主席的伟大旗帜，是个大问题。现在党内外、国内外很多人都赞成高举毛泽东思想的旗帜。什么叫高举？怎么样高举？大家知道，有一种议论，叫作"两个凡是"，不是很出名吗？凡是毛主席圈阅过的文件都不能动，凡是毛泽东同志做过的、说过的都不能动。这是不是叫高举毛主席的伟大旗帜呢？不是！这样搞下去，要损害毛泽东思想。毛泽东思想的基本点就是实事求是，就是把马列主义的普遍原理同中国革命的具体实践相结合。毛泽东同志在延安为中央党校题了"实事求是"四个大字，毛泽东思想的精髓就是这四个字。毛泽东同志所以伟大，能把中国革命引导到胜利，归根到底，就是靠这个。马克思、列宁从来没有说过"农村包围城市"，这个原理在当时世界上还是没有的。但是，毛泽东同志根据中国的具体条件指明了革命的具体道路，在军阀割据的时候，在敌人控制薄弱的地区，领导人民建立革命根据地，用农村包围城市，最后夺取了政权。列宁领导的布尔什维克党是在帝国主义世界的薄弱环节搞革命，我们也是在敌人控制薄弱的地区搞革命，这在原则上是相同的，但我们不是先搞城市，而是先搞农村，用农村包围城市。如果没有实事求是的基本思想，能提出和解决这样的问题吗？能把中国革命搞成功吗？

邓小平略微停顿了一下，吸了一口烟，接着讲道：林彪、"四人帮"搞阴谋，干坏事，说毛主席的话一句顶一万句。林彪搞的那个小本本，可是害死人哪！他搞的那个语录，不能系统地反映毛主席的思想。

邓小平又举例说：在那个小本本里，关于党的建设的语录里，就没有"惩前毖后，治病救人""团结—批评—团结"的语录，这是毛主席关于党的建设的很重要的内容。林彪、"四人帮"一伙任意歪曲、篡改马列主义、毛泽东思想，造成思想混乱，给我们党的实际工作、理论工作、社会风气造成了极大的危害，以致我们要扫除这些垃圾还得付出长期艰巨的努力。

全场寂静无声，只有邓小平的洪亮声音在会议室内荡漾、撞击。

人们清楚地记得，在一年多以前，尚未复出的邓小平就给党中央写信，指出毛泽东思想是一个思想体系，必须准确完整地理解和掌握，表现了一位老革命家卓越的理论水平和政治勇气。从那时起，如何完整、准确地掌握毛泽东思想，成为中国政治生活中一个重大的理论课题。

现在，邓小平又一次针对这个问题作出了自己的回答：中华人民共和国建立以后，毛泽东同志运用实事求是这一真理领导我们继续前进。当然，有好多东西当时还不具备提出来的条件。我们高举毛泽东思想的旗帜，就要在每一时期，处理各种方针政策问题时，都坚持从实际出发。我们现在要实现四个现代化，有好多条件，毛泽东同志在世的时候没有，现在有了。中央如果不根据现在的条件思考问题、下决心，很多问题就提不出来、解决不了。比如毛泽东同志在世的时候，我们也想扩大中外经济技术交流，包括同一些资本主义国家发展经济贸易关系，甚至引进外资、合资经营等等。但是那时候没有条件，人家封锁我们。后来"四人帮"搞得什么都是"崇洋媚外""卖国主义"，把我们同世界隔绝了。毛泽东同志关于三个世界划分的战略思想，给我们开辟了道路。我们坚持反对帝国主义、霸权主义、殖民主义和种族主义，维护世界和平，在和平共处五项原则的基础上，积极发展同世界各国的关系和经济文化往来。经过几年的努力，有了今天这样的、比过去好得多的国际条件，使我们能够吸收国际先进技术和经营管理经验，吸收他们的资金。这是毛泽东同志在世的时候所没有的条件。外国人也可能骗我们，也可能欺负我们落后。比如，一套设备，给你涨点价，或者以次充好，都是可能的。但是总的说来，我们有了过去没有的好条件。如果毛泽东同志没有说过的我们都不能干，现在就不能下这个决心。在这样的问题上，什么叫高举毛泽东思想的伟大旗帜呢？就是从现在的实际出发，充分利用各种有利条件，实现毛泽东同志提出、周恩来同志宣布的四个现代化的目标。

邓小平端起面前的杯子，喝了口茶水，顺着飞驰的思路继续说下去：如果只是毛泽东同志讲过的才能做，那我们现在怎么办？马克思主义要发展嘛！毛泽东思想也要发展嘛！否则就会僵化嘛！

他继续道：所谓理论要通过实践来检验，也是这样一个问题。现在对这样的问题还要引起争论，可见思想僵化。根本问题还是我前边讲的那个问题，违反毛泽东同志实事求是的思想，违反辩证唯物主义、历史唯物主义的原理，实际上是唯心主义和形而上学的反映。世界天天发生变化，新的事物不断出现，新的问题不断出现，我们关起门来不行，不动脑筋永远陷于落后不行。我们要完整、准确地掌握毛泽东思想，根据不断变化的情况，提出我们的任务，加速四个现代化建设。

讲话中，邓小平还针对当时农业学大寨运动中存在的形式主义提出了批评。他说：学大庆、学大寨要实事求是，学他们的基本经验，如大寨的苦干精神、科学态度。但有些东西是不能学的，比如，他们一年搞一次评工记分不能学，取消集市贸易不能学，自留地完全取消也不能学。小自由完全没有了也不能学。现在全国调整农业经济政策，好多地方要恢复小自由，这也是实事求是。你们这里也有好的典型呀，像榆树的小乡，永吉县的阿拉底大队，你们自己的典型更可贵。就每区县来说都有自己比较好的典型，把这些比较好的典型加以推广，大家都向他们看齐就了不起。是不是全国所有地方都要把地搞得平平的，不完全搞平就算没完成农田基本建设？要从实际出发，要因地制宜，不要搞形式主义。不需要平整的地方就不要平整，不需要搞梯田的地方就不要搞梯田。

在谈到企业管理中存在的问题时，邓小平说：我们要坚持按劳分配的原则，不能再搞平均主义，平均主义害死人。要鼓励上进，不能吃大锅饭。要建立各方面的考核制度。不管是公社各级领导干部，还是工厂企业的领导干部都要考核，不合格的要淘汰。这样的问题，在干部中要多讲，有的过去不敢搞，现在要敢。这样的精神贯彻下去，一两年他那个厂、那个企业没有变化，亏损照样亏损，这种人不能用。

邓小平深入浅出的论述和简洁明确的结论，像捅破了一层窗户纸，使到会者顿时感到心里无比亮堂。

在谈到实现四个现代化的精神动力时，邓小平说：我们过去打仗，要打胜仗，没有一批不怕死敢于冲锋陷阵的人是打不了胜仗的。革命要有一批闯将。我们不是要实现四个现代化吗？要超过国际水平，没有一批超过国际水平的闯将能行吗？人才最重要。

在分析我国的经济现状时，邓小平说：现在在世界上我们算贫困的国家，就是在第三世界，我们也属于比较不发达的那部分。我们是社会主义国家，社会主义制度优越性的根本表现，就是能够允许社会生产力以旧社会所没有的速度迅速发展，使人民不断增长的物质文化生活需要能够逐步得到满足。按照历史唯物主义的观点来讲，正确的政治领导的成果，归根结底要表现在社会生产力的发展上，人民物质文化生活的改善上。如果在一个很长的历史时期内，社会主义国家生产力发展的速度比资本主义国家慢，还谈什么优越性？我们要想一想，我们给人民究竟做了多少事情呢？我们一定要根据现在的有利条件加速发展生产力，使人民的物质生活好一些，使人民的文化生活、精神面貌好一些。

最后，邓小平说：什么叫高举？这是我们要回答的问题。现在中央提出的方针、政策是真正的高举。下这样大的决心，切实加速前进的步伐，是最好的高举。离开这些，是形式主义的高举，是假的高举。

时间过得飞快，秒针、分针仿佛在赛跑。正当人们越听越入神的时候，邓小平突然宣布：我就讲这些。大家立即放下手中记录的笔，雷鸣般的掌声响彻整个会堂。

邓小平走下主席台，向众人频频招手，在王恩茂等省委领导的陪同下，在人们掌声和深情目光的护送下，离开了会场。

辽宁："归根到底要发展生产力"

9月16日晚上，邓小平从长春抵达沈阳，顾不上休息，立即同时任中共辽宁省委第一书记、辽宁省革命委员会主任的曾绍山谈他的工作调动问题。随后，曾绍山调任中国人民解放军济南军区顾问。

9月17日上午，邓小平在沈阳友谊宾馆听取了中共辽宁省委的工作汇报。

1978 年 9 月 17 日，邓小平在沈阳接见了辽宁省各级负责同志

辽宁是"一五"计划期间建设起来的重工业基地，长期以来在国

民经济发展中占有举足轻重的地位。"文化大革命"期间，辽宁遭受了极为严重的破坏，短缺与浮夸、假典型与假经验充斥着辽沈大地。

会上，中共辽宁省委第一书记曾绍山、第二书记任仲夷向邓小平作了工作汇报，沈阳军区司令员李德生和中央政治局委员彭冲也一起听取了汇报。

省委领导首先向邓小平汇报了辽宁揭批"四人帮"、开展"双打"运动、调整农业政策、发展农业生产、增加地方财力、开展各级领导班子整风、发展建筑业和教育等方面的情况。

邓小平在听取汇报时，不断插话，询问他所关心的问题。

谈到农业问题时，邓小平不断询问辽宁的耕地面积、粮食产量、农民口粮、落实农村政策情况。他指出："现在还是粮食少、肉少、油少，其他副食也少。征购任务重，是全国性的问题。"

"现在没有虚假了吧？浮夸风，害死人哪！"邓小平一半是询问，一半是感慨地说。

接着，他又问："你们农村政策调整得怎么样？"

任仲夷回答说："我们搞了十六条，政策落实了一些，但落实得不够。"

"政策落实了，积极性就调动起来了。现在农业机械质量不高，成本高，化肥贵，农民买不起。"邓小平索性把话题引申开来，"农业要现代化，才能适应工业的现代化。一定要把农业放到第一位。这就是工业支援农业。工业支援农业要具体化。"

关于工业企业的情况，邓小平着重询问了鞍钢的发展、沈阳冶炼厂的改造、抚顺煤矿生产等问题。

任仲夷说，过去辽宁批"工业七十条"，现在看来"工业七十条"是对的，对企业管理讲得比较细。

"工业七十条"是 1961 年在邓小平的主持下搞的。

1961 年 6 月 17 日，邓小平主持中共中央书记处会议。这次会议正式确定了要起草一个工业企业的工作条例。

当时的工业形势并不是太好。工业生产大幅度下降，基本建设工程大批被迫停工，设备损坏严重，事故很多，人心不定，煤矿工人大批逃跑，企业管理混乱，生产指挥系统有不少处于瘫痪或半瘫痪状态。严峻的形势迫切要求中央采取重大步骤，把"调整、充实、巩固、提高"的八字方针落到实处，迅速扭转这种困境。

实际上，早在3月广州工作会议之前，中央书记处就有搞个工业文件的动议。5月20日中央书记处会议在听取薄一波汇报工业座谈会的情况之后，已讨论到搞工业文件的问题。薄一波说："现在光发个原则性的指示，一是难写，二是发了也解决不了问题。"邓小平当即表示："写各项政策，如责任制、技术政策、工资政策等等。"到了6月中旬，毛泽东在一次中央会议上说："城市也要搞几十条。"

6月17日书记处会议后，由薄一波牵头的起草班子开始工作了。他们还到东北沈阳的一些工厂进行实地调查，边讨论问题边起草条例。7月初，草稿出来后，他们又分赴哈尔滨、长春等地征求意见。到7月中旬形成了初稿《国营工业管理工作条例（草案）》，共15章，80条，报送中央书记处。后来，在庐山召开的中央工作会议上，这一草案经讨论修改后被正式确定为《国营工业企业工作条例（草案）》。

7月14日，为进一步讨论《国营工业管理工作条例（草案）》，邓小平亲率调查组到东北，就工矿企业、城市工作和人民生活等问题进行调查研究。

到达沈阳的当天，邓小平即听取了中共东北局书记的工作汇报。他说：总的看来，有几个问题很值得注意。这几个问题无非是农轻重关系和城乡关系问题，看来只照顾一头都不行。一是农轻重的问题。现在讲农轻重，农轻是上，重是下，要保证逐步地上，逐步地下，过去重一马当先，现在不要又在另一方面过分突出，要正确处理农轻重的关系。二是物价问题。不能随便提价，会有连锁反应，自由市场的价格高可以，国营市场的价格必须维持在一定水平。三是供求关系和物资分配问题。物资缺少，分配当中要照顾农村又要照顾城市。各种产品的具体分配要加以安排。城市的工人阶级不能弄得一肚子怨气，也是个工农联盟问题。城市不只是个粮食问题，还有日用品问题，现在职工工资实际上降低了 15％ 以上。四是粮食问题，农村要多吃点。但是如果没有一定数量保证城市的需要，出了乱子会比农村严重。重工业退也要按比例，农轻进也要按比例。城市中的问题目前是带普遍性的，比农村问题严重。总之，最近工农关系、城乡关系、农轻重关系要通盘考虑一下。

7 月 15 日，中共辽宁省委负责人杨春圃汇报了辽宁省的情况。在说到工业问题时，邓小平插话，企业问题的解决要从"几定"着手。定员、定额、责任制、技术政策、工资政策，这些问题解决了，企业才好领导管理。城市人口的定额和城市规模的确定也要由此着手。要一个厂一个厂地算，否则整风也整不出名堂，解决不了根本问题。搞好了定员、定额，城市减人和供应问题也可随之解决。调查研究也要从"几定"着手。又是调查，又是解决问题，又是摸典型经验。责任制度要早解决，建立起正常的协作关系。

7 月 16 日，在谈到工业干部问题时，邓小平说，前一段是一长制，后一段是书记一长制，归根到底是一定要集体领导，这是根本原则。集体领导还有相互监督、相互制约的作用。集体领导是否适合于企业？党的八大所规定的管理制度就是集体领导，是根据我们党管理军队的经验提出来的。军队那么集中都能集体领导，难道企业就不行了吗？对干部的政治条件，过去只从成分上了解是不妥当的，主要看本人，主要看现在，技术干部主要看技术。企业的调整必须解决骨干问题。必须有两个德才都比较好的干部作核心。特别是厂和车间两级必须如此，地委、县委也要如此。选骨干，要选踏踏实实的、实事求是的、老老实实工作的人。浮夸风，一部分与上面有关，也确有一部分人是个人主义思想问题。整顿企业要把选择干部作为重要内容。总的态度是，要从总结经验出发，整顿制度，整顿秩序，整顿作风。

在沈阳，邓小平还听取了中共沈阳市委负责人的工作汇报。他提出要研究解决副食品问题的出路，总要想个办法解决副食品问题。城市政策也要考虑搞一点小自由。在谈到城市公社问题时，邓小平说，城市公社的平调与农村有所不同，除平调个人的必须退赔外，公与公之间的平调可以算总账。对过去动员参加生产和食堂的居民，应该说参加也光荣，不参加也光荣，以做到真正自愿。公社工业要整顿，实行定员生产，搞得好的给予奖励，愿意回家的就回家。工业方面，不合格的原材料不要。商业方面，不合格的产品不要。有了这两个不要，问题就解决了。商业和供销社要组织恢复手工业生产。挑担子，修修补补的服务业，主要搞个体所有制。过去讲计件为主，计时加奖励为辅。现在改个提法，该计件的计件，该计时的计时，凡是同国营工厂争原料的社办工业不要搞。企业与公社坚决分开，搞正常的协作关系，不存在依赖观点，这样对双方的经济核算都有好处。市政与企业也可以搞些协作关系，但要等价交换，不能无偿调拨。大厂、大学参加公社问题，现在有了经验，可以解决。如果大厂、大学脱离公社以后，不会影响公社的发展，就得到了答案。

7月18日，邓小平同在沈阳的中央各部的负责同志、辽宁省委、沈阳市委负责人谈话。他说，要搞工业宪法。要搞企业试点，从"几定"入手。定任务，包括品种、数量、质量。定员，规定每个职能机构和每个人的责任制，把责任制度建立起来，在管理制度、领导制度方面积累一点经验。

……

时间回到1978年，任仲夷一说到"工业七十条"，邓小平接着说，1961年庐山会议，毛主席对"工业七十条"是肯定的，很称赞的。现在看来企业怎样具体管理好，怎样按经济规律来管理经济，对这些问题，原来的"工业七十条"是不够的。企业要搞"几定"，责任制、岗位责任制、工程师、总工程师、经济核算等等。"工业七十条"是个基础，有的去掉，还要增加一些。要从新的管理体制来研究，还要搞若干条。

关于建筑行业的问题，任仲夷等人只是作了简单的汇报，主要是听邓小平讲。

邓小平说：务虚会（国务院 7 月召开的）提出了三个先行嘛。建筑要先行。现在这方面有很大的浪费。建住宅，全国来说 1 平方米平均 130 元。谷牧同志他们在北京搞试点，用新型泡沫塑料搞预制件，1 平方米 60 元。就是 80 元，也可以节约几个亿嘛。

接着，邓小平伸出手指，慢悠悠地算道：我们 1 亿城市人口，平均每人只有居住面积 2 平方米，现在西德每人 30 平方米。我们如果按每人 9 平方米，比现在加 7 平方米，不算其他建筑，每平方米节约 50 元，就是 350 个亿。工厂节约的数目比这要大得多。现在是很大的浪费，而且也不漂亮，难看得很。

与会者听得入了神。

邓小平接着说：建筑要机械化，装备要现代化，道理很简单。所有发达资本主义国家，所谓"三大支柱"，一个是钢铁，一个是汽车，再一个是建筑，无一例外。现在欧美建筑已经达到饱和点，我们要发达，在相当一个时期，建筑业是个支柱，搞好了，又快又省。

辽宁的同志汇报说，现在工农业用水比较缺乏。邓小平说：工业用水要采取先进办法，像日本那样，搞循环，水一下跑了，转个圈回来，这样对解决污染问题、缺水问题都有好处，还可以回收。要广泛运用这个技术，转个圈，特别是缺水地方更要这样。日本相当普遍，技术并不难。

话锋一转，邓小平又提到了农业，他肯定地说：农业要走工业化道路。农业本身要搞很多新的行业。中小城市可以搞，县城可以搞。

兴奋之下，他索性把话题扯开来讲：本世纪末，美国社会构成，25％工人，4％农业人口，它还要保持现在这样多的农产品，还要出口。百分之七十几的人都叫服务行业。养鸡场最先进，2个老人带2个小娃娃，小娃娃白天还要上学，晚上帮助一下，养20万只鸡。但是，它有条件，饲料是买的，第二是检疫，防止发生瘟疫。并不要盖那么大场子，那是落后方法，原来实行的办法现在变了，要学习这种先进方法。就是要有条件，要有卫生条件。它是科学管理，拣蛋用机械，用手拣不可能。它们饲料有控制机，小鸡什么饲料，长大一点什么饲料，生蛋时又是什么饲料，配方都不同。

在谈到解决副食品供应问题时，邓小平举了南斯拉夫的例子：南斯拉夫，有人去看了，贝尔格莱德工农联合企业，23 000人，保证贝尔格莱德120万人口90％的副食品供应。主要搞加工，每人收入3 000美金，每家都有汽车、电视机，富足得很。

李德生插话道：邓副主席在哈尔滨讲了脱水蔬菜保管问题。

邓小平说：这是个工业化问题。1964年我来你们沈阳，你们菜地38万亩，那时我说要统一经营，38万亩菜地怎么不能解决200万人的吃菜问题？你们半年没菜。脱了水保管，它本身损耗少。不脱水运到城市一半就烂掉了……用科学技术加工，一样吃新鲜菜。

与会者静静地听着。大家由衷地佩服邓小平过人的记忆力、开阔的思路和他的细致与健谈。

省委工作汇报结束后，任仲夷请邓小平再作指示。邓小平就一些重大问题作总结讲话。

邓小平指出：全党全国范围的问题，昨天在长春概括地讲了一下，中心讲实事求是，理论与实际结合，从实际出发。不恢复毛主席给我们树立的实事求是的优良传统和作风，我们四个现代化没有希望。我也讲了"两个凡是"观点是不正确的。这不是毛泽东思想，毛主席在世也肯定不能同意。很简单，如果坚持"两个凡是"，我就不能出来。我能出来，说明有的是可以改的。"两个凡是"是损害毛泽东思想的。毛主席的话是针对一定时间、地点、条件的，有很多条件是有变化的。现在全党全国最需要的，是大家开动脑筋，敢于面对现在的问题、现在的条件来考虑我们怎样加速四个现代化建设。敢于思考问题、提出问题、解决问题。

邓小平强调：现在，全国人民思想开始活跃，但是还心有余悸。千万不要搞"禁区"，"禁区"的害处是使人们思想僵化，不敢根据自己的条件考虑问题。真正讲话不一定是反革命，顶多是思想错误，但框住思想害处极大。一个公社有自己的条件，有自己的情况，一个大队有自己的条件，有自己的情况。有一般，也有特殊，大量的是特殊，重要的是要根据自己的特殊情况考虑问题。东北三省情况大体相同，但也都有不同。你们辽宁几个地委、几个市，每一个都有不同。鞍钢改造以后，必须按照经济规律来管理。市政府是不是要考虑变成为它服务。

接着，邓小平谈到了发展生产力的问题。他说：马克思主义认为，归根到底要发展生产力。我们太穷了，太落后了，老实说对不起人民。我们的人民太好了。外国人议论中国人究竟还能忍耐多久，很值得我们注意。我们的人民是好人民，忍耐性已经够了。我们现在必须发展生产力，改善人民生活条件。邓小平强调：要体现社会主义制度比资本主义优越，起码要表现出我们的发展速度比他们快。

邓小平继续说：一个是实事求是，一个是怎样高举，一个是怎样发展生产力。我们的思想开始活跃，现在只能说是开始，还心有余悸。要开动脑筋，不开动脑筋，就没有实事求是，不开动脑筋，就不能分析自己的情况，就不能从实际出发提出问题，解决问题。学大庆有这个问题，学大寨也有这个问题，照搬不行，要教育所有干部开动脑筋，实事求是，提出问题，解决问题。只凭上级指示或中央发的文件，或省里补发的文件，能解决所有具体问题吗？要提倡、要教育所有的干部独立思考，不合理的东西可以大胆改革，也要给他这个权。所谓考核，第一就是考核这个问题。凡是能够这样独立思考解决问题的，肯定会大有好处，当然也会出现瞎指挥，但总的来说会好一些。这是全国性的问题，是政治问题，也是思想问题，也是实际问题。

针对辽宁工业腿长、农业腿短的情况，邓小平指出：农业要现代化，才能适应工业的现代化。工业越发达，越要把农业放到第一位。这就要求工业支援农业。工业支援农业要具体化。所谓农业走工业化道路，就是本身要搞很多新的行业。

在谈到要完整地准确地掌握和运用毛泽东思想，不能孤立地摘引毛泽东的话时，指出：这一句、那一句，有些还是假的。即使是真的，还应看是在什么条件、什么时间、什么地点讲的，随便用到别的地方也是不对的。搞语录是从林彪开始的，语录并不能反映毛泽东思想。

当汇报到有关干部队伍清理问题时，邓小平说：中央最近有个文件，搞打砸抢的只是少数人，动手的、搞逼供信的，全国 1 000 万。对这部分人，政治上作结论和处理要适当。这是个大政策。这些人基本上不能保持原来的工作岗位，不能作为我们干部队伍的基础。好的年轻人不少嘛。有一部分坏家伙，多数是好的。

最后，邓小平谈了辽宁省的领导班子整风和干部调整问题。

沈阳军区："运动不能搞得时间过长"，要"转入正常工作"

9 月 17 日下午，邓小平在沈阳住处听取沈阳军区常委汇报战备工作和揭批"四人帮"运动的情况。

会议一开始，邓小平说：我是到处点火，在这里点了一把火，在广州点了一把火，在成都也点了一把火。

邓小平在谈话中批判了军队中的资产阶级派性，并且着重谈了"揭批查"运动的发展趋势问题。他说：批林彪也好，批"四人帮"

1978 年 9 月 17 日，邓小平接见沈阳军区机关及市级以上干部

也好，怎样才叫搞好了，要有几条标准。第一，也是最主要的，是恢复我们军队的传统。我们的传统就是老老实实，说通俗一点，就是不看风使舵，不投机取巧，忠诚老实，忠于党，忠于人民，忠于社会主义。第二，消除派性，根除派性的影响，真正统一了。林彪、"四人帮"把军队搞分裂了，派性侵入到部队，把思想搞乱，把组织搞分裂了。第三，现在军队在地方在人民中的印象改变了，名誉坏了。什么时候，地方和老百姓看军队像老八路，像老红军，这样就行了。第四，遵守纪律，一切行动听指挥。第五，干部队伍整顿好，同"四人帮"有牵连的人和事都搞清楚。运动不能总这样搞下去吧！从去年 11 月到现在，快一年了。对搞运动，你们可以研究，什么叫彻底？永远没有彻底的事！上述问题的解决，也不能只是靠搞运动，还要靠日常教育，靠干部的领导。运动主要是把班子搞好，把作风搞好，有半年就可以了。运动不能搞得时间过长，过长就厌倦了。有的不痛不痒，没有个目的，搞成形式主义，这也不行。也不能一个号令，一天结束。究竟搞多久，你们研究。有的单位，搞得差不多了，就可以结

束，可以抓训练，可以组织学习科学知识嘛！多学些科学知识，就是转到地方，也便于工作。

邓小平最后强调：作为运动搞得好的标准，就是以上五条。

这是我今天第一次提出来的。

鞍钢："要用先进技术和管理方法管理企业"

9月18日，上午8时30分左右，邓小平乘专列抵达鞍山车站。鞍山市和鞍山钢铁厂的党政领导沈越、马宾、李东冶等到车站迎接。

上午9时左右，邓小平在彭冲、李德生的陪同下，来到鞍钢迎宾馆。

这是邓小平第五次视察鞍钢。

邓小平第一次视察鞍钢是1955年。那时我国"一五"计划顺利实施，各行各业都在蓬勃发展。"一五"计划是以优先发展重工业为指导方针的。党中央、毛泽东多次向钢铁战线全体职工发出号召，提出要求，希望钢铁工业发展得快一些。1955年，毛泽东在全国工商联执委座谈会上讲："我国地大物博，现在每年只有200万吨钢，实在不像话。我们要全国努力，工商界也要努力，四五十年总行吧，我们要争这口气，超过美国。"

1955年11月8日，中央书记处书记刘少奇和中共中央秘书长邓小平来鞍钢视察。那天下午，在鞍钢经理袁振的陪同下，刘少奇和邓小平来到第一炼钢厂，听取了厂长曾扬清的工作汇报，并不时询问这个厂日伪时期年产量是多少？现在多少？将来能达到多少？设备是否先进？技术人员够不够用？等等。

曾扬清逐一作了回答，并补充说："工人们现在干劲很足，学技术、学文化、学政治，将来钢铁工业要大发展，按照国家要求，我们还要向外输送人才呢！"

邓小平听后，频频点头赞许，并对在座的人讲："国家经济发展很快，工业、农业、交通、文教都发展了。希望你们多搞一点，搞好一点，多做贡献。"然后，他又深情地说："你们多搞一点，不单是多一点钢的问题，而且对全国人民是个鼓舞。全国人民看着鞍钢啊！"

接着，刘少奇和邓小平一起来到平炉台上，仔细地观看炉子冶炼和工人操作情况，勉励大家多炼钢、炼好钢，为社会主义祖国争光。

天快黑的时候，刘少奇、邓小平又不顾劳顿赶到新建的无缝钢管厂。当听到鞍钢生产的无缝钢管被广泛用到民用和军工上，成为稀贵品种时，刘少奇同志兴奋地说："了不起！了不起！"邓小平手拿几份样品，对身边的陪同人员说："你们不要骄傲，不要踏步，还要发展。"

鞍钢人没有辜负邓小平的这番期望，干劲更加高涨，提前一年高质量地全面完成"一五"计划，有力地支援了全国其他战线的建设。

1958 年 9 月 24 日，邓小平在李富春、李雪峰、杨尚昆、刘澜涛、蔡畅等中央领导同志的陪同下，第二次来到鞍山，听取了鞍山市委书记赵敏和鞍钢经理袁振的汇报。

当时正是"大跃进"年代，全民大炼钢铁，许多人头脑发热。邓小平热中有冷。当陪同视察的鞍山市委书记赵敏谈到小炉子放卫星时，邓小平明确表示："要在大炉子上想办法，小炉子放卫星不算数。"

所谓"小炉子"是指当时在"全民大炼钢铁"的热潮中兴建的土炼铁炉和土炼钢炉。当时鞍山市曾发动各行业职工及其家属 13 万人，兴建小土炉 2 955 个，生产土钢 10 万多吨。这些小土炉产品质量差，消耗高，破坏了生产综合平衡，造成了很大的浪费，限制了钢产量的进一步提高。由于当时"左"的影响，人们不敢讲真话。邓小平的这一表态可谓是空谷足音。

　　邓小平接着说:"大炉子是控潜力的问题","潜力有两种:一种是由于改革了制度、章程,改进了作风,发挥了群众积极性,努力干了。还有一种是由于改进了技术,出现了新的力量,这就是技术革命的问题了。后面一种潜力更大"。

　　邓小平对赵敏和袁振等人说:"鞍钢这样的大企业,应当大搞技术革命,要注意发动技术人员,只有技术人员和工人结合起来,才能发挥更大的作用。"9月25日,鞍钢在市"二一九"公园召开万名干部群众大会。邓小平因要去辽宁省盖县检查农村人民公社情况,未能出席。但他与李富春副总理仔细研究确定了鞍钢这次会议的形式、地点和内容。会上,李富春同志代表党中央、国务院作了激动人心的讲话,号召鞍钢职工"解放思想,大闹技术革命,取得更大的成绩"。回到沈阳后,邓小平在听取了辽宁省委领导同志的汇报时,谈到"反骄破满",再次讲到了鞍钢。他说:"鞍钢就是这样的,觉得还不错啊,增长速度也可以啊,而且也比苏联还好啊,怎么你们还说努力不够,发明创造不多! 我真有点委屈。"于是他从东北对全国所担负的责任讲起,教育大家"反骄破满"。他指出:"中央对你们的压力一年要比一年大,你们要有精神准备。为什么? 因为第一个五年计划期间,是用全国力量把你们这个地方建设起来的。你们应该在第二个五年计划和第二个五年以后的长远建设里,起到比其他地区要大得多的作用。这是义务,责无旁贷! 在你们面前摆着的就是对全国的支持够不够,自己的努力够不够,而不是该不该的问题。"

　　1964年7月3日,邓小平在李富春、薄一波、蔡畅等人以及国家有关部委负责同志的陪同下来到鞍钢,检查鞍钢的经济调整工作。邓小平说:"鞍钢贯彻'工业七十条'要和贯彻'鞍钢宪法'结合起来。企业无论如何要有个制度,有个规矩,有个约束的东西。"他还进一步告诫说:"大企业、现代化企业也要革命,要学习解放军、学大庆。要自力更生，搞技术革新和技术革命，真正的革命是思想上的革命。"同年 9 月 14 日，邓小平陪同朝鲜民主主义人民共和国劳动党中央总书记金日成到鞍钢参观访问。这次他在鞍钢逗留时间很短，只有 3 个小时，但邓小平陪同金日成参观了无缝钢管厂、第二初轧厂。

邓小平还以革命家的战略眼光，从鞍钢长远发展的高度，对鞍钢的环境保护和治理工作给予特殊的关心和支持。20 世纪 60 年代初，作为全国重工业基地的东北省市——吉林、鞍山、沈阳、抚顺、本溪等地，工业三废（废气、废水、废渣）污染相当严重，其中鞍钢尤为突出。为此，国务院责成国家计委和东北局解决这个问题。在此期间，邓小平在一次会议上明确提出："鞍钢是一个大型钢铁联合企业，'三废'危害严重。要搞好治理和综合利用。"他希望东北局把这项工作抓起来。1963 年 4 月，东北局计委派了工作组到达鞍山，直接领导和组织治理鞍钢的"三废"问题。在治理工作进行期间，邓小平到达沈阳（原准备到鞍山），东北局通知鞍山市委写一份反映鞍钢除害利废的情况报告。邓小平听取了上述情况汇报，肯定了鞍山市及鞍钢重视治理和综合利用"三废"工作的做法，并指示拨款。经多方努力，到 1966 年，鞍山市共计完成治理"三废"工程 61 项，其中鞍钢完成治理工程 29 项。这些工程投入使用以后，有效地改善了鞍钢环境污染严重的状况，同时回收了大量宝贵资源。鞍钢治理"三废"的经验，在 1965 年末国家有关会议上作了介绍，北京科教电影制片厂还专门拍摄了反映鞍钢治理"三废"和综合利用情况的影片《鞍钢的后院》。

"文化大革命"期间，林彪、江青反革命集团为了达到篡党夺权的目的，到处制造混乱，煽动停工停产，使我国国民经济遭受严重破坏。国民经济大动脉的铁路交通陷于瘫痪，国民经济支柱产业钢铁工业濒于绝境，国家急需的钢材要依靠进口。辽宁是受林彪、"四人帮"破坏的重灾区，鞍钢这个全国特大型钢铁企业，受害尤为严重。几十年形成的一整套行之有效的企业制度被废除，鞍钢的生产建设大幅度滑坡，陷入前所未有的混乱之中。

1975年邓小平领导了全面整顿。但是，钢铁工业在整顿初期行动迟缓，1975年4月全国欠产钢200万吨，拖了国民经济发展的后腿。5月8日至29日，中共中央根据邓小平提议，召开了钢铁工业座谈会。邓小平多次到会讲话。他在5月10日的讲话中一针见血地指出："鞍钢的问题主要是：路线不端正，派性未克服，政策不落实，核心不团结，群众积极性没有调动起来。"5月21日，国务院召开办公会议，专门讨论了钢铁工业问题，邓小平在会上斩钉截铁地说："现在是到了下决心解决钢铁问题的时候了！"然后他下达了整顿钢铁工业的总动员令。5月29日，邓小平还亲自参加八大钢厂（鞍钢、首钢、本钢、包钢、武钢、太钢、攀钢、马钢）会议。邓小平在讲话中再次强调："特别是鞍钢，它的产量要是上不去，一天掉下两三千吨，别的厂是没有办法补起来的。"在"四人帮"的淫威之下，有些干部不敢抓工作的现实情况，他指出："要找一些不怕打倒的人进领导班子，条件是中央支持他们，省委支持他们。"他的讲话，义正词严，扶正祛邪，给鞍钢广大干部职工以极大鼓舞。9月15日，邓小平在国务院常务会议上针对鞍钢管理体制指出："鞍钢这么大的企业，有管理问题，也有体制问题，整个生产过程，是从上到下一环扣一环的，要有一个强有力的生产指挥机构。现在由市委直接管厂子的办法不是管生产的好办法。事实上市委是抓不过来的，因为忙于其他，多于抓生产。市委第一书记可以兼公司第一书记，但是公司必须单独有个班子，不是管油、盐、酱、醋、菜，而是指挥生产，成为一个系统。鞍钢干部有的是，有许多好干部，可以大量提拔嘛！""领导鞍钢这么大的企业，那么复杂，没有懂行的人，没有强有力的指挥机构，不打败仗才怪呢！"

　　邓小平的话，铿锵有力，切中要害，为整顿鞍钢生产与管理，指出了正确的途径。特别是在恢复鞍山钢铁公司和鞍钢党委的问题上，他的话起了一锤定音的作用。

　　但是，当时辽宁紧跟"四人帮"的个别领导人，对邓小平的讲话置若罔闻，反对恢复鞍钢建制。当主管工业生产的谷牧向中央汇报这些情况以后，邓小平非常坚决地坚持原来的意见。9 月 19 日，鞍山市委正式呈递《关于成立鞍山钢铁公司，建立鞍钢党委的请示报告》，邓小平同李先念、谷牧等中央领导同志，坚决抵制了"四人帮"一伙的干扰阻挠，共同圈阅同意。中央于 11 月 18 日正式下发了《关于成立鞍山钢铁公司，建立鞍钢党委问题的批复》。批复中说："中央同意成立鞍山钢铁公司，并建立鞍钢党委，鞍山市的主要精力要放在鞍钢，切实地把鞍钢的工作抓好。"批复中还指出："鞍钢是我国重要的钢铁基地，所处地位非常重要，毛主席党中央十分关心。希望你们继续认真贯彻执行毛主席三项重要指示，加强各级领导班子建设，切实落实党的政策，充分调动广大工人群众的积极性，发挥技术人员的作用，整顿好企业管理，把鞍钢的革命和生产搞好，为发展国民经济、加强战备，做出新的贡献。"接到批复，中共鞍山市委正式发出文件，宣布撤销市革委会第一工交组，重新恢复鞍钢的原有建制。

　　鞍钢公司和鞍钢党委重新建立以后，组建了各级党委领导班子，提拔任命了一大批有事业心、有经验的干部，落实了干部政策及技术人员政策。这对于更加自觉和最大限度地抵制"四人帮"的干扰破坏，稳定鞍钢局面，搞好生产建设，起到了重要的作用。

　　1975 年，邓小平主持的钢铁整顿使鞍钢刚刚出现转机，而 1976 年的"批邓、反击右倾翻案风"，又使鞍钢的生产秩序受到巨大的冲击。长期以来形成的封闭式内向型产品经济管理模式，使鞍钢因循守旧、固步自封，逐渐丧失了生机与活力，面临着"再不改造鞍钢若干年后将成为一堆废铁"的绝境……

1978年邓小平的到来，给鞍钢人带来希望。

邓小平一到迎宾馆，鞍山市委第一书记兼鞍钢党委书记沈越在与邓小平等互道问候之后，怀着愧疚的心情说道："小平同志：前年批邓的时候，我也批了。""想起您对鞍钢建设和发展的支持，真是太不应该。"

"不，这不是你的错。这是中央的事。"邓小平安慰他说："你是市委第一书记，是中央要批，你能不执行吗?"在场的人都会意地笑了。

本来，鞍钢的领导班子打算让风尘仆仆的邓小平先听汇报，然后好好休息一下。邓小平却连连摆手说："走，下厂子看看。"

邓小平一行驱车来到鞍钢炼铁厂。顿时，厂部门前的小广场成了欢乐的海洋。人们为了更清楚地看到邓小平，都尽量往前挤往高处站，就连小广场周围的铁架子上、煤气管道上也站上了人。

邓小平亲切地看着大家，向人们致意。他从厂长夏云志手里接过一顶柳条帽，端正地戴在头上，然后穿过人群，向7号高炉走去。

小广场距7号高炉不远，中间隔着七八组铁路线，夏云志边走边向邓小平介绍生产情况。在穿越七八组铁路线时，邓小平步履轻松，还不时用手指着空中的各种管线，询问都是干什么用的，夏云志一一作了回答。

7号高炉是一年前由原来的7号、8号两座高炉合并建成的大型高炉，容积2 580立方米，有效高度29米，是当时全国最大的高炉。听说这是鞍钢实行技术改造的产物，邓小平立刻产生了浓厚的兴趣，站在高炉旁向夏云志询问起来。

高炉旁，炉体释放出的热浪卷起灰尘扑面而来。对此，邓小平全然不顾。"厂里现有几座高炉？年产量是多少？"

"现在共有 10 座高炉，年产 640 万吨。"夏云志边走边回答。

"哪座最大？"

"这座最大。将来我们准备继续改造，把小高炉改成大高炉，可以达到 1 000 万吨钢所需要的铁产量。"

"你们怎么改的？"邓小平接着问。

"利用高炉检修期间改造，坚持改造不停产不减产。"

邓小平赞许道："这样好！改造不减产，老企业大有希望嘛！"

随后，邓小平又向夏云志询问了工人的生产和生活情况。由于高炉噪声大，夏云志只好放开嗓门大声作介绍。邓小平边听边点头，说道："你们搞改造、搞生产，不容易啊！"他又对身边的鞍钢主要领导叮咛道："要爱护职工的积极性和创造性，一定要把炼铁这个环节抓好。"

这时，高炉前面呼啦啦围上来一大群人，有本厂的，也有外厂的。工人们听说邓小平来了，都争着要目睹这位具有传奇色彩的中央领导人的风采。有的人站在外圈儿看不见，就爬上煤气管道、登上铁架子。只见邓小平身穿灰色中山装，满面红光，完全不像 74 岁高龄的人。人们向他欢呼，他也频频招手，向久违的鞍钢工人致意。

9 月 18 日下午 3 时，在鞍山胜利宾馆 8 楼会议室，邓小平重点听取沈越、孙洪志、马宾、李东冶、金锋、侯国英等鞍山市委和鞍钢的主要负责人关于鞍钢的工作汇报。

会议室宽敞、明亮，布置一新。兴致勃勃的邓小平身着白衬衣，坐在南面靠窗户的位置上，认真仔细地听取汇报，并不时插话、询问，会议室里的气氛活跃而又热烈。

沈越首先汇报提高劳动生产率、提高技术水平、提高管理水平的办法与设想。当汇报到企业要搞定员、定额时，邓小平插话说："要搞五定，五定不够再加一定或几定。"（"五定"是 60 年代"工业七十条"中的一项重要内容，即定产品规模、定人员和机构、定各种消耗、定固定资产和流动资金、定协作关系。）

当沈越汇报说鞍钢正实行单项奖励时，邓小平算了一笔账："5 项单项奖只花 6 万元，而节约价值约 660 万元，这还不算增产。这划得来。这对发展经济、发展生产、提高工人技术水平有利。"

在谈到鞍钢打算按日本的先进水平减少人员时，邓小平说："你们鞍钢用人太多。产 1 500 万吨钢，3 万人就够了。"

当沈越谈到鞍钢准备将矿山公司、基建公司等划分出去时，邓小平以赞许的口吻说："矿山公司、基建公司分出去好，成立修配公司好，大修、中修都归修配公司，小修归厂子。"

沈越说："鞍钢在进一步实行劳动力挖潜措施以后，生产人员将减到 9 万至 10 万人。减下来的人员，一部分由我们自行消化，另一些人可以支援外地。"

邓小平说："只要有技术，就不怕没地方用，商业网点需要人，饮食服务缺人，建筑业也不够用嘛。"

当汇报到鞍山城市污染的情况时，邓小平的心情十分沉重，他说："现在这种污染的环境恐怕会把现代化仪器、仪表都搞坏了，非下大力气治理不可。"

沈越汇报结束后，由鞍钢经理马宾汇报鞍钢生产、改造的情况。

马宾是全国知名的冶金专家，"文化大革命"期间，因被罗织"走资派""反动权威""苏联特务"等罪名而受关押。1975 年邓小平来沈阳视察工作，谈起鞍钢生产时特地向陪同的人员询问起马宾的情况。当时，马宾正被囚禁。由于邓小平的直接过问，马宾才得以重新获得自由，恢复工作。

马宾首先介绍了鞍钢生产的基本情况。接下来他说："目前鞍钢劳动生产率低，人员多，企业的负担过重。"

"美国矿山技术，年产 1 亿吨矿石，要用多少人？"邓小平问。

"不到 1 万人。"马宾说。

"我再加 1 个，1 万零 1 个人，怎么样？引进先进技术，一定要按照他们的先进管理方法、先进经营方法、先进定额。总之，按照经济规律管理经济。要减人、减机构。你们有个初步设想，我看设想是好的。现代化，自动化，人多不行，管理体制不好。"

"你们矿山 6 万人，如果照美国的技术，只需 1 万人，多 5 万，怎么办？同样，钢铁公司引进先进技术后，只需 10 万人，多七八万人，怎么办？"邓小平环视全场，提出了对减人的安排问题。

"有一些可以转到别的行业，宁肯编外处理，也不要和稀泥。技术越发展，越会感到劳动力不够。服务行业多得很，你们要多想办法，开辟新的领域。鞍钢的修理行业也可以为其他冶金基地服务，为全国服务。还可以养猪、养牛，建立饲料公司、种子公司、肥料公司，搞综合利用。"

邓小平还讲了提高工人素质的重要性。他说：为了保证应有的技术和管理水平，工人应该起码是四级工。现在鞍钢工人平均是三点五级，在全国还不算低，可是实际上应该有大量的七八级。现在平均工资是 58 元。大庆才 40 元。鞍钢在全国也算最高的了。可是改造后，比如用 5 万人，工资平均 80 元。用人时不按工龄按本事，严格考核，可以刺激工人向上，努力学习，掌握新技术。工人拿到 80 元，就要有新的要求，向国家要供应，吃得好一点，穿得好一点，住得好一点，用得好一点。看看电影，看看戏剧，看看打球，促使国家开辟新的行业，增加服务行业。总之，穷不能发展经济。经济发展了，工人要增加收入，反过来才能促进经济的进一步发展。

邓小平问道："鞍钢的劳动生产率什么时候最好？"

"1966 年。"马宾答道。

邓小平若有所思地点了点头。

马宾说："我们要通过技术改造，改变鞍钢的落后面貌，提高产量。"邓小平用探询的目光望着大家："全国搞 6 000 万吨钢，你们搞多少？"

"1 200 万至 1 500 万吨。"马宾答道。

"好，就是要搞到 1 500 万吨，我同意这个意见。"邓小平接着说："矿山改造以后，精矿品质达到 67％，进高炉，焦炭消耗就少了，有400 公斤就够了，以后就不需要从海南岛运矿石了，运输量就减少了。"

当马宾汇报到需要尽快掌握新技术，提高产品质量时，邓小平说："凡是不能自动化的，就不能保证质量，用眼看手摸是不行的。过去老工人就凭眼睛看，现在不行喽。"

当马宾恳切地希望中央对鞍钢的技改方案尽快确定下来时，邓小平又关切地询问道："都准备采用哪些国家的技术？"

"矿山设备用美国的。"

"老厂呢？"

"准备用日本的。新日铁、住友都看过了。"

"你们矿山改造需要多少投资？"邓小平接着问。

"搞 1 亿吨铁矿需要 40 亿美元。"

"改造老厂需要多少？"

"20 个亿。"

"共 60 个亿。"邓小平说："但要注意一点，鞍钢的技术改造，要以世界先进水平为起点，要革命，把先进的技术引进来。"

工作汇报结束后，邓小平应沈越、马宾的请求，即席发表了讲话。

他沉吟片刻，缓缓说道："现在摆在你们面前的问题，是鞍钢如何改造。引进技术改造企业，第一要学会，第二要提高创新。许多工作从现在起就要着手，如培训工人、培训干部，现在不着手，外国的先进技术就不能掌握。这方面我们是有教训的。现在抢时间很重要。全国准备引进上千个项目。凡是引进的技术设备都应该是现代化的，必须是七十年代的，配套也要是七十年代的。世界在发展，我们不在技术上前进，不要说超过，赶都赶不上去，那才是真正的爬行主义。我们要以世界先进的科学技术成果作为我们发展的起点。"

"我们要有这个雄心壮志！"邓小平望着大家，声音里充满了期待："引进先进技术设备后，一定要按照国际先进的管理方法、先进的经营方法、先进的定额来管理，也就是按照经济规律管理经济。一句话，就是要革命，不要改良，不要修修补补。"

邓小平又说："我们改造企业，为了保证应有的技术水平、管理水平，要有合格的管理人员和合格的工人。应该设想，经过技术改造，文化和技术操作水平较高的工人应当是大量的，否则不能操作新技术、新工艺和新设备。"

"不合格的作编外处理，要保证他们的生活，当然不在职的人不能享受在职的待遇。要组织他们学习，对他们进行培训，开辟新的就业领域。要下这个决心。合格的管理人员、合格的工人，应该享受比较高的待遇，真正做到按劳分配。"

"发展经济工人要增加收入，这样反过来才能促进经济发展。农业也是一样，增加农民收入，反过来也会刺激农业发展，巩固工农联盟。社会主义要表现出它的优越性，哪能像现在这样，搞了二十多年还这么穷，那要社会主义干什么？我们要在技术上、管理上都来个革命，发展生产，增加职工收入。"

"你们除了考虑改造钢铁企业，也要综合考虑鞍山市的社会结构。世界变化的结果，生产越发展，直接从事生产的人越少，从事服务业的人越多。服务行业很多，如种子公司、建筑、修理等，这说明可以有很多办法安置劳动力。你们要注意，编制里面一定要有相当规模的科学研究机构。美国和日本的大企业，都有相当规模的科学研究机构。我们也要把科研队伍加强和扩大起来。"

"要加大地方的权力，特别是企业的权力。企业要有主动权、机动权，如用人多少，要增加点什么，减少点什么，应该有权处理。企业应该有点外汇，自己可以订货，可以同国外交流技术。有些事情，办起来老是转圈，要经过省、部、国家计委，就太慢了。现在我们有些同志做工作，只听上边讲了一些什么话，自己不敢开动脑筋。还是毛主席说的，要放下包袱，开动机器。要提高我们的技术水平、管理水平，没有一点创造性不行，企业没有自己的权力和机动性不行。大大小小的干部都要开动机器，不要当懒汉，头脑僵化。"

说到这里，邓小平显得有些激动。他的声调也提高了，说："现在我们的上层建筑非改不行！"

会议室里一片掌声。

邓小平满怀深情地望着大家，最后说道："鞍钢的生产和改造，一定要搞好。我还是那句话，你们搞好了，对全国人民是个鼓舞。全国人看鞍钢啊！"

会议在不知不觉中进行了 4 个小时。

晚上 7 点，会议结束。

河北唐山："要解决好污染问题"

9 月 19 日上午，邓小平来到了唐山。

唐山位于河北省的东部，是一座中等的重工业城市，是国家的重要能源基地，也是享有盛名的"冀东粮仓"，在全国的经济格局中占有重要的战略地位。

两年前的 7 月 28 日，一场 7.8 级的大地震瞬息之间把这座有近百年历史的名城夷为一片废墟。大地震造成 242 469 人死亡，164 851 人重伤。其中唐山市区死亡 148 000 人，重伤 81 600 人。地面建筑和设施遭到严重破坏，市区周围铁路扭曲、桥梁断塌，市内交通、供电、供水、通信全部中断，工业生产设备的损坏率达到 56％，245 座水库大坝塌陷、开裂，主要河道大堤沉陷断裂，62 000 眼机井报废，冒沙和积水耕地 120 多万亩，仅可估算的直接经济损失就有 30 多亿元。

那是一个多灾的岁月。唐山地震时，邓小平被"四人帮"打倒已经有几个月了。获悉唐山地震后，邓小平忧心如焚，但做不了什么。

1977 年 7 月，邓小平第三次复出后，十分关注唐山的恢复生产和重建工作。

现在两年过去了，唐山的恢复生产和重建情况怎么样，人民的生活怎么样，他要亲自来看一看。

上午 8 时 50 分，邓小平径直抵达开滦煤矿。

这座煤矿在大地震中受损最为严重，有 6 500 多名矿工死亡，2 000多人重伤，30 000 多台设备被砸被淹，355 万平方米地面建筑被毁。供电、通讯、通风、提升、排水五大系统全部中断。

邓小平来到了设在职工浴室的临时会议室，听取了矿党委书记赵成彬关于唐山地震后煤炭生产情况的汇报。

邓小平急切地问道："你们现在恢复得和原来差不多了吧？"

"生产系统已恢复 68％。"赵成彬回答道。

"你们现在生产水平是多少？震前是多少？"邓小平又问道。

陪同视察的煤炭部部长萧寒介绍说，震前日产 7 万吨，现在 6 万吨。还未达到震前水平的原因，主要是去年 9 月刚恢复开掘，欠尺 8 万米，吃老本吃了 800 万吨煤量。

邓小平说："哦，那也不好哇，你们准备得不利索，对以后的生产不利呀！"

当汇报到完成今年 2 250 万吨任务很艰巨时，邓小平问："机器有进口的吧？我们自己造的行不行？今后主要要靠我们国家自己制造的好。"

"引进了 8 套采煤机器。"

邓小平说，从国外引进的 8 套采煤机器，"要集中使用，集中力量打歼灭战，便于掌握技术，便于管理。机器的修理，要做到小修在矿，中修、大修有专门厂子。要专业化，要组织专门的修理公司"。

当邓小平听到唐山矿 5257 工作面最高月产量达到 19 万吨，一套综合机械搞好了，年产可达 100 万吨时，高兴地说："用得好，每套年产量就可增加 20 万吨。"

汇报结束后，邓小平来到了一号井绞车房视察。

一号井是唐山矿最老的竖井，经过几次改建，由原来每箕斗提升 8 吨提高到 10 吨。

邓小平听后高兴地说："好，都这样改进就好了。"

"我们别的设备也有改进。"陪同的同志介绍说。

邓小平满意地笑了。

上午 10 时许邓小平来到唐山钢铁公司第二炼钢厂。

"唐钢在地震时的损失怎么样？"邓小平一边走一边询问唐山市委第二书记、唐钢党委书记苏锋。

"唐钢地面建筑大都被震毁，人员伤亡非常严重，但唐钢的职工不气馁、不松劲，仅用 20 多天时间，就炼出了'志气钢'。"苏锋回答说。

邓小平接过话题，高兴地说："很好！这就是社会主义优越性的具体体现。唐钢在这么严重的大灾难面前，很快就恢复了生产，很不容易，20 多天就炼出了钢，这是个奇迹！"

"唐钢工人阶级是地震震不垮的、困难吓不倒的队伍！"邓小平说着声音越来越高。

谈话间，邓小平来到了第二炼钢炉院内。

邓小平在院内向四周环视了一遍，问道："这个厂子规模多大？"

"3 个年产 30 万吨转炉，设计能力 90 万吨，今年产钢 60 万吨。"

苏锋说。

"还没有达到设计能力嘛。"邓小平说。

"这个厂刚改造完就发生地震，恢复生产也较晚。"苏锋解释道。

离开的时候，邓小平对在场的干部、职工说："要发扬成绩，为祖国的钢铁事业做出更大的贡献！"

视察完开滦煤矿、唐钢后，邓小平说：现在实行新的技术考核，体力劳动逐渐减少了，主要靠脑力劳动，煤矿要改造，可省下来很多人。鞍钢 22 万工人，年产七八百万吨钢，经过改造最多只需要 10 万人，钢可以搞到 1 500 万吨。在西德产 600 万吨的煤矿，只要 900 人，他们都是技术骨干，体力用得很少，主要靠脑力劳动。当然新矛盾又会出来，省下来的人干什么？可以用于支援煤矿、新钢厂，但这些地方用人也很少，所以要开辟新的行业。建筑队伍也要改造，要建设机械化的施工队伍。

上午 11 时，邓小平来到了唐山市委第一招待所。

在这里，他观看了老市区和新区的建设规模模型，听取了新唐山建设规划的汇报。他边听边问。

邓小平说：过去的旧城区一不整，二不洁，布局乱得很，不合理，不紧凑。现代化的城市，要合理布局，一环扣一环，既便于自动化，又便于运输。唐山地震是个大灾难，是坏事，但是要把它转化成好事。把城市、生活区、厂区变成干净的城市、干净的生活区、干净的厂区。建设新唐山，市里、厂里都要规划好，要搞得整齐干净。新建的城市不能脏，不能乱。今天看的厂房不干净，机器也不干净，出不了质量好的产品，马路也不平，很脏。

"要解决好污染问题。""废水、废气的污染，妨碍人民的健康，也反映了管理水平。日本资本家每天上班就办两件事：一个是清洁卫生，一个是安全。第一是清洁卫生。现在你们这里还顾不上，建成以后，要干净才好。"

1978年9月19日，邓小平在唐山先后视察了开滦煤矿、唐山钢铁公司第二炼钢厂，听取唐山市委的汇报。图为邓小平视察开滦唐山矿宿舍工地

邓小平端起杯子喝了一口水，继续说："刚才说了新唐山的建筑要美观一点，要多姿多彩，不要千篇一律。搞一两个小区后，要总结一下经验，不断改进提高。"

"要在'新字'上做文章。"陪同视察的中共中央政治局委员彭冲插话说。

邓小平接着说："城市建设是一门学问。现在资本主义的管理，讲美学、讲心理学、讲绿化，怎么样用美观使人感到舒适。它会影响人们的积极性。这不是没有道理的。"

"一个区的建筑式样，不要搞一个样，其实这样并不多花钱。总之，你们建设新唐山，要很好规划一下，不要用50年代的观点，要用70年代的观点。"

"你们说一年准备，快过去了，要抓紧。现在你们搞的门窗太小，并且都是木头的，不好看。这是第一批，一批要比一批好，要总结经

197

验，总的六个字：实用、美观、结实。搞一段要总结一段经验。"

"我们现在先开两个小区，搞完这两个小区就总结一下。"市委的负责同志说。

邓小平听后点点头。

"房子的周围都可以搞绿化。你们规划中的服务网点少了，普遍的少，电影院也不多。"邓小平又提出了问题。

"第二批要搞得很好，要把美观、适用、节省结合起来。"

他接着又问："地下管道设施处理得怎么样？这个问题一定要考虑到，要搞好总体规划。地下管道的材料要合格，不要粗制滥造，粗制滥造就会加大修理费用。"

"建筑用的木料不要湿的，要经过烘干，不然一年就翘了。要用些钢材，钢材并不比木料贵，现在我们的木材很缺，你们这里还有钢厂嘛！钢窗要搞好一点。"

说到这里，邓小平指着会议室的窗子风趣地说："你看你们这个就有缝，我就是来给你们挑岔子的。"

一句话把大家都说乐了。

"你们钢厂、煤矿的余热、废气是怎么回收利用的？"邓小平问。

有人回答说："有规划，钢厂震前就利用余热供应生产用气和职工住宅暖气，开滦的瓦斯也准备取出来，供职工烧煤气。"

邓小平说："取嘛！要利用，要给职工用，都要收回来。要注意解决污染问题。对'三废'要搞综合利用，要不又是一个一个烟囱，既污染又浪费。"这是邓小平这次视察以来第三次提到防治污染问题。

邓小平十分关心居民的住宅建设问题。当听说开滦的住宅只恢复了 17.9% 时，便关切地问："你们去年冬天就是勉强过来的，今年冬天呢？速度是不是可以再加快一点？"

邓小平这次来到唐山，看到沿街两旁都是简易棚，心情十分沉重和不安。为了知道更多的住宅区恢复和建设情况，他冒着酷热，来到正在施工的住宅小区凤凰楼工地。

他边听介绍边指着已建成的一座高层楼房说："房间高度 2.8 米，高了一些。要矮一点、加宽一点，扩大一些使用面积，生活就方便些。""这样，占地面积小，使用价值高。还干净卫生，节省材料。""用建 4 层楼房的造价可搞 5 层的楼房。""门窗太小太窄，要加大。窗子大了，又卫生，光线又好。""煤气管子要搞好，上下水道要搞好，还要有洗澡间和厕所。""楼前楼后要种树种花种草。"

吃过午饭后，邓小平没有休息，又在市委第一招待所会议室里和省、地、市以及开滦、唐钢的负责同志谈开了。

邓小平问："你们这个城市平均工资多少？"

"50 元。"

"井下工人的补贴都算吗？"

"都算。"

"计时工资加奖励，取消附加工资，使一些老工人的收入降低了。"开滦、唐钢的负责同志说。

萧寒说："开滦取消了附加工资，老工人抱怨说'新工人笑嘻嘻，老工人降一级'。现在开滦职工平均月工资比 1975 年降低了 5 元多，因为附加工资已经纳入老工人的生活费。"

"老工人降低收入是不行的。应该不取消附加工资，奖金照发。"邓小平说：过去升级凭手艺，现在是新技术，按掌握新技术情况，该评几级是几级。老工人可能因文化水平低，掌握新技术受些限制，这样新工人可能提得快，但矛盾也出来了。现在技术跟过去不同了，用手、用眼少了，好多都是靠仪表操作，技术要求高。机械化，自动化，用人少了。人多就乱了，反而妨碍操作。因此，要进行技术训练，宁肯把三班生产改成四班生产，每班拿出两个小时搞技术进修、训练，对他们不减工资。

天津："先让一部分人富裕起来"

9月19日下午，邓小平离开唐山到达天津，下榻于市委第一招待所。

晚饭后，邓小平不顾旅途劳累在中共天津市委书记林乎加等的陪同下，来到天津市干部俱乐部大剧场，亲切接见了在那里迎候的天津市党政军领导同志。

第二天上午，邓小平在市委第一招待所一号会议室听取中共天津市委常委林乎加、黄志刚、阎达开、范儒生、胡昭衡等关于揭批"四人帮"运动和工农业生产情况的汇报。

市委领导在汇报中说，天津是我国重要的工业基地，"文化大革命"期间受到的破坏十分严重，加上唐山大地震的影响，全市大街小巷挤满了连成片的防震棚，到处凌乱不堪，人民生活困难，安全没有保障。眼下的天津可谓大劫之后，百废待兴，百乱待治。

邓小平在听取汇报时，不断询问他所关心的问题，并着重就解放思想、实事求是，搞好工农业生产等问题作了重要指示。

邓小平说："我走了几个地方，一再讲就是要解放思想，开动机器，不要当懒汉，一切从实际出发。大队、小队都有特殊性，不能划框框，不能鼓励懒汉。由于林彪、'四人帮'的干扰破坏，这些年把一些人养成懒汉，写文章是前边抄报纸，后面喊口号，中间说点事。天津搞九十几个项目，就是动了脑筋了。过去不敢进'禁区'，谁要独立思考，就好像是同毛主席对着干。实际上毛主席是真正讲实事求是的。""我们过去是吃大锅饭，鼓励懒汉，包括思想懒汉，管理水平、生活水平都提不高。""现在不能搞平均主义。毛主席讲过先让一部分人富裕起来。好的管理人员也应该待遇高一点，不合格的要刷下来，鼓励大家想办法。讲物质刺激，实际上就是要刺激。我们过去也是老观念，认为工资总额、劳动定额不能突破，这样调剂的能力没有了。"

实际上，早在 1975 年时，邓小平就不畏逆境，鲜明、果敢地提出要反对平均主义。他在多次讲话中重申，要"坚持按劳分配原则"。他认为："如果不管贡献大小、技术高低、能力强弱、劳动轻重，工资都是四五十块钱，表面上看来似乎大家是平等的，但实际上是不符合按劳分配原则的。"为此，邓小平提出，一方面要逐步改革现行的工资制度，对高温、高空、野外等劳动条件差、劳动强度大的工种，实行岗位津贴；另一方面要正确处理个人利益和集体利益、当前利益和长远利益的关系，不能把按劳分配和各尽所能分开。第二年，邓小平再次来天津视察时，又就解放思想问题进一步作了指示。邓小平说："解放思想，我重复讲了多次，中央各部门要解放思想，地方要解放思想，解放思想能量很大。解放思想就是指坚持辩证唯物主义。你发展生产力，不解放思想，不因地制宜是不行的。一个生产队对一小块土地、一小块水面，如何利用，都有个解放思想的问题。"邓小平强调："没有正确的思想路线作为基础，不可能提出建设四个现代化强国的政治路线来。搞四化，搞合资经营，在过去，帽子是很大的。什么'洋奴哲学''卖国主义'都可以扣上。现在，还有人说我们不搞阶级斗争，不搞社会主义，只搞资本主义。道理很简单，关键是发展生产力，增加人民收入，这样，社会主义制度的优越性就体现出来了，否则，讲过来讲过去，穷得很，有什么优越性呢？"

在谈到来料加工和引进技术要改革企业管理时，邓小平说，搞来料加工，引进新技术，要大批组织，经常更换花色品种。企业要能独立经营，派强的干部管理，收入要分成。从上海、天津、广东搞起，几百个、成千个带起来，搞富、搞活。为什么大家等着，等着就搞死了。"凡这样的工厂，管理要按人家的方法，这个对我们来说叫革命。"

1978 年 9 月 20 日，邓小平视察天津，参观天津新建的居民住宅区

　　谈到农业问题时，邓小平说，要搞农业工业化，要养鸡、养猪，搞种子公司、肥料公司，还要搞喷灌。

　　当汇报到要处理打死人的打砸抢分子时，邓小平严肃地指出："不处理不足以平民愤，不处理不行。有多少处理多少，不处理群众心情不舒畅。这些人也是等着时机。"

　　最后，邓小平还为天津市的发展出谋划策，他说，天津"可以搞旅游，旅游事业搞起来更好一些"。

　　从9月13日到9月20日，邓小平在东北三省和唐山、天津等地视察了一个星期。他先后听取了这些地方党政领导的工作汇报，视察了本钢、大庆油田、鞍钢、开滦煤矿等企业，先后发表了六次重要的谈话。近10万言的谈话形成了对中国未来产生深远影响的"北方谈话"。

第九章　新的革命——经济战线需要进行重大改革

　　邓小平曾经这样说过:"说到改革,其实在 1974 到 1975 年我们已经试验过一段……那时的改革,用的名称是整顿,强调把经济搞上去。"

　　"文化大革命"开始后,邓小平被作为"党内第二号走资本主义道路的当权派",受到错误的批判和斗争,1969 年 10 月被送江西南昌新建县拖拉机修配厂监督劳动。在江西 3 年多的日子里,邓小平远离权力中心,没有繁杂的日常事务,使他有足够的时间反思中国的过去,思考中国的未来。他深入中国的最基层,和工人们一起劳动,真正了解了中国的工人、农民的生活状况。他对什么是社会主义、怎样建设社会主义有了深刻的思考,踩实了一条"邓小平小道"。他的女儿毛毛回忆说:"在江西的这一段时间里,父亲有一个习惯,每天黄昏落日之前,总是十分规律地围着我们那个小小的院子散步。他沉思不语,步伐很快,就这样一圈一圈地走着。日复一日,月复一月,年复一年,那红色的砂石地上,已然被他踏出一条白色的小路。"

　　正是带着这些思考,邓小平第二次复出后,领导了大刀阔斧的全面整顿。用他自己的话说,实际上就是改革,只是名称不同。但是,由于邓小平的第三次被打倒,全面整顿不得不停止了它的步伐。

　　邓小平自己后来也说:"'文化大革命'中我被打倒两次。这种经历并不都是坏事,使我有机会可以冷静地总结经验。因为有了那段经历，我们才有可能提出现行的一系列政策，特别是提出怎样建设社会主义的问题。要解决这个问题，就要弄清楚什么是社会主义以及社会主义的主要任务是什么。社会主义一定要体现出优越于资本主义。如果还没有达到这一点，就要朝这个方向努力。努力的标志就是发展生产力和改善人民生活的速度。贫穷不是社会主义，更不是共产主义。"

随着邓小平的第三次复出，在重新恢复确立我们党的思想路线和政治路线的过程中，如何发展生产力和改善人民生活的速度成为迫切问题。邓小平认为，必须寻找出一条新路，必须进行改革。

邓小平关于改革的思想是在深刻总结"文化大革命"的经验教训的基础上提出来的。邓小平说："'文化大革命'是一场灾难，但也是一个很好的反面教员，教育了我们，也教育了全体中国人民。"他在接受美国哥伦比亚广播公司"六十分钟"节目记者迈克·华莱士的电视采访时谈到"文化大革命"："那件事，看起来是坏事，但归根到底也是好事，促使人们思考，促使人们认识我们的弊端在哪里。为什么我们能在七十年代末和八十年代提出了现行的一系列政策，就是总结了'文化大革命'的经验和教训。"1987年4月26日，邓小平在会见捷克斯洛伐克总理卢博米尔·什特劳加尔时，再次指出："我们现在的方针政策，就是对'文化大革命'进行总结的结果。最根本的一条经验教训，就是要弄清什么叫社会主义和共产主义，怎样搞社会主义。"他还说："中国不仅领导层支持改革，而且全国人民上上下下都要求改革。这要归功于'文化大革命'。'文化大革命'变成了全国人民的大课堂。中国有'文化大革命'和没有'文化大革命'不同，所以我们不能只讲'文化大革命'的阴暗面，它也有些作用，这种作用就是教育我们要改革开放。""没有'文化大革命'的教训，就不可能制定十一届三中全会以来的思想、政治、组织路线和一系列政策。"

邓小平关于改革的思想是在分析中国国情的基础上提出来的。新中国成立后，发生了巨大的变化，不但建立了全新的社会主义制度，

而且形成了比较完整的国民经济体系和工业体系。但是一直到20世纪
70年代，人民生活改善有限，全国城乡人民生活水平普遍不高，温饱
问题始终没有得到解决。1978年全国农民年平均纯收入134元，职工
平均工资614元，每人每年猪肉16.3斤，棉布化纤布24.1尺，平均
每人储蓄存款余额22元，每百人拥有自行车7.7辆，城市每万人拥
有公共车辆3.3部，每百人拥有电视机0.3台，每百人拥有收音机
7.8台。特别是全国农村中还有相当一部分地区，人均收入不到40
元，人民生活相当困苦。在安徽全省28万个生产队中，只有10％的
生产队能维持温饱；67％的队人均年收入低于60元，25％的队在40
元以下。曾任中共安徽省委第一书记的万里后来回忆说："我这个长期
在城市工作的干部，虽然不能说对农村的贫困毫无所闻，但是到农村
一具体接触，还是非常受刺激。原来农民的生活水平这么低啊，吃不
饱，穿不暖，住的房子不像个房子的样子。淮北、皖东有些穷村，
门、窗都是泥土坯的，连桌子、凳子也是泥土坯的，找不到一件木器
家具，真是家徒四壁呀。我真没料到，解放几十年了，不少农村还这
么穷！我不能不问自己，这是什么原因？这能算是社会主义吗？人民
公社到底有什么问题？为什么农民的积极性都没有啦？当然，人民公
社是上了宪法的，我也不能乱说，但我心里已经认定，看来从安徽的
实际情况出发，最重要的是怎么调动农民的积极性；否则连肚子也吃
不饱，一切无从谈起。"这种情况不仅仅存在于安徽一地。据1978年
的统计，吉林梨树县，人均收入60元以下的生产队有300个，其中
一部分生产队人均收入不足30元。1977年末，辽宁凤城全县有20％
的生产队每人平均收入不到50元。在1978年11月召开的中央工作
会议上，来自西北地区的一位领导干部发言说："西北黄土高原，人口
2 400万，粮食亩产平均只有170斤，有的地方只收三五十斤，口粮
在300斤以下的有45个县，人均年收入在50元以下的有69个县"，
"宁夏西海固地区解放以来人口增长2倍，粮食增长不到1倍，连简

单再生产也有问题"。城镇居民的生活情况与农民相比要好一些，但也好不了多少。由于物质短缺，城镇居民的主要生活用品基本上是凭证供应且供应量小。例如，四川城镇居民每人每月粮食供应量仅为19至21斤，为全国最低。城镇居民不但收入低，而且住房极为紧张。1978年，全国城镇居民人均住房建筑面积仅为6.7平方米，人均居住面积4.4平方米。据对182个城市的调查，有缺房户689万户，占35.8％。131万户长期住在仓库、走廊、车间、教室、办公室、地下室，还有住厕所的。三代同堂、父母同成人子女同室、两户以上职工同屋的，有189万户。住在破烂危险、条件恶劣的房子里的，还有上百万户。因此，邓小平在北方谈话中多次说道："外国人议论中国人究竟能够忍耐多久，我们要注意这个话。我们要想一想，我们给人民究竟做了多少事情呢？我们一定要根据现在的有利条件加速发展生产力，使人民的物质生活好一些，使人民的文化生活、精神面貌好一些。""我们太穷了，太落后了，老实说对不起人民。我们现在必须发展生产力，改善人民生活条件。""必须进行改革。"

邓小平第三次复出之后，讲得最多的一个话题，就是中国与发达国家的差距问题。邓小平说："由于受林彪、'四人帮'的干扰，我们国家的发展耽误了十年。六十年代前期我们同国际上科学技术水平有差距，但不很大，而这十几年来，世界有了突飞猛进的发展，差距就拉得很大了。同发达国家相比较，经济上的差距不止是十年了，可能是二十年、三十年，有的方面甚至可能是五十年。"1978年3月18日，邓小平在全国科学大会开幕式上的讲话指出："我们现在的生产技术水平是什么状况？几亿人口搞饭吃，粮食问题还没有真正过关。我们钢铁工业劳动生产率只有国外先进水平的几十分之一。新兴工业的差距就更大了。在这方面不用说落后一二十年，即使落后八年十年，甚至三年五年，都是很大的差距。"3月30日，邓小平在国务院会议上说："什么叫社会主义，社会主义总是要表现出它的优越性嘛。

它比资本主义好在哪里？每人平均六百几十斤粮食，好多人饭都不够吃，二十八年只搞了二千三百万吨钢，能叫社会主义优越性吗？干社会主义，要有具体体现，生产要真正发展起来，相应的全国人民的生活水平能够逐步提高，这才能表现社会主义的优越性。"同一天，他在会见索马里新闻代表团时说："国际上都说我们是一个大国，苏联甚至说我们是超级大国。我们的大，只表现在两个方面，一是地方大，一是人口多。按生产和科学水平来说，我们同你们一样，只能算是一个小国。"7 月 10 日，邓小平在会见弗兰克·普雷斯率领的美国科技代表团时说，"四人帮"把对外开放说成是崇洋媚外，吹嘘自己长得很漂亮，怕丢丑。"我们这么落后，面孔本来就不漂亮，你吹嘘干什么。"同年 10 月，在出访日本时又说，本来长得很丑，为什么要装美人呢？苏联就吃这样的亏，自以为什么都是自己的好，其实农业、技术都很落后，结果是自己骗自己。邓小平强调："要承认落后，承认落后就有希望了。"1978 年 9 月 16 日，《人民日报》刊发《不可夜郎自大》一文，其中鲜明地指出："夜郎自大式的盲目骄傲自满，执拗的一点论，同小生产的习惯势力的影响也是分不开的。有些同志至今还在用小生产的眼光、习惯和方法看待和组织社会主义的大生产。在这些同志头脑中，没有或者极少有现代化的观念，他们对已经沿用了几十年、成百年甚至上千年的'老一套'生产方法习以为常，对小生产的经营思想和经营方式习以为常，不思改革。"

邓小平在认真分析了我们国家同世界发达国家之间的差距后，认为我们国家的体制问题存在着许多弊端，提出有好多体制问题要重新考虑。他分管科技教育，对科技教育领域现行的体制问题，提出要改革。他主管军队，强调军队要进行改革，认为这是整顿军队、准备打仗所必需的。对其他一些领域存在的问题，比如农村问题，他也强调要进行改革。再比如分配制度问题，他提出我们一定要坚持按劳分配的社会主义原则。这实际上就是对我们一段时间内盛行的分配上平均主义吃大锅饭的否定。

前面我们讲到,邓小平先是在广东、四川点了两把改革之"火",接着又在东北视察时发表了"北方谈话",谈话中多次说到改革,他提出,我们的体制不适应现代化,上层建筑不适应新的要求,"现在我们的上层建筑非改不行"。邓小平强调要在学习和引进先进科学技术的同时,也要进行管理体制上的改革,解决我们长期存在的管理水平低下的问题。他多次大声疾呼,不要改良,不要修修补补,要彻底革命。邓小平的"北方谈话",是改革的总动员令,点燃了改革的熊熊烈火。

实际上,邓小平关于改革的思想在这个时期也逐渐为党中央领导层所接受。

1978年6月20日至7月9日,党中央在北京召开了全国财贸学大庆学大寨会议,时任中共中央副主席、国务院副总理的李先念在会上的讲话中也明确指出:我们现有的财贸工作,即使是历史最好水平,仍然是很低的水平,决不能适应目前社会主义建设新形势的需要,提高管理水平的问题,并不只存在于财贸系统,同样存在于农业、工业、交通运输和其他领域。

时任中共中央主席、国务院总理的华国锋在会上也指出:我们的上层建筑和生产关系的许多方面还不完善,我们的政治制度和经济制度的许多环节还有缺陷,这些同实现四个现代化的要求是不相适应的,是束缚和阻碍生产力发展的。因此,要有魄力去坚决而又妥善地改革上层建筑和生产关系中同生产力发展不相适应的部分。

1978年7月6日至9月9日,中共中央副主席、国务院副总理李先念在北京主持召开了国务院务虚会。国务院有关部门负责人出席,华国锋总理和余秋里、康世恩、耿飚、谷牧、王震、陈慕华等副总理也经常参加。

这次会议主要是务虚,不做决定。会议由国务院各主要部门负责

人谈本部门的情况，然后大家就介绍的情况展开讨论。会议重点讨论
了引进问题，特别是如何加强技术引进、扩大外贸出口、采取灵活方
式利用国外资金等问题。外贸部、国家计委、国家建委、国家经委、
一机部、建材总局、三机部、五机部、冶金工业部、财政部、地质总
局、轻工部的负责人先后发表了意见。会议对经济体制方面存在的不
利于经济发展的问题也有所涉及，如对不重视经济管理、以政治干预
经济等错误做法提出了批评和检讨。会议还大胆地提出了改革生产关
系和上层建筑的意见，强调要按经济规律办事，提高经济管理水平，
发展农村多种经营，发挥经济手段和经济组织的作用，坚决实行专业
化，发展合同制，贯彻按劳分配原则，扩大企业经济自主权。会议要
求有关部门尽快提出贯彻上述原则的具体措施。

李先念在总结报告中强调：要实现现代化，必须勇敢地改造一切
不适应生产力发展的生产关系和不适应经济基础要求的上层建筑，放
手发挥经济手段和经济组织的作用；必须同外国进行经济文化交流，
自力更生决不是闭关自守，决不能不学习外国的先进事物。他指出：
过去二十多年中，我们已经不止一次改革经济体制，但是在企业管理
体制方面，往往从行政权力的转移着眼多在放了收、收了放的老套中
循环，因而难以符合经济发展的要求。在经济领导工作中，要坚决摆
脱墨守行政层次、行政区划、行政权力、行政方式而不讲经济核算、
经济效果、经济效率、经济责任的老框框，掌握领导和管理现代化工
农业大生产的本领。李先念特别强调：要高速度地协调地发展国民经
济，就一定要遵循客观经济规律，首先是国民经济有计划按比例发展
的规律，搞好综合平衡。他还指出：我们要发扬实事求是的优良传
统。我们有计划按比例地、持久地、高速度地建设社会主义的经验还
不多，搞四个现代化的经验更少。我们要牢记毛主席的教导，对于我
们来说，还有许多未被认识的必然王国，要在今后实践中继续调查
它，从中找出它固有的规律，尽量避免盲目性、尽量少走弯路。实践

是检验真理的唯一标准。凡是经过长期社会实践证明是符合客观规律、符合大多数人利益的事，就坚决地办，坚持到底，不允许任何人轻易改变和取消。

7月28日，胡乔木在会上作《按照经济规律办事，加快实现四个现代化》的长篇发言。胡乔木的发言，系统地总结了中国经济建设中正反两个方面的经验和当时社会上对经济规律的认识，提出要发挥中央、地方、企业和个人四个积极性，提出必须尊重客观规律，反对长官意志。不断总结经验，逐步建立起一套适应现代化需要的管理制度和管理方法。胡乔木呼吁，要扩大经济组织和经济手段的作用，要进行一系列的经济改组和经济改革。

华国锋在会上作了多次讲话和插话，提出了加快国民经济发展速度、实现四个现代化的许多重大问题。其主导思想为：思想再解放一点，胆子再大一点，办法再多一点，步子再快一点。

9月5日至10月22日，国务院召开了全国计划会议。与国务院务虚会侧重讨论引进不同，全国计划会议侧重讨论改革。

全国计划会议最重大的成果是明确提出了三个"改变"：必须多方面地改变不适应生产力发展的生产关系，改变不适应经济基础的上层建筑，改变工农业企业的管理方式和思想方式，使之适应于现代化的大经济的需要。要在政治挂帅的前提下，放手发挥经济手段和经济组织的作用，按经济规律办事，改变那些不讲经济核算，不讲经济效果，不讲经济效率，不讲经济责任的老框框、老办法。各级领导干部要自觉地认识这些变革的重要性、复杂性、艰巨性，站在斗争的前列，依靠广大群众，大胆而又细致地去领导这些变革。

全国计划会议着重讨论了改革经济管理体制问题。大家普遍认为，现在的经济管理工作，用经济办法少，用行政办法多，既存在着分散和无政府现象，也存在着地方和企业权力过小的问题，束缚着生产力的发展，必须进行大的改革。改革的原则是，按照客观经济规律办事，发挥经济手段和经济组织的作用。在统一计划下，发挥中央、地方和企业的积极性。因地制宜，适当照顾边远和少数民族地区，以利于逐步缩小地区之间在经济和文化发展上的差距。大家对计划、工业、基本建设、物资、财政、劳动工资、商业、物价、外贸等九个方面的管理体制进行了较深入的讨论，并分别形成了书面意见。如在讨论计划管理体制时，大家一致主张：按照"统一计划，分级管理，条块结合，以块为主"的原则，实行中央和省区市两级管理。中央一级的任务是，研究和提出发展国民经济的方针、政策，制定统一计划。省、市一级的任务是，根据中央的方针政策，结合本地区的实际情况，制定地方一级的计划。在讨论工业管理体制时，大家认为，企业不论由哪一级管，都要改变单纯用行政办法管理的现状，打破行业地区界限，组织各种类型的公司，按照经济办法进行管理。

10月3日上午，邓小平会见泰国新闻代表团时指出：中国总的面貌还是落后的。解放以后，我们基本上解决了吃饭问题，但不能说农业问题已经解决了，或者比较好地解决了，更不能说已经现代化了。概括地说，农业还落后，我们还要努力。从我们的经验来看，解决农业问题比解决工业问题更难。马克思讲过，农业是基础。世界上有很多国家的经验也证明了这一点。所以，毛主席提出以农业为基础，工业为主导，首先抓农业。我们研究了世界上一些发达国家的经验，为什么它们的工业能够发展，主要是它们的农业有基础。农业解决得不好，要拖工业的后腿。特别像我们这样一个人口众多的国家，靠进口粮食解决吃饭问题不行。现在，我们全国学习大寨就是要尽快把农业搞上去，但单是大寨的经验也是不够的，主要学大寨的精神，学大寨的科学态度。既然学它的科学态度，就是要因地制宜。中国这么大，每个省的情况都不同，一个省那么大，各个地区也不同。我们搞农业，主张每个地区独立思考，一切从实际出发，因地制宜。搞农业机械化，这个地区的机械同那个地区的机械不同，有它的地区特点，不然就不适用。所以，现在讲解决农业机械化问题同过去的概念不同。

10月3日下午，邓小平同胡乔木、邓力群、于光远谈话，商议对中国工会第九次全国代表大会上的讲话稿修改问题。他说：现在这个稿子很平淡，没有鼓动性，稿子应有新内容，要回答和解决一些问题。因此，稿子内容应包括实现现代化、发扬民主、贯彻按劳分配、加强工人阶级内部的团结、教育工人爱厂如家、反对派性等内容。现在关于民主问题的讨论不够，这个问题很重要，要展开讨论。民主和法制实际上是一件事情。法制确实需要建立和健全，民法、刑法要搞，但都没有搞成。没有法，他就乱搞，确实不行。现在是领导人说的话就叫法，不赞成领导人说的话就叫违法，这种状况不能继续下去了。除了搞刑法、民法、诉讼法，还要搞经济立法，如工厂法。要搞立法，总得有个立法机构才行。

邓小平指出：现在到了这么个时候，"四人帮"当然要批。但不能老是说什么都是"四人帮"搞的。现在有些事将要考核我们自己的干部，批了"四人帮"还搞不好，总得整一下自己吧。总得问一问领导人、领导班子是不是可以吧。外国人有个议论说，你们什么都归罪于"四人帮"。归罪于"四人帮"还是可以的。但是不能以后一直都归罪于"四人帮"的干扰破坏。我想从这个讲话开始，讲一下这个道理。这次我在沈阳军区讲揭批"四人帮"的问题，我说揭批"四人帮"运动总有个底，总不能还搞三年五年吧！要区别一下哪些单位可以结束，有百分之十就算百分之十，这个百分之十结束了，就转入正常工作，否则你搞到什么时候。我们要把揭批"四人帮"的斗争进行到底。

邓小平还说：我曾经问过一些同志，列宁在《共产主义运动中的"左派"幼稚病》中所说的领袖指的是单数还是多数，我说你们引用可得小心，既然列宁所讲的领袖指的是多数，你们引用时就得符合原意。总之，"领袖"这个词，中国人把它神化了。要把领袖变成人，不要把领袖变成神。按照不正常的方法去做，就会损害毛主席的形象。

邓小平还说：有人对按劳分配的文章有气，说是矛头对着毛主席的。这篇文章完全是讲马克思主义嘛，怎么是对着毛主席的？我在政治局讲了这个问题，不能这么看。现在有个问题，就是什么叫高举，什么是真高举，什么是假高举。

10 月 8 日，邓小平审改在中国工会第九次全国代表大会上的祝词，并批送华国锋、叶剑英、李先念、汪东兴核阅。10 月 10 日，邓小平又致信华国锋、李先念："工大祝词，我又考虑了一下，加改了两段，这是比较重要的改动。"

邓小平修改祝词时，增加了以下内容。第一，"进行这些改革，是全国人民的长远利益所在，否则，我们不能摆脱目前生产技术和生产管理的落后状态。中央相信，为了社会主义的利益，为了四个现代化的利益，全国工人阶级一定会在这些改革中起大公无私的模范先锋作用，各工会组织一定会用深入群众的宣传组织工作积极协助各企业顺利地实现这些改革，为革命和建设的事业作出新的杰出贡献"。第二，"我们的企业要实行党委领导下的厂长或经理负责制，要建立强有力的生产指挥系统。工会要教育全体会员维护企业实行高度集中的行政领导，维护生产指挥系统的高度权威。只有这样，才能有效地克服现在普遍存在的无人负责现象，才能正常地、有秩序地组织生产。也只有这样，才能不断地扩大再生产，增加利润，同时不断地改善职工生活，从而确实保证国家利益、集体利益和个人利益的统一"。

10 月 11 日下午，邓小平代表中共中央、国务院在中国工会第九次全国代表大会开幕式上致词。

邓小平指出：揭批"四人帮"的斗争在全国广大范围内已经取得决定性的胜利，我们已经能够在这一胜利的基础上开始新的战斗任务。实现四个现代化，是一场根本改变我国经济和技术落后面貌，进一步巩固无产阶级专政的伟大革命。这场革命既要大幅度地改变目前落后的生产力，就必然要多方面地改变生产关系，改变上层建筑，改变工农业企业的管理方式和国家对工农业企业的管理方式，使之适应于现代化大经济的需要。为了提高经济发展速度，就必须大大加强企业的专业化，大大提高全体职工的技术水平并且认真实行培训和考核，大大加强企业的经济核算，大大提高劳动生产率和资金利润率。因此，各个经济战线不仅需要进行技术上的重大改革，而且需要进行制度上、组织上的重大改革。工会要教育全体会员维护企业实行高度集中的行政领导，维护生产指挥系统的高度权威；要教育全体会员积极参加企业的管理；要努力保障工人的福利；要密切联系群众。

10 月 12 日，这个致辞在《人民日报》上全文发表。

第十章　解放思想——十一届三中全会的主题报告

1978 年 10 月 14 日，中国人民解放军总政治部主任韦国清来到邓小平的住地向邓小平汇报工作。

韦国清主要汇报了两个问题：第一个问题是，解放军总政治部准备发一指示，要求在全军干部中学习讨论《实践是检验真理的唯一标准》这篇文章；第二个问题是，小平同志在东北的讲话很重要，是讲真理标准问题的，能不能在全军印发？

邓小平说：叶剑英提议召开理论工作务虚会，索性摆开来讲，免得背后讲，这样好。实事求是这个问题很重要，不仅领导机关要这样，就是一个小企业、一个生产队也要这样。不解放思想，问题提不出来，也解决不了，生产上不去、生产率也提不高。叶帅说要把《实践是检验真理的唯一标准》这篇文章印发到全国去。实践是检验真理的唯一标准，这本来是马克思主义的基本原则问题，是常识，也有人不赞成，这样的人还不少，甚至连按劳分配也有人说是错的。

邓小平接着说：我在东北的讲话，可以在机关少数干部中先讲一讲。给部队发一通知，等一下务虚会。要让大家敞开思想讲话，有什么意见都可以提出来，这有好处。要允许发表不同的意见，一定要做到不抓辫子、不打棍子、不戴帽子，真正做到三不主义。要改变那种看气候、看风向说话的倾向。讲话，错了不要紧，不要怕，这是难免的。过去我们在各个根据地，都是按照中央统一的方针，实事求是，一切从实际出发，去分析和解决问题，结果都搞好了。如果不解放思想，不开动机器，不独立思考，那非垮台不可。实事求是问题涉及四个现代化，涉及党风、民风。我们还是要像大庆那样，提倡说老实话，做老实事，当老实人。

邓小平在同韦国清的谈话中再次明确谈到部队揭批"四人帮"群众运动。他指出：有几条杠杠作为验收运动的标准是很重要的，不然，要把运动进行到底，底在哪里，摸不着。运动搞久了，容易倦烦，还可能打击面宽了。运动不能老搞下去，到一定时候要转入正常。绝大多数转入正常，少数继续搞。部队的运动要求明年基本结束，集中力量在上半年验收，分批进行，先验收百分之十。11 月 24 日，邓小平审阅了韦国清关于结束揭批"四人帮"群众运动的请示。并批示："我看可以，拟同意。华主席、军委常委各同志核示。"随后，中国人民解放军总政治部发出《关于结束揭批"四人帮"群众运动的意见》。

党的工作重心转移是邓小平在北方谈话中率先提出来的。

粉碎"四人帮"使得人民群众被压抑的生产积极性得到了解放。争取早日实现四个现代化成为全国人民的迫切心愿，为现代化建设而奋斗成为举国一致的目标。

但是，在怎样尽快实现党的工作重点的转移和恢复确立党的八大制定的正确的政治路线问题上，党内还存在着不同的认识。

粉碎"四人帮"后的第 10 天，1976 年 10 月 16 日，时任党中央副主席、国务院副总理的李先念就打电话给陈云，征求他对今后工作的意见，陈云在同王震、姚依林等商量后，提出了几条建议，其中主要是"要大力抓生产，使国民经济能够较快地恢复和发展"。

1976 年 12 月 26 日，《人民日报》发表了经过重新整理的毛泽东 1956 年的重要讲话《论十大关系》。这篇讲话的公开发表和广泛学习，对于调整经济关系，整顿经济秩序，发动广大群众努力搞好生产，起到了重要的动员作用。

1977 年 3 月，全国计划会议在北京召开。会议针对当时经济领域中存在的思想混乱，就要不要抓好生产，要不要规章制度，要不要社会主义积累，要不要实行按劳分配，要不要引进新技术等十个问题展开了讨论，以澄清是非。会议最后提出，我们要以极大的努力，加快国民经济的发展速度，在本世纪内把我国建设成为社会主义现代化强国。

这时，党中央在部署揭发批判"四人帮"罪行、稳定全国局势的同时，还是注意恢复和发展工农业生产的。1976 年 12 月和 1977 年 4 月，党中央先后召开了全国农业学大寨和全国工业学大庆会议，号召全国人民掀起一个"抓革命、促生产"的高潮，努力把国民经济搞上去。华国锋在两次会议上的讲话都强调："革命就是解放生产力"；"努力发展社会主义经济，是无产阶级专政的基本任务之一"；"要努力把国民经济搞上去"。

但是，由于受"左"的思想禁锢和历史的惯性，党中央又提出了"以揭批'四人帮'为纲"的口号。华国锋强调要"抓纲治国"。1977 年 8 月，党中央召开第十一次全国代表大会，华国锋在会上的政治报告中宣布，以粉碎"四人帮"为标志，"文化大革命"宣告结束。报告在指出党在新时期的根本任务是为在本世纪内把我国建设成为伟大的社会主义现代化强国而奋斗的同时，依然充分肯定"文化大革命"，认为"这种政治性质的大革命今后还要进行多次"，并强调："以阶级斗争为纲和无产阶级专政下继续革命的理论"是"当代马克思主义最重要的成果"。十一大报告中提出的八项任务，第一项就是"要把揭批'四人帮'进行到底"，第四项才是"抓革命，促生产，把国民经济搞上去"。由此可见，当时党中央在工作安排上，仍然是把重点放在揭批"四人帮"的政治运动上。

对此，邓小平有着不同的认识。

邓小平多次在不同的场合提出，揭批"四人帮"运动要有一个时间限制，全党工作重心要转移。

邓小平说：揭批"四人帮"可以叫纲，但这是暂时的。我们还有长远的考虑。他曾明确地讲，看起来现在以揭批"四人帮"为纲可以，但是很快要转，要结束，要转到经济建设上来。"揭批'四人帮'运动总有个底，总不能还搞三年五年吧！""如果有百分之十、百分之二十的单位运动搞好了，就可以转为搞业务，搞久了不行。这是全国性的问题。"1978 年 10 月 11 日，邓小平在中国工会第九次全国代表大会的致辞中明确提出，揭批"四人帮"的斗争在全国广大范围内已经取得决定性的胜利，"我们已经能够在这一胜利的基础上开始新的战斗任务"。这里虽然没有使用工作重点转移的提法，但是，很明显，邓小平讲的"开始新的战斗任务"，实际上就是指党的工作重点转移。

邓小平的这个思想，得到了全党的普遍赞同。11 月，中共黑龙江省委书记杨易辰在省内的一次会议上指出：现在，我们面临的一个主要问题，就是将实现四个现代化作为我国当前和今后的重心任务，这要求全党为这个重心任务的顺利实现，做好一切准备。

后来，胡耀邦在一次政治局会议上说："1978 年 9 月份，小平同志在东北提出了全党工作着重点的转移，为三中全会的方针，为今后党的工作方针，作出了决策。"

1982 年 9 月 18 日，邓小平在陪同朝鲜民主主义共和国主席金日成去四川访问途中说：1978 年我从朝鲜访问回来，在东北三省沿途又讲了思想路线问题。只有解决好这个问题，才能提出新的正确政策，首先是工作重点的转移，还有农村政策、对外关系政策以及相应的一整套建设社会主义的政策。我在东北三省到处说，要一心一意搞建设。国家这么大，这么穷，不努力发展生产，日子怎么过？我们人民的生活如此困难，怎么体现社会主义的优越性？我们干革命几十年，搞社会主义三十多年，截至 1978 年，工人的月平均工资只有四五十元，农村的大多数地区仍处于贫困状态。这叫什么社会主义优越性？因此，我强调提出，要迅速地坚决地把工作重点转移到经济建设上来。

把党的工作重心转移到现代化建设上来，既是广大人民群众的强烈愿望，也是历史发展的必然要求。邓小平以大战略家的睿智和敏锐，抓住并推进了这个转移。因此，在中央决定召开工作会议前，邓小平向中央提出，在中央工作会议上要讨论全党工作重点转移的问题。他要专门就这个问题讲话。

邓小平的这个建议在中央领导层也取得共识。

10 月下旬，中央发出通知，决定在 11 月上旬召开中央工作会议。中央政治局决定邓小平在这次工作会议闭幕会上讲话。

为了准备这个讲话，10 月底，邓小平把胡乔木约到家中谈讲话起草的事，明确提出了讲话的主题是谈工作重点转移问题。

据时任胡乔木的秘书朱佳木回忆说："早在 1978 年 10 月下旬，我随胡乔木同志在天津、上海搞调研期间，邓力群同志就打电话，说小平同志从日本访问回来后要找乔木谈在中央工作会议上的讲话问题，要他 29 日赶回北京。胡乔木回京后即到邓小平家中谈讲话稿起草的问题，接着便着手搞这篇讲话稿。那时，邓力群已组织国务院政研室写作组林涧青、苏沛、滕文生等几位同志，按邓小平同志的意思搞了个初稿。胡乔木看后，向他们进一步交待了思路，自己写一个部分，让他们起草另外两个部分。开始，由于邓小平 11 月 5 日又要出国访问，所以胡乔木很是着急。后来，邓小平决定从国外回来后再谈讲话稿的事，胡乔木这才松了口气。11 月 8 日，也就是工作会议前两天，讲话稿的初稿全部搞完，由我发给了邓办。11 月 14 日晚上，邓小平由东南亚访问回国，16 日即约胡乔木去他家谈那个讲话稿。那时，中央工作会议已经进行了 6 天。19 日，胡乔木按邓小平同志的意思把稿子改好，交我誉写后，发给了邓办。"

这份稿子的主要内容是结合当前实际，论述重点转移的战略方针和实事求是的思想路线。稿子开宗明义，说明了讲话的主题："中央政治局常委和中央政治局一致决定，必须从明年一月起，及时地把全党工作的着重点转移到社会主义现代化建设上来，这是一个非常重要的决定"，并指明"这是一个带根本性质的转变"。稿子用很长的篇幅，专门论述工作重点转移的意义。其中写道："毛主席在七届二中全会上说，对一切新解放的城市，党的一切工作都必须以生产建设为中心，务须避免盲目地乱碰，把中心任务忘记了，我们后来的经济建设所以在一个时期出现停滞间退，除了经济工作本身发生比例失调的原因以外，主要就是没有坚持毛主席的这个教导。现在我们一定要牢记这个教训，才不会三心二意，半途而废。"

11月5日，邓小平出访泰国、马来西亚、新加坡。

11月10日下午，中央工作会议召开。参加会议的有各省、市、自治区和各大军区的主要负责人及中央党、政、军各部门和群众团体的主要负责人，共212人。

1978年11月10日，中共中央工作会议在北京召开

华国锋在开幕会上宣布，会议的主要议题是讨论经济问题，有三项：一是讨论《关于加快农业发展速度的决定（草案）》《农村人民公社工作条例（试行草案）》；二是商定1979、1980两年国民经济计划的安排；三是讨论李先念在国务院务虚会上的讲话。中央政治局决

定，在讨论这些议题之前，先讨论一个问题，就是"要在新时期总路线和总任务的指引下，从明年一月起，把全党工作的着重点转移到社会主义现代化建设上来"。"现在的问题是，揭批'四人帮'运动已经达到什么火候了？恰当地估量运动的发展状况，是我们提出转移全党工作着重点的重要依据。国际国内的形势充分说明，我们把全党工作的着重点转移到社会主义现代化建设上来，时机已经是刻不容缓了；对于那些在运动中没有来得及处理完毕的问题，例如某些冤案、错案的平反工作问题，某些干部政策和经济政策的落实问题，应当交由有关部门继续进行细致的工作，妥善解决。"中央政治局的这个决定是根据中央常委建议作出的，实际上就是邓小平的建议。

中央工作会议召开后的第二天，11 月 12 日，陈云在东北组发言。他说："中央政治局常委、中央政治局一致主张，从明年起把工作着重点转到社会主义建设上来。实现四个现代化是全党和全国人民的迫切愿望。我完全同意中央的意见。安定团结也是全党和全国人民关心的事。干部和群众对党内是否能安定团结，是有所顾虑的。华主席说，对于那些在揭批'四人帮'运动中遗留的问题，应由有关机关进行细致的工作，妥善解决。我认为这是很对的。但是，对有些遗留的问题，影响大或者涉及面很广的问题，是需要由中央考虑和作出决定的。对此，中央应该给以考虑和决定。"

接着，他列举了六大问题：

一、薄一波同志等六十一人所谓叛徒集团一案。他们出反省院是党组织和中央决定的，不是叛徒。

二、1937 年 7 月 7 日中央组织部关于所谓自首分子的决定这个文件，是我在延安任中央组织部长（1937 年 11 月）以前作出的，与处理薄一波同志等问题的精神是一致的。我当时还不知道有这个文件，后来根据审查干部中遇到的问题，在 1941 年也写过一个关于从反省院出来履行过出狱手续，但继续干革命的那些同志，经过审查可给以恢复党籍的决定。这个决定与"七七决定"精神是一致的。这个决定也是中央批准的。我认为，中央应该承认"七七决定"和1941年的决定是党的决定。对于那些在"文化大革命"中被错误定为叛徒的同志应给以复查，如果并未发现有新的真凭实据的叛党行为，应该恢复他们的党籍……

三、陶铸同志、王鹤寿同志等是在南京陆军监狱坚持不进反省院，直到七七抗战后由我们党向国民党要出来的一批党员，他们在出狱前还坚持在狱中进行绝食斗争。这些同志，现在或者被定为叛徒，或者虽然恢复了组织生活，但仍留着一个"尾巴"，例如说有严重的政治错误。这些同志有许多是省级、部级的干部……由中央组织部复查，把问题放到当时的历史情况中去考察，做出实事求是的结论……

四、彭德怀同志是担负过党和军队重要工作的共产党员，对党贡献很大，现在已经死了。过去说他犯过错误，但我没有听说过把他开除出党。既然没有开除出党，他的骨灰应该放到八宝山革命公墓。

五、关于"天安门事件"。现在北京市又有人提出来了，而且还出了话剧《于无声处》，广播电台也广播了天安门的革命诗词。这是北京几百万人悼念周总理，反对"四人帮"，不同意批邓小平同志的一次伟大的群众运动，而且在全国许多大城市也有同样的运动。中央应该肯定这次运动。

六、"文化大革命"初期，康生同志是中央文革的顾问。康生同志那时随便点名，对在中央各部和全国各地造成党政机关瘫痪状态是负有重大责任的。康生同志的错误是很严重的，中央应该在适当的会议上对康生同志的错误给以应有的批评。

在中央工作会议上，陈云是分在东北组，这个组的召集人是黑龙江省委第一书记杨易辰和吉林省委第一书记王恩茂。据杨易辰后来回忆，那一天，陈云来参加他们的会，问他们：你们敢不敢将我的发言一字不落地上简报？他们回答说：当然可以。

也有材料证实，陈云在这次发言前，曾专门去叶剑英家里面谈过一次，是和叶帅交换过意见的。

陈云的发言被简报全文刊出后，在会上引起了强烈反响，代表们纷纷发言，表示赞成并加以发挥，会议的气氛一下子活跃起来。大家认识到，不解决这些重大的历史遗留问题，很难统一大家的思想，顺利地实现全党工作重心的转移。整个中央工作会议开始逐渐离开事先设置的轨道。

11 月 13 日下午召开第二次全体会议。华国锋在会上讲话。他宣布，从当天下午开始会议转入讨论农业问题，用 6 天的时间。会后分组讨论中，大多数人没有按照华国锋说的办，而是自发地围绕陈云提出的解决历史遗留问题进行讨论。

11 月 14 日，邓小平结束对泰国、马来西亚、新加坡的访问，回到北京。

第二天，《北京日报》在刊登这一消息的同时，在头版头条位置刊登了北京市委召开常委扩大会议的消息。其中说，会议认为，1976 年清明节，广大群众到天安门广场悼念周总理，完全是出于对周总理的无限爱戴、无限怀念和深切哀悼的心情；完全出于对"四人帮"祸国殃民的滔天罪行的深切痛恨，它反映的是全国亿万人民的心愿。广大群众沉痛悼念敬爱的周总理，愤怒声讨"四人帮"，完全是革命行动。对于因悼念周总理、反对"四人帮"而受到迫害的同志要一律平反，恢复名誉。

这个决定是经过中央政治局批准的。11 月 16 日《人民日报》刊登的新华社通稿，内容虽然和《北京日报》上的这段话一样，但标题是"天安门事件完全是革命行动"。

"天安门事件"的平反，赢得了全国人民的拥护，在社会上引起了极大的反响。

11 月 16 日，邓小平把胡乔木找到家中，谈了对讲话起草稿的修改意见。根据邓小平的意见，胡乔木对讲话稿作了修改，19 日完成的修改稿，主要阐述了工作重点转移的意义和怎样实现转移问题，其中提出要解放思想，调动一切积极因素，改革不适应生产力需要的生产关系和上层建筑。

但是随着会议议题发生了变化，邓小平在会上讲话的主题也发生重大的变化。

11 月 21 日，中央政治局常委听取会议各组召集人的汇报。邓小平出席了这次会议，并就大家提出的意见发表了讲话。

11 月 25 日，中央工作会议召开第三次全体会议。华国锋代表中央政治局在会上宣布：

一、为"天安门事件"平反。粉碎"四人帮"以后不久，中央就着手解决在"天安门事件"和这类事件中革命群众被迫害的问题。随着揭批"四人帮"运动的深入，这方面的问题大都陆续得到解决。但是，问题解决得还不彻底，还没有为"天安门事件"的性质平反。中央认为，"天安门事件"完全是革命的群众运动，应该为"天安门事件"公开彻底平反。

二、"反击右倾翻案风"是错误的。实践证明，"反击右倾翻案风"是错误的。中央政治局决定：中央 1975 年发的 23、24、26、27 号文件，1976 年发的 2、3、4、5、6、8、10、11 号文件全部予以撤销。贯彻执行这些文件的党委和个人是没有责任的，责任由中央承担。

三、关于所谓"二月逆流"问题。所谓"二月逆流"，完全是林彪一伙颠倒是非，蓄意诬陷，其目的是打倒当时反对他们的几位老帅和副总理，进而打倒周总理和朱委员长。现在，中央决定，由于这个案件受到冤屈的所有同志，一律恢复名誉；受到牵连和处分的所有同志，一律平反。过去各种文件、材料中关于所谓"二月逆流"的不实之词，都应该作废。

四、关于薄一波同志等六十一人案件问题。现已查明，这是一起重大错案。今年 1 月间，中央常委就议过要为这一案件平反的问题：

六七月间，中央要组织部对这一案件进行复查，向中央写出报告，来解决这个问题。中央组织部于今年 11 月 3 日向中央提出报告，其中说，"大量事实证明：薄一波同志等在反省院的表现是好的，他们履行敌人规定的手续，登'反共启事'出反省院，是执行党组织的指示，根据登'反共启事'出反省院的问题，定六十一人为叛徒集团，是不正确的"。中央讨论了这一问题，决定为这一重大错案平反。关于这个问题，中央还要发一个正式文件。

五、关于彭德怀同志的问题。彭德怀同志是我们党的一位老党员，曾经担任过党政军重要领导职务，对党和人民作出过重大贡献。他在历史上也犯过错误，有的错误还是严重的。但是，经过审查，怀疑他里通外国是没有根据的，应予否定。他的骨灰应该安放到北京八宝山革命公墓第一室。

六、关于陶铸同志的问题。陶铸同志也是我们党的一位老党员，在几十年工作中，对党对人民是有贡献的。经过复查，过去把他定为叛徒是不对的，应予平反。他的骨灰应该安放到北京八宝山革命公墓第一室。

七、关于杨尚昆同志的问题。经过复查，过去把他定为阴谋反党、里通外国是不对的，应予平反。中央决定，恢复杨尚昆同志的党的组织生活，分配工作。

八、康生、谢富治民愤很大，对他们进行揭发批判是合情合理的。

九、一些地方性重大事件，中共中央决定一律由各省、市、自治区党委根据情况实事求是地予以处理。中央还决定，各中央专案组结束工作，全部案件移交中央组织部。今后不再采取成立专案组审查干部的办法。

显然，11 月 25 日中央政治局的决定，是充分吸收和采纳了陈云、邓小平等老一辈革命家及与会各小组同志的正确意见与建议，得到了大家的充分肯定。在大会后的小组讨论和发言中，大家都表示中央政治局的上述决定体现了党的实事求是、有错必纠的好传统，对实现安定团结有重要意义。

从 11 月 25 日起，邓小平连续 3 天谈"天安门事件"的平反等问题。

11 月 25 日下午，邓小平和华国锋、叶剑英、李先念、汪东兴听取中共北京市委负责人林乎加、贾庭三和共青团中央负责人韩英、胡启立汇报"天安门事件"平反后群众的反映和北京市街头大字报的情况。

邓小平指出："天安门事件"平反后，群众反映强烈，大家很高兴，热烈拥护，情况是很好的。当然也出现一些问题。我们的工作要跟上去，要积极引导群众，不能和群众对立。我们一定要高举毛主席的伟大旗帜。毛主席的旗帜是全党全军全国各族人民团结的旗帜，也是国际共产主义运动的旗帜。现在，有的人提出一些历史问题，有些历史问题要解决，不解决就会使很多人背包袱，不能轻装前进。有些历史问题，在一定的历史时期内不能勉强去解决。有些事件我们这一代人解决不了的，让下一代人去解决，时间越远越看得清楚。有些问题可以讲清楚，有些问题一下子不容易讲清楚，硬要去扯，分散党和人民的注意力，不符合党和人民的根本利益。现在报上讨论真理标准问题，讨论得很好，思想很活泼，不能说那些文章是对着毛主席的，那样人家就不好讲话了。但讲问题，要注意恰如其分，要注意后果。迈过一步，真理就变成谬误了。毛主席的伟大功勋是不可磨灭的。我们不能要求伟大领袖、伟大人物、思想家没有缺点错误，那样要求不是马克思主义者的态度。外国人问我，对毛主席的评价，可不可以像对斯大林评价那样三七开？我肯定地回答，不能这样讲。党中央、中国人民永远不会干赫鲁晓夫那样的事。还指出：现在中央的路线，就是安定团结，稳定局势，搞社会主义现代化。国际上也十分注意我们国内局势是不是能够保持稳定。引进新技术，利用外资，你稳定了，人家才敢和你打交道。安定团结是实现四个现代化的必要政治条件，不能破坏安定团结的局面。这是中央的战略部署，这是大局。我们处理任何问题，都要从大局着眼，小局服从大局、小道理服从大道理。不搞什么新运动，不要提中央没有提的什么运动，要引导群众向前看。平反工作，中央和各地都在抓紧处理，都是有领导、有步骤地进行的。林彪、"四人帮"破坏造成的一些遗留问题，都可以逐步解决。解决这些问题是为了创造一个安定团结的稳定局势，把各种积极因素调动起来。

　　11 月 26 日上午，邓小平在会见佐佐木良作率领的日本民社党第二次访华团时，就客人提出的关于中国国内形势问题发表意见。在谈到"天安门事件"问题时，邓小平说：过去对"天安门事件"的评价是不对的，北京市委肯定"天安门事件"是广大群众悼念周总理、反对"四人帮"，是革命行动，这是我们中央批准的，实际上就是我们中央表示的态度。不久前，《人民日报》发表了一篇评论员文章《实事求是，有错必纠》，国际上反响很大。这篇文章主要是针对"天安门事件"讲的。有错必纠是毛主席历来提倡的。对"天安门事件"处理错了，当然应该纠正。如果还有别的事情过去处理不正确，也应该实事求是地加以纠正。勇于纠正错误，这是有信心的表现。当然，解决这样复杂的问题总要有一个过程，现在时机成熟了。有人有一个错觉，以为重新评价"天安门事件"又要乱，其实不会，人民是可以信任的。过去"四人帮"不让发表不同意见，结果激起了 1976 年清明节人民的义愤。"天安门事件"确实没有任何组织，完全是群众自发的啊！反映了人民的觉悟水平、政治水平，群众是最希望安定团结的局面。现在不但中央的领导，地方的领导也一样，都一心一意要搞四个现代化。搞四个现代化没有安定团结的局面是不行的。在谈到"文化大革命"问题时说：我们处理这些问题就是要把过去的问题了结一下，使全国人民向前看。所有错案、冤案，人民和干部不满意的事，一起解决。了结了这些问题，大家心情就舒畅了，一心一意向前看，搞四个现代化。对这个问题，可以说我们全党是百分之百的一致。

在谈到自力更生和接受外援的关系时，邓小平说：毛主席历来有两句话，自力更生，力争外援。"四人帮"把第二句话丢掉了，而且说，什么东西中国人都能搞出来，吸收外国的东西就是崇洋媚外，所以，把事情搞糟了。但是，人们没有理解为什么毛主席强调自力更生。我们长期以来没有条件接受外国的援助。从建国以后到 1972 年以前，有什么条件？那时你日本给过我们援助吗？美国能给我们吗？欧洲能给我们吗？我们不强调自力更生怎么办？就是那时，毛主席也是讲两句话，不是一句话。所以，"四人帮"不粉碎，我们就没有这个条件，国际条件有了，国内条件没有。对这个问题要有历史分析。现在我们的方针是，尽量吸收国际先进经验，引进资金和技术，加速我们的发展。这个方针现在才能实行，在这方面我们全党全民是一致的。当然，引进外国的技术和资金，这也要量力而行，处理恰当。

11 月 27 日上午，邓小平会见美国专栏作家罗伯特·诺瓦克，在谈到中国实现四个现代化面临的主要障碍时，邓小平指出：障碍是技术力量不够，管理水平太低。但我们相信中国人不蠢，可以学会。我们正在采取一些措施，派尽可能多的人去各国学习。

在回答中国现在是否也正在考虑对政治制度进行某些改革，比如采用西方那种民选制度、干部通过选举产生等问题时，邓小平指出：整个制度我们同西方不一样，你们叫议会制，我们是人民代表大会制，这个制度不会改变。我们现在制度中存在的上层建筑不适应生产力发展的状况要改变。工人参加管理的方式要改进，要用经济规律来管经济。我相信，现在的制度如果搞得好，在某些方面加以适当改革，我们这个制度比你们那个制度做起事来要便利得多。我们过去有些东西是学苏联的，那些东西看来是落后了。

在回答中国是否采用南斯拉夫工人自治的形式问题时，邓小平说：国与国的情况有很多不一样，各有各的特点，各有各的发展体制。当然，我们要研究他们的经验，但是不能简单地吸收别人的经验，要根据自己的条件来决定。根本的一点，是要承认自己落后，承认现在很多方法不对头，需要改，要承认这一点，并且找出适当的方法。

在谈到对毛泽东、毛泽东思想的评价时指出：中国人民都知道，没有毛泽东主席就没有新中国。这个历史是抹不掉的。毛主席从来就提倡把马列主义的真理同中国革命的具体实践相结合，不是照抄照搬某句话。毛主席历来反对本本主义。我们对待毛泽东思想也是一样。你们大概注意到了，我们提倡要完整地、准确地掌握和运用毛泽东思想。因为有些问题毛主席在世时不可能提出。按照马列主义的原理，我们不能要求任何伟大的人物、伟大的领袖每句话在任何时候都是适用的。

在回答一些大字报批判了一些人是不是一个信号，说明不久将要把他们开除出政治局时，邓小平说：不会。对一个人的评价不能只看他一段时间的表现。我们现在开的会主要是议论如何实现四个现代化的问题，但现在也确实想把过去有些冤案、错案和群众不满的东西清理一下。群众对有些犯了错误的同志，可以进行批评。这些批评我看基本上是对的。我们对有些问题也要清理一下，比如说，北京市委宣布"天安门事件"是革命行动，而不是反革命事件。这是我们党中央的意见，全国人民的意见。这个问题清理一下就过去了，目的就是引导全国人民向前看。搞四个现代化，这是我们会议的中心问题。邓小平还指出：凡是错误的都要纠正。有些人一提到纠正就怕，好像一提纠正就是针对毛主席的。这个看法就错了。现在，有人对我们进行的"实践是检验真理的唯一标准"这个理论问题的讨论有议论。我认为，有这些争论是好事，千篇一律倒是僵化的表现。你们的报纸有多少不同的议论！我们过去的报纸办得太单调，所以现在一有争论就有人以为是"权力之争"了。这是过去简单化形成的这么一种印象，

11 月 27 日晚，邓小平和华国锋、叶剑英、李先念、汪东兴听取

中共中央工作会议汪锋、安平生的汇报。

在华东组提出"二月兵变"需要澄清时，邓小平指出：我那时就说，这个事不可能。当时我是总书记，但调两个团到北京也不行。那时规定，调一个连，归大军区管，调一个营，归军委、总参谋部管。

在华东组提出对"一月风暴"的评价问题迟讲不如早讲时，邓小平指出："一月风暴"问题，势必要解决，还是早一点讲好。就西南组提出为"天安门事件""六十一人叛徒集团""二月逆流"和彭德怀、陶铸冤案等问题平反，势必涉及对毛主席的评价问题，建议中央应有一个统一的说法时，邓小平指出：毛主席那时身体不好，连华国锋同志也不能见到他。

在大家提出邓小平 11 月 26 日同日本民社党佐佐木良作谈话的 19 条可否向干部传达，并根据谈话精神向群众做工作时，邓小平强调：那个谈话的概括基本正确。毛主席的伟大功勋是不可磨灭的。没有毛主席，就没有新中国。毛主席的伟大，怎么说也不过分，不是拿语言可以形容得出来的。毛主席不是没有缺点错误的，我们不能要求伟大领袖、伟大人物、思想家没有缺点错误，那样要求就不是马克思主义者。毛主席讲马克思、列宁写文章就经常自己修改嘛。对毛主席的缺点错误，这个问题是不能回避的，在党内还是讲一讲好。外国人问我，对毛主席的评价，可不可以像对斯大林评价那样三七开？我肯定地回答，不能这样讲。党中央、中国人民永远不会干赫鲁晓夫那样的事。

在中南组提出康生的问题时，针对《五一六通知》附件二讲《二月提纲》是背着康生搞的这一说法，邓小平指出：他是《二月提纲》的组织人之一。

在谈到对中央几个有错误的领导人如何处理的问题时指出：现在国际上就看我们有什么人事变动，加人可以，减人不行，管你多大问题都不动，硬着头皮也不动。这是大局。好多外国人要和我们做生意，也看这个大局。

11 月 29 日，邓小平在会见由委员长竹入义胜率领的日本公明党第七次访华团时说：要搞四个现代化，就要创造一个良好的政治气氛，求得一个安定团结的政治局面，使党内外广大群众心情舒畅。对过去有些事情，群众不满意的，也确实有错的，要按照毛主席实事求是、有错必纠的方针，把它纠正过来，把那些冤案、错案了结了。大的就是"天安门事件"这样的问题，错了就改嘛，改了就完了。对有些人，过去搞得不对的，搞过了的，要改过来，比如对彭德怀同志的评价。这样去引导全党、全国人民一心一意奔向四个现代化。实际上，我们现在议的就是怎么样万众一心搞四个现代化，中心议题就是这个。

12 月 1 日，鉴于会议代表们的兴奋点仍然没有离开历史遗留问题和几位中央领导同志的错误问题，中央政治局常委又召集部分大军区司令员和省委第一书记许世友、李德生、任仲夷、万里等 9 人开会，通过他们向会议打招呼。主要还是邓小平讲，他讲了这样几个意思：

第一，历史问题只能搞粗，不能搞细。一搞细就要延长时间，这就不利。算我一个请求，要以大局为重，道理在你们，在群众。外国人对其他事没兴趣，主要看中国安定不安定。我是有意识地"和稀泥"，只有"和稀泥"是正确的。我们想同美国在明年 1 月 1 日达成建交协议，等公报出来再同他们谈，不然他就要翘尾巴。

第二，中央的人事问题。任何人都不能下，只能上。对那几个同志要批评，但不能动，实际上不止他们几个。现有的中央委员，有的可以不履行职权，不参加会议活动，但不除名，不要给人印象是权力斗争。对那些大家有意见的人，过关算了。检讨没有全过关的，我们过去也没过关嘛。

第三，关于上的问题，至少加三个政治局委员。太多，也不恰当，不容易摆平。加上几个什么人？陈云，兼纪委书记；邓大姐，胡耀邦。够格的人有的是，如王胡子（指王震），也够格。两个方案，一是三个人，一是四个人。党章规定，中央委员会不能选中央委员，想开个例，补选一点，数目也不能太多。有几个第一书记还不是中央委员，如习仲勋、王任重、周惠，还有宋任穷、韩光、胡乔木、陈再道。将来追认就是了。

第四，1957年反右派斗争是正确的，但后来扩大化了。对"文化大革命"现在也要回避，不能追。清华大学几个青年贴大字报说："反周民必反，反毛国必乱。"这个话水平很高。

由于会议形势发生了重大的变化，邓小平认为原来准备着重讲的重点转移问题已经不需要多讲了，而解放思想、实事求是等问题需要进一步结合现实存在的问题讲得更加透彻。于是，邓小平决定对讲话稿重起炉灶。

12月2日上午，邓小平在家中约见胡耀邦、胡乔木、于光远，谈他的讲话稿问题。这时，邓小平对讲话稿已经经过反复的思考，形成了新的思路，并写出了一份3页纸的"讲话提纲"。"一、解放思想，开动机器。理论的重要。实践是检验真理的标准——争论的必要。实事求是，理论和实际相结合，一切从实际出发。全党全民动脑筋。二、发扬民主，加强法制。民主集中制的中心是民主，特别是近一时期。民主选举，民主管理（监督）。政治与经济的统一，目前一时期主要反对空头政治。权力下放。千方百计。自主权与国家计划的矛盾，主要从价值法则、供求关系（产品质量）来调节。三、向后看为的是向前看。不要一刀切。解决遗留问题要快，要干净利落，时间不宜长。一部分照正常生活处理。不可能都满意。要告诉党内外，迟了不利。安定团结十分重要，要大局为重。犯错误的，给机会，总结经验，改了就好。四、克服官僚主义、人浮于事。一批企业做出示范。多了人怎么办，用经济方法管理经济，扩大管理人员的权力。党委要善于领导，机构要很小。干什么？学会管理，选用人才，简化手续，改革制度（规章）。五、允许一部分先好起来。这是一个大政策。干得好的要有物质鼓励。国内市场很重要。六、加强责任制，搞几定。从引进项目开始，请点专家。七、新的问题。人员考核的标准。多出人员的安置（开辟新的行业）。"

邓小平按提纲详细谈了他重新考虑的准备在会上讲话的主要内容。胡乔木、于光远等人根据邓小平的谈话内容和提纲进行了重新起草。

12 月 5 日，邓小平又一次约胡乔木、于光远、林涧青谈对重新起草的讲话稿的意见。邓小平明确了讲话的主题是：解放思想，开动机器，一切向前看。

邓小平说："这次别的问题都不讲了，只讲四个问题：第一，解放思想。真理标准问题的讨论，的确是一个思想路线问题，是一个重大政治问题，是关系到党和国家前途命运的问题。第二，发扬民主。当前最迫切的是扩大厂矿企业和生产队的自主权。民主选举的范围要逐步扩大。第三，向前看。对过去搞错了的要纠正，也要给犯错误的同志认识和改正错误的时间。对毛泽东同志和'文化大革命'的评价，要从国际国内的大局出发，从历史的角度来看。第四，研究和解决新问题。要用经济办法管理经济，要特别注意加强责任制。要用先使百分之十至百分之二十的人富裕起来的办法，扩大国内市场，促进生产发展。"

邓小平联系当时的实际情况，从多方面对解放思想进一步作了论述，着重分析了思想不解放、僵化或半僵化的原因和危害。他强调，否则，四个现代化没有希望。他把解放思想同民主联系起来，进一步论述了政治民主、经济民主和民主与法制的问题。邓小平说：出气应允许，出气是对没有民主的惩罚。有了正常的民主，大字报也就少了。要为敢想敢作创造条件，要建立民主制度，支持新生力量。思想领域的问题要通过民主讨论的办法来解决。他提出，要实行经济民主，权力下放，要纠正党委随便干预。没有民主培养不出人才。给生产队经营管理自主权。生产队长看到一小块土地没有利用，就睡不着觉，就要开动脑筋增加财富。邓小平认为，要建立健全民主与法制。他特别强调执政党要有党规党法，说纪律检查委员会提前成立固然必要，更主要的是建立党规党法。他还进一步阐述了解决历史遗留问题的原则：向前看。

关于全党工作重点转移后的经济工作，邓小平说：要用经济的办法管经济，责任到人，做到有职有责有权。方针明确，方法妥当，要注意工作方法。

邓小平还对让一部分人、一部分地区先好起来讲了不少具体的设想，其中有不少具体的数字。如后来讲稿中指出的："要经过五年左右的努力，使城市里有百分之二十的工人，每人每月的工资平均达到一百元左右；农村有百分之十的公社，每人每年收入达到一百五十元至二百元。"

邓小平最后谈到住房问题。他说，新加坡月收入 1 500 新币有权买房产，5 间房子，70 平米，花半年工资。那里的房租等于工资的百分之十五。

12 月 6 日，林涧青他们按照邓小平 5 日的谈话精神，把稿子分四个问题写好后送给胡乔木。胡乔木修改后当天就送交邓小平。

12 月 9 日，邓小平又约见胡乔木、于光远、林涧青谈讲话稿的修改问题。他说，稿子基本上可以了，但还需要加工，并讲了具体的修改意见。

12 月 11 日，邓小平再约胡耀邦、胡乔木、于光远、林润青谈稿子的修改问题，这次胡乔木因为忙于突击修改农业决定稿，抽不出身，没有参加。但随后胡乔木继续主持对讲话稿的修改。当天，邓小平正式在《在中央工作会议上的讲话（一九七八年十二月十一日稿）》上署上了"邓小平"三个字，并将讲话稿送华国锋阅。

12 月 13 日，下午召开中央工作会议闭幕会，4 点邓小平就要讲话了。中午的时候，胡乔木还在对讲话稿进行最后的文字润色，直到下午 2 点才脱手。

"解放思想，实事求是，团结一致向前看"，这是邓小平在中央工作会议闭幕会上的讲话题目。据参加讲话起草的于光远后来回忆："这个讲话的题目是邓小平自己定的。"

邓小平在讲话中首先阐述了解放思想的根本点。他说，解放思想是当前的一个重大政治问题。

邓小平指出：解放思想，开动脑筋，实事求是，团结一致向前看，首先是解放思想。只有思想解放了，我们才能正确地以马列主义、毛泽东思想为指导，解决过去遗留的问题，解决新出现的一系列问题，正确地改革同生产力迅速发展不相适应的生产关系和上层建筑，根据我国的实际情况，确定实现四个现代化的具体道路、方针、方法和措施。在这里，邓小平突出强调了我国改革的总的精神要使生产关系的改革适应生产力发展的需要，而要做到这一点，首要点便是解放思想。

邓小平认为：在我们的干部特别是领导干部中间，不少同志的思想还很不解放，脑筋还没有开动起来，也可以说，还处在僵化或半僵化的状态。这种状态是在一定历史条件下形成的。主要有四个原因：一是因为十多年来，林彪、"四人帮"大搞禁区、禁令，制造迷信，把人们的思想封闭在他们假马克思主义的禁锢圈内，不准越雷池一步；二是因为民主集中制受到破坏，党内确实存在权力过分集中的官僚主义；三是因为功过不清，赏罚不明；四是因为小生产的习惯势力还在影响着人们。

邓小平深刻地分析了思想僵化产生严重的后果是：条条、框框就多了起来；随风倒的现象就多起来了；不从实际出发的本本主义也就严重起来了。他强调：不打破思想僵化，不大大解放干部和群众的思想，四个现代化就没有希望。

邓小平在讲到解放思想时，还肯定了实践是检验真理的唯一标准的讨论。他认为，这个讨论实际上也是要不要解放思想的争论，并把真理标准讨论的意义，提到了一个新的高度，把它同党、国家、民族的前途和命运联系起来。他指出：一个国家，一个民族，如果一切从本本出发，思想僵化，迷信盛行，那它就不能前进，它的生机就停止了，就要亡党亡国。只有解放思想，坚持实事求是，一切从实际出发，理论联系实际，我们的社会主义现代化建设才能顺利进行，我们党的马列主义、毛泽东思想的理论也才能顺利发展。

邓小平指出：实事求是，是无产阶级世界观的基础，是马克思主义的思想基础。过去我们搞革命所取得的一切胜利，是靠实事求是；现在我们要实现四个现代化，同样要靠实事求是。他号召：不但中央、省委、地委、县委、公社党委，就是一个工厂、一个机关、一个学校、一个商店、一个生产队，也都要实事求是，都要解放思想，开动脑筋想问题、办事情。

其次，邓小平认为解放思想的一个十分重要的条件就是真正实现民主集中制。

邓小平指出：实行无产阶级的民主集中制是解放思想的重要条件。当前这个时期，特别需要强调民主。因为在过去一个相当长的时间内，民主集中制没有真正实行。现在敢出来说话的，还是少数先进分子。好的意见不那么敢讲，对坏人坏事不那么敢反对。

邓小平提出了要发扬民主的几个原则。一是创造民主的条件，要重申"三不主义"，即不抓辫子，不扣帽子，不打棍子。在党内和人民内部的政治生活中，只能采取民主手段，不能采取压制、打击的手段。宪法和党章规定的公民权利、党员权利、党委委员的权利，必须坚决保障，任何人不得侵犯。二是要相信和依靠群众，善于集中人民群众的正确意见。无论如何不要造成同群众对立的局面。这是一个必须坚持的原则。三是要切实保障工人农民个人的民主权利，包括民主选举、民主管理和民主监督。四是必须加强法制。必须使民主制度化、法律化，使这种制度和法律不因领导人的改变而改变，不因领导人的看法和注意力的改变而改变。应该集中力量制定刑法、民法、诉讼法和其他各种必要的法律，做到有法可依，有法必依，执法必严，违法必究。邓小平强调：国要有国法，党要有党规党法。党章是最根本的党规党法。没有党规党法，国法就很难保障。各级纪律检查委员会和组织部门的任务不只是处理案件，更重要的是维护党规党法，切实把我们的党风搞好。对于违反党纪的，不管是什么人，都要执行纪律，做到功过分明，赏罚分明，伸张正气，打击邪气。

邓小平还着重讲到了发扬经济民主的问题。他认为：现在我国的经济管理体制权力过于集中，应该有计划地大胆下放，否则不利于充分发挥国家、地方、企业和劳动者个人四个方面的积极性，也不利于实现现代化的经济管理和提高劳动生产率。他指出：当前最迫切的是扩大厂矿企业和生产队的自主权，使每一个工厂和生产队能够千方百计地发挥主动创造精神。一个生产队有了经营自主权，一小块地没有种上东西，一小片水面没有利用起来搞养殖业，社员和干部就要睡不着觉，就要开动脑筋想办法。全国几十万个企业，几百万个生产队都开动脑筋，能够增加多少财富啊！为国家创造财富多，个人的收入就应该多一些，集体福利就应该搞得好一些。不讲多劳多得，不重视物质利益，对少数先进分子可以，对广大群众不行，一段时间可以，长期不行。革命精神是非常宝贵的，没有革命精神就没有革命行动。但是，革命是在物质利益的基础上产生的，如果只讲牺牲精神，不讲物质利益，那就是唯心论。

再次，邓小平讲到了处理遗留问题为的是向前看。

邓小平指出：我们的原则是"有错必纠"。凡是过去搞错了的东西，统统应该改正。有的问题不能够一下子解决，要放到会后去继续解决。但是要尽快实事求是地解决，干净利落地解决，不要拖泥带水。对过去遗留的问题，应当解决好。但是，不可能也不应该要求解决得十分完满。要大处着眼，可以粗一点，每个细节都弄清不可能，也不必要。这次会议，解决了一些过去遗留下来的问题，分清了一些人的功过，纠正了一批重大的冤案、错案、假案。这是解放思想的需要，也是安定团结的需要。目的是向前看，是顺利实现全党工作重心的转变。

如何评价"文化大革命"？如何评价毛泽东和毛泽东思想？这时已经历史地摆在中国共产党人面前。事实上，这两个问题早在粉碎"四人帮"以后就提出来了。全世界都在议论和揣测"毛泽东以后的中国"。西方的一些观察家认为中国已经而且必然要"否定毛""非毛化"，港台报纸也说："大陆批毛，势在必行。"国内在对待这两个问题上的态度也出现了两种极端倾向：一种是坚持"两个凡是"；另一种是全盘否定。邓小平在讲话中再一次回答了国际国内关心的对毛泽东和"文化大革命"的评价问题。他指出：毛泽东同志在长期革命斗争中立下的伟大功勋是永远不可磨灭的。回想在一九二七年革命失败以后，如果没有毛泽东同志的卓越领导，中国革命有极大的可能到现在还没有胜利，那样，中国各族人民就还处在帝国主义、封建主义、官僚资本主义的反动统治之下，我们党就还在黑暗中苦斗。所以说没有毛主席就没有新中国，这丝毫不是什么夸张。没有毛泽东思想，就没有今天的中国共产党，这也丝毫不是什么夸张。毛泽东思想永远是我们全党、全军、全国各族人民的最宝贵的精神财富。我们要完整地准确地理解和掌握毛泽东思想的科学原理，并在新的条件下加以发展。我们要领导和教育全体党员、全军指战员、全国各族人民科学地历史地认识毛泽东同志的伟大功绩。

关于"文化大革命"，邓小平指出：也应该科学地历史地来看。"文化大革命"已经成为我国社会主义历史发展中的一个阶段，总要总结，但是不必匆忙去做。要对这样一个历史阶段作出科学的评价，需要做认真的研究工作，有些事要经过更长一点的时间才能充分理解和作出评价，那时再来说明这一段历史，可能会比我们今天说得更好。

最后，邓小平谈到了解放思想，研究新情况，解决新问题。

邓小平认为：在实现四个现代化的进程中，必然会出现许多我们不熟悉的、预想不到的新情况和新问题。尤其是生产关系和上层建筑的改革，不会是一帆风顺的，它涉及面很广，涉及一大批人的切身利益，一定会出现各种各样的复杂情况和问题，一定会遇到重重障碍。这就要求我们一定要善于学习，善于重新学习。根本的是要学习马列主义、毛泽东思想，努力把马克思主义的普遍原则同我国实现四个现代化的具体实践结合起来。

邓小平强调：我们要研究各方面的新情况，解决各方面出现的新的问题，尤其要注意研究和解决管理方法、管理制度、经济政策这三方面的问题。

第一，在管理方法上，当前要注意克服官僚主义。他指出：要搞四个现代化，把社会主义经济全面地转到大生产的技术基础上来，非克服官僚主义这个祸害不可。现在我们的经济管理工作，机构臃肿，层次重叠，手续繁杂，效率极低。如果现在再不实行改革，我们的现代化事业和社会主义事业就会被葬送。要学会用经济方法管理经济。自己不懂就要向懂行的人学习，向外国的先进管理方法学习。

第二，在管理制度上，要特别注意加强责任制。邓小平认为：一个时期以来，各地的企业事业单位中，党和国家的各级机关中，无人负责是一个很大的问题。列宁说过："借口集体领导而无人负责，是最危险的祸害"，"这种祸害无论如何要不顾一切地尽量迅速地予以根除"。要使责任制真正发挥作用，一要扩大管理人员的权限；二要善于选用人员，量才授予职责；三要严格考核，赏罚分明。

1978年12月13日，邓小平在中央工作会议闭幕会上作了《解放思想，实事求是，团结一致向前看》的讲话。这个讲话，实际上是随后召开的十一届三中全会的主题报告

第三，在经济政策上，邓小平认为，要允许一部分地区、一部分企业、一部分工人农民，由于辛勤努力成绩大而收入先多一些，生活先好起来。一部分人生活先好起来，就必然产生极大的示范力量，影响左邻右舍，带动其他地区、其他单位的人们向他们学习。这样，就会使整个国民经济不断地波浪式地向前发展，使全国各族人民都能比较快地富裕起来。他强调"这是一个大政策，一个能够影响和带动整个国民经济的政策"。

邓小平《解放思想，实事求是，团结一致向前看》这篇讲话，提出了一系列关系到解放思想、实事求是的新思想、新观念，提出了真正做到解放思想、实事求是所要研究和处理的一系列新情况和新问题，是我们党历史转折过程中的一篇伟大文献。党的十五大报告中评价指出："一九七八年邓小平《解放思想，实事求是，团结一致向前看》这篇讲话，是在'文化大革命'结束以后，中国面临向何处去的重大历史关头，冲破'两个凡是'的禁锢，开辟新时期新道路、开创建设有中国特色社会主义新理论的宣言书"，实际上成为党的十一届三中全会的主题报告。

第十一章　开辟新路——在伟大的历史转折中

　　1978年12月18日至22日，中国共产党第十一届中央委员会第三次全体会议在北京京西宾馆召开。

1978年12月18日至22日，中共十一届三中全会在北京召开

　　出席会议的有中央委员169人，候补中央委员112人。准备在全会上增选为中央委员的宋任穷、黄克诚、黄火青、胡乔木、韩光、周惠、王任重、习仲勋、陈再道9人列席了全会。

　　12月18日晚上，十一届三中全会开幕。华国锋主持会议并讲话。华国锋在通报了十一届三中全会前中央工作会议的情况之后，宣布了十一届三中全会的主要任务：讨论通过中央政治局关于从明年 1 月起，把全党工作着重点转移到社会主义现代化建设上来的问题。同时审议、通过农业问题的 2 个文件，和 1979、1980 两年经济计划的安排；讨论人事问题和选举成立中央纪律检查委员会。

全会开幕的前一天，12 月 17 日，邓小平出席中共中央常委召集的十一届三中全会各组召集人会议。鉴于中央工作会议期间，汪东兴、纪登奎、陈锡联、吴德已经有了不同程度的检讨，邓小平、叶剑英等中央常委表示，对他们的错误，要给他们一些考虑的时间，再作进一步的检查。但是，由于有一批中央委员、候补中央委员没有参加中央工作会议，他们在会上听了介绍，看了汪东兴、纪登奎、陈锡联、吴德四人的书面检讨后，颇为不满。因此，会议的前三天，大家的注意力仍然集中在历史问题和对几个犯错误同志的批评上。

早在中央工作会议期间，大家就对汪东兴、纪登奎、陈锡联、吴德四位政治局委员进行了严厉的批评。

11 月 12 日，吕正操谈到"天安门事件"时就说：少数人进了政治局，"一入局门深似海，从此群众是路人"（他这个话是从唐人崔郊的诗句"侯门一入深如海，从此萧郎是路人"转化来的。——笔者注）。举旗不前进，把旗当幌子，实际上是砍旗。他还说：中央专案组"三办"对一些案件奉命保密，这是替林彪、"四人帮"保密，建议将中央专案组一、二、三办交中组部。

李人林说：政治局的同志不都是那么强，有的不令人信服，毛远新那么个毛孩子为什么成了东北的太上皇？有的人插手河南，把河南搞乱了。新疆、北京搞成这个样子，能使人信得过吗？有些有能力的同志进不了政治局，有的人既无功劳也无能力，为什么一定要搞成政治局委员？现在要整顿领导班子，中央可不可以整顿一下，个别同志是否可以整顿一下？能上能下嘛！

万里说：活着的个别高级领导人干了错事坏事，必须作自我批评，不要欠账。

吕正操插话：你指的是纪登奎，说明白点儿。

万里说：对，就是指他。

江一真说：纪登奎在 1970 年农林部成立时提出，要把农林部办成农林政治部，又对农业科学院军宣队指示：科研是依靠 7 500 人还是依靠 7.5 亿人？大学 4 年没招生，卫星照样上天，农业还是丰收。今年 4 月，他还指示农林部给中央写报告，认为当前主要倾向是对资产阶级法权批得不够。这次会前，他还派人去安徽调查包产到户和学大寨动摇的问题。

段君毅说：群众反映河南问题在上边，上边就指纪登奎。"四人帮"倒台后，纪给造反派通风，让他们表态，河南人说"心有余纪（悸）"。

纪登奎在中南组检查后，大家面对面给他提意见。

许世友说：你是造反起家，进了政治局，官不小了，还搞什么名堂。

邓颖超说：你的检讨很坏，避重就轻，应把十年来在政治、思想、工作、作风、立场上与"四人帮"是什么关系说清楚。建议中央也要查清，一批二保三看。有同志说你是翻云覆雨的政客，你今后还是政治局委员，希望警惕，不要利用权位报复我们。

谷牧说：检查太不像样，鼓掌的手举不起来。

廖承志说：外交部有反总理和陈老总的逆流，但捂盖子，有你的账，而且是相当大的账。

另外，一些同志在发言中表示了对个别中央领导同志压制民主的不满。

谭震林说：罗瑞卿出国前到我那里，谈了一个小时，流了泪，说中办、国办要整顿，中央专案组一、二、三办要撤销，否则是定时炸弹。说到党史问题，罗说陈云、聂帅写了第二次国内战争的材料，大革命时期知道多一点的只有叶帅、小平和聂帅了，要抓紧写。有人提出，搞"两个凡是"就是想篡改党史，搞"四人帮"那一套。

姚依林说：从去年工作会议后，几次会上的简报组都耍手法压制民主。去年 3 月工作会议上，不少人提出"天安门事件"问题，没登简报。十届三中全会讨论十一大的政治报告稿，我和方毅、陈国栋看到里面还批"唯生产力论"、宣传"全面专政"，提了系统意见，而简报组却把它们分割成具体条文的修改意见，弄得面目全非。这次会上，又有扣发简报和随意修改发言的事。还有一个手法，就是拖到会议快结束时把简报一齐发出去，然后很快收回来。极不正派，违反党章。

程子华说：十一届一中全会，我揭发纪登奎等人，没出简报。前几天，我批纪的简报又有好几天没出，我问简报组，说是送主席、副主席传阅去了。建议给华主席写个报告，这样做叫什么民主？

还有不少代表对个别中央领导同志分管的工作提出批评意见。

陈漫远说：中央办公厅"五七"干校在报上登的典型是黑典型，实际上长期不给干部分配工作。

王必成说：中南海修房子，不准下面搞，中央为什么带头搞？李强同志说要人家不要大兴土木，而中央却在那里大兴土木。下面处理、中央不处理行吗？

黄新廷说：有人兼职过多，现在党内有党，军内有军。

刘震接着说：现在还兼警卫局长，能否不兼？

王平说：兼中办主任、警卫局长与中央副主席职务不相称。

耿飚说：搞唯心主义、形而上学的人总要暴露。有的中央领导不敢出门，一出门就警卫森严。铁托常常一个人上街。

张爱萍说：中办要搞揭批查，政治局内要有批评和自我批评。

李人林说：建议整顿中办、中宣部、《红旗》杂志社、毛泽东著作办公室，这四个部门问题最多。

在中央工作会议上，受批评的四位政治局委员都作了不同程度的检查，有的还提出了辞职的请求。

12月20日，有同志向西北组提交书面发言，对汪东兴提出比较系统的严厉的批评。建议中央考虑他本人的请求，免去他所兼任的一切职务，以利于汪东兴加强学习，认识错误，做好工作。同时，希望汪东兴尽快地向中央写出检查报告，并建议中央下发各委员和各单位，以利监督汪东兴改正错误。

各个小组对纪登奎的批评也比较多，有30多人发言。他们指出：不解决纪登奎的问题，河南就安定团结不了，实现党的工作重点转移就有困难。必须解决纪登奎的问题，否则河南广大干部和群众还是心有余"纪"。

对陈锡联的批评主要集中在他吹捧毛远新和在东北的问题。

对吴德的批评，主要是针对"天安门事件"问题。

后来，在1980年的十一届五中全会上，根据党内外广大群众的意见，全会批准了汪东兴、纪登奎、吴德、陈锡联四位政治局委员的辞职请求，决定免除和提请免除他们所担负的党和国家的领导职务。

对于这个问题，陈云在那次全会大会上发言，专门讲了一大段话。他说：

> 我同意他们提出辞职。他们检讨的内容，是表示一个同志对自己的错误现在的认识程度。他只能认识到这样的程度，不够，就把这个问题记录在案嘛，不要急。我们应该全面地考察一个干部。所谓全面是什么呢？我们看到这个同志犯了什么错误，也应该看到他在党内做过什么好事，这是一个方面。第二个方面，必须看到当时党内的整个情况，这些同志是在当时的情况之下犯的错误。就犯错误的同志来说，不要自己觉得委屈了。我说，应该想一想。想什么问题呢？想这样一个问题：我是否可以不犯这样的错误。有的同志看了犯错误的同志的检讨，不满意，可以提批评，被批评的同志应该听批评的意见。但我不赞成对犯错误的同

志扭住不放。过去有过这样一个时期，检讨没有完没有了，批判没有完没有了，从来都不说可以过关，直到最后会开不下去，大家散会了，完不了也只好暂时算完了。我不赞成这样对犯错误的同志扭住不放。这种检讨没有完没有了的情况，我认为不是党的好作风。党接受了他们的辞职以后，在政治上要分配他们做工作，在生活上要照顾他们的需要。

从 20 日下午开始，各小组的发言大多涉及讨论会上印发的《中共中央关于加快农业发展若干问题的决定（草案）》［以下简称《决定（草案）》］《农村人民公社工作条例（试行草案）》和《一九七九、一九八〇两年经济计划的安排（草案）》这三个文件。不少同志对这三个文件的内容提出具体的修改意见和建议。

中南组有同志希望文件要充分反映邓小平提出的经济民主问题。

东北组有同志建议，计划安排和体制改革都应当体现邓小平关于让一部分地区和单位先走一步，发展快一些，使一部分工人农民生活先好起来以及权力下放、给下面以机动权的精神。

胡乔木受中央委托，综合各组汇总上来的意见和建议，对农业的两个文件，特别是对《决定（草案）》再次进行修改。

修改后的《决定（草案）》有不少内容都体现了邓小平在北方谈话中提出的对农村政策调整的一些重要思想。

《决定（草案）》分析了农业的现状，总结了历史的经验，部署了实现农业现代化的工作。《决定（草案）》指出，全党目前必须集中主要精力把农业尽快搞上去，因为农业这个国民经济的基础，这些年来受了严重的破坏，目前就整体来说还十分薄弱。只有大力恢复和加快发展农业生产，坚决地、完整地执行农林牧副渔并举和"以粮为纲，全面发展，因地制宜，适当集中"的方针，逐步实现农业现代化，才能保证整个国民经济的迅速发展，才能不断提高全国人民的生活水平。

为此目的，必须首先调动我国几亿农民的社会主义积极性，必须在经济上充分关心他们的物质利益，在政治上切实保障他们的民主权利。

《决定（草案）》提出了当前发展农业生产的一系列政策措施和经济措施。其中最重要的是：人民公社、生产大队和生产队的所有权和自主权必须受到国家法律的切实保护；不允许无偿调用和占有生产队的劳力、资金、产品和物资；公社各级经济组织必须认真执行按劳分配的社会主义原则，按照劳动的数量和质量计算报酬，克服平均主义；社员自留地、家庭副业和集市贸易是社会主义经济的必要补充部分，任何人不得乱加干涉；人民公社要坚决实行三级所有、队为基础的制度，稳定不变；人民公社各级组织都要坚决实行民主管理、干部选举、账目公开。

《决定（草案）》对不少政策作了新的规定，与原有政策相比有很大突破。如：规定可以在生产队统一核算和分配的前提下，包工到作业组，联产计酬；规定三五年内国家对农业的投资在基本建设总投资中所占比重要逐步提高到 18％；规定粮食征购指标在今后一个较长时间内，稳定在 1971 年至 1975 年"一定五年"的基础上不变，并减少50 亿斤，绝对不许购过头粮；规定粮食统购价从 1979 年夏粮上市起提高 20％，超购部分再加价 50％，棉花、油料、糖料、畜产品、水产品、林产品等农副产品的收购价格也要逐步相应提高；农产品收购价提高后，一定要保证城市职工生活水平不致下降，粮食销价一律不动，群众生活必需的其他农产品的销价坚决保持稳定，某些必须提价的，要给予消费者适当补贴；规定农业机械、化肥、农药、农用塑料等农用工业品的出厂价和销售价，在降低成本的基础上，降价 10％至15％；提出社队企业要有一个大发展，国家实行低税或免税政策；要发展小城镇建设；要保护和调动广大农村干部的积极性；等等。

《决定（草案）》对于冲破"左倾"错误在农业问题上设置的禁区，解放和统一广大农村干部的思想，调动亿万农民的积极性，大幅度提高粮食产量和增加农民收入，起到了积极的历史作用；同时，也为中国农村的改革奠定了重要的政策基础。

全会期间，各小组对中央政治局提出的增选政治局委员和中央委员的人选表示满意，一致积极支持。

关于中央的人事调整，早在前不久中央工作会议上就进行过充分的讨论。11 月 14 日邓小平出访回国后，多次就人事调整问题在不同场合发表了一系列的重要谈话，各个小组也进行了充分的讨论。

12 月 3 日，韩先楚在西北组会议上发言。他说："这次会议开得很好，民主空气浓，畅所欲言，各抒己见，中央根据大家的意见解决了多年来遗留下来的许多重大问题。这次会议比十一大，比上次中央工作会议大大地进了一步。"对于中央的人事安排，韩先楚说："小平同志讲的，加可以，不要减，是对的。我赞成中央委员会和政治局增加一批老同志，这也是大家的要求。在党的十一大会上，我们军队代表团曾经提议陈云、邓大姐、王震等几位同志进政治局，据说其他代表团没有不同意的，但大会没有采纳大家的意见。我同意王震同志的意见，选陈云同志任党中央副主席、常委，并建议排在东兴同志前面。陈云同志正派，民主作风、联系群众好，善于思考问题，想得深，看得远，处事稳重，他有丰富的领导经验和领导能力。中央委员里，他是最老的一个。过去是我们党的副主席。他对我们党的历史也比较熟悉，在党内外、国内外是有影响的。对这个问题，群众也有议论，看来是人心所向。"

同一天的西北组会上，姚依林发言说："邓、李副主席提出要大家酝酿陈云、邓颖超、胡耀邦、王震四位同志参加政治局，我完全拥护。还有七位同志参加中央委员会，我也完全同意。我完全赞同王震同志提出的陈云同志担任党的副主席、参加政治局常委的建议。陈云同志担任副主席、参加常委，有利于党的事业，有利于加强党的安定团结。十一届一中全会陈云同志未能进政治局，干部、党员和群众是有广泛议论的。陈云同志是我国工人运动的老一辈的领导人，是目前仅存的党的六大中央委员，是八大副主席，现在八大第一次会议（应是八届一中全会。——引者注）的副主席，也只剩下陈云同志一个人了。"姚依林接着说："我是一九四九年才认识陈云同志的，我觉得他为人很正派，作风很深入，对同志很热忱，很平易近人，很遵守组织纪律。他讨论问题，总是把观点最'左'的、中间的和最右的同志找到一起，要大家充分发表意见。他要求大家畅所欲言，可以讲到'左倾机会主义'的程度，也可以讲到'右倾机会主义'的程度。他细心倾听各种各样的意见，取长补短，加以比较分析，趋利避害，从中得出正确的结论。一个重大问题，往往是十来个人讨论若干天才定下来。在大家意见一致没有对立面的情况下，他自己往往设想若干不同的意见，让大家一条一条来驳。他这种民主作风，我体会很深刻。"姚依林还说："我不赞成那种'陈云同志一贯右倾'的说法。全国解放以来，他在毛主席的领导下，在任弼时同志逝世后参加书记处，主持财经工作。在全国财经统一、稳定物价、抗美援朝、粮食统购统销、资本主义工商业公私合营、制定第一个五年计划等方面，他的主张是正确的，是经得起历史检验的。关于反冒进问题，陈云同志究竟有多少错误？究竟有没有错误？当时批评他的那些论点，究竟是否站得住脚？这是值得认真研究的。实践是检验真理的唯一标准。我们现在计划中讲的许多问题，还是采用了多年以前陈云同志讲过的观点。例如，陈云同志说过，搞建设要在有吃有穿的基础上。他曾对我解释这个观点，说明只能提有吃有穿，不能提吃饱穿暖，这两者是有区别的，但是没吃没穿是搞不了建设的。他还讲过，我们的平衡只能是紧张的平衡，但是不能不平衡。我认为这些道理至今仍然是适用的，现在我们的计划，还是紧张的平衡。我认为，陈云同志当时不同意那种不顾人民生活、只热衷于搞工业化的观点，是正确的。三年困难时期，陈云同志执行调整、巩固、充实、提高的八字方针，提出的解决问题的措施，对扭转当时困难局面，起了积极作用。当然也有错误的地方。陈云同志对伟大领袖毛主席直言不讳，从来不隐瞒自己的观点。"

12月7日，谷牧在中南组讨论时的发言中说："陈云同志长期戴一顶右倾的帽子。多年的实践证明，不能给陈云同志戴这样一顶帽子。陈云同志的特点是慎重，在任何情况下，对各类事情都能冷静周密地思考，采取审慎负责的态度，从不随声附和。他工作抓得很细，许多事都是亲自调查研究，然后作出妥善处理。例如三年生活困难时期，他亲自找专家调查，每天一个人至少需要多少大卡热量和多少蛋白质，才可以避免浮肿。经过计算，就毅然下决心给十七级以上的干部每人每月补助两斤黄豆、一斤糖，还有一些别的措施。这种关心干部、深入细致的作风，给人们留下了难忘的印象。他的所谓错误，就是七千人大会上让他讲话他没讲，后来在国务院小礼堂一次会上讲了当时的国民经济形势和建议采取的措施。这究竟算不算错误？我的看法，那时说大话、唱高调的人太多了，能像他那样讲话的人太少了。把国民经济形势告诉大家，提出解决办法，即使有些情况讲得有些重了，敲敲警钟引起大家注意，有什么不好？这件事不能算个问题，应当恢复陈云同志的名誉。"

经过充分酝酿讨论，12月10日，在中央工作会议举行期间召开的中共中央政治局会议，决定拟增补陈云为中央政治局委员、政治局常委、中央委员会副主席。12月13日，华国锋在中央工作会议闭幕会上的讲话中，代表政治局正式提出了增补中央领导人的名单，提请三中全会通过。

12月22日晚，全会进行选举，陈云当选为中央政治局委员、政治局常委和中央委员会副主席，当选为政治局委员的有邓颖超、胡耀邦和王震。增补为中央委员的是黄克诚、宋任穷、胡乔木、习仲勋、王任重、黄火青、陈再道、韩光、周惠9人。

为了维护党规党法，切实搞好党风，全会决定恢复成立中央纪律检查委员会，并选举陈云为中央纪律检查委员会第一书记。

这些人事安排，从组织上加强了中央领导机构，保证了党的十一届三中全会确定的路线方针政策的贯彻执行。这次全会后，华国锋虽然仍然担任党中央主席，但就体现党的正确指导思想以及决定改革开放和社会主义现代化建设的重大方针政策来说，邓小平实际上已经成为党的中央领导集体的核心。

12月22日晚，十一届三中全会举行闭幕会，华国锋讲话。他着重讲如何把工作重点转移到社会主义现代化建设上来的问题。他指出，为了顺利地实现党的工作着重点的转移，要把握好五个"一定"：第一，一定要坚持马克思主义的思想路线；第二，一定要执行民主集中制的组织原则；第三，一定要不断地加强各级领导班子的建设；第四，一定要抓紧落实党的干部政策；第五，一定要保持谦虚谨慎、戒骄戒躁的作风。

陈云也在闭幕会上讲话。他对十一届三中全会和此前的中央工作会议作了很高的评价：

> 我认为三中全会和在此以前的中央工作会议，开得很成功。大家在马列主义、毛泽东思想的基础上，解放思想，畅所欲言，充分恢复和发扬了党内民主和党的实事求是、群众路线、批评和自我批评的优良作风，认真讨论党内存在的一些问题，增强了团结。会议真正实现了毛泽东同志所倡导的"又有集中又有民主，又有纪律又有自由，又有统一意志、又有个人心情舒畅、生动活泼，那样一种政治局面"。

十一届三中全会通过的全会公报，是全会精神的高度概括和集中体现。12月22日，各小组重点讨论公报稿。大家一致认为这个公报写得很好，同时，对公报稿也提出了一些具体的修改意见。全会于 12 月 22 日通过了公报稿。12 月 23 日，胡乔木又根据会议简报组收集上来的新意见，对公报稿进行了最后的加工。当天下午 6 点，中央常委审定了修改的地方。晚上 8 点，中央人民广播电台在《新闻联播》节目中全文播出。

《中国共产党第十一届中央委员会第三次全体会议公报》高度概括了会议的主要内容，是三中全会精神的集中体现。

全会一致同意华国锋同志代表中央政治局所提出的决策，现在就应当适应国内外形势的发展，及时地、果断地结束全国范围的大规模的揭批林彪、"四人帮"的群众运动，从 1979 年起，把全党工作的着重点和全国人民的注意力转移到社会主义现代化建设上来。全会作出的这项决策，解决了 1957 年以来没有解决好的工作重点转移问题。围绕实现全党工作重点转移，全会还在一系列重大历史和现实问题上，作出了重大决策。

全会提出了改革开放的任务。会议指出，实现四个现代化，要求大幅度地提高生产力，就必然要求多方面地改变同生产力不适应的生产关系和上层建筑，改变一切不适应的管理方式、活动方式和思想方式，因而是一场广泛、深刻的革命。全会强调，根据新的历史条件和实践经验，采取一系列新的重大的经济措施，对经济管理体制和经营管理方法着手进行认真的改革，在自力更生的基础上积极发展同世界各国平等互利的经济合作，努力采用世界先进技术和先进设备。由此，中国开始了从"以阶级斗争为纲"到经济建设为中心，从僵化半僵化到全面改革，从封闭半封闭到对外开放的历史性转变。

全会在讨论经济问题时完全同意邓小平关于发扬经济民主的论断。全会认为，我国经济管理体制的一个严重缺点是权力过于集中，应该有领导地大胆下放，让地方和工农业企业在国家统一计划的指导下有更多的经营管理自主权；应该着手大力精简各级经济行政机构，把它们的大部分职权转交给企业性的专业公司或联合公司；应该坚决实行按经济规律办事，重视价值规律的作用，注意把思想政治工作和经济手段结合起来，充分调动干部和劳动者的生产积极性；应该在党的一元化领导之下，认真解决党政企不分、以党代政、以政代企的现象。

全会十分重视农业作为国民经济基础的作用，指出全党目前必须集中主要精力把农业尽快搞上去。要大力恢复和加快发展农业生产，坚决地、完整地执行农林牧副渔并举和"以粮为纲，全面发展，因地制宜，适当集中"的方针，逐步实现农业现代化。

全会原则通过的《决定（草案）》尽管依然规定"不许分田单干，不许'包产到户'"，但是，已经开始着手克服农业工作中的"左"的错误，明确提出要加强劳动组织，建立严格的生产责任制，并肯定了包工到组、联产计酬等形式。

全会在坚持实事求是地解决历史遗留问题的同时，按照历史实际充分肯定毛泽东的伟大功绩，指出：要求一个革命领袖没有缺点、错误，那不是马克思主义，也不符合毛泽东历来对自己的评价。全会决定把"文化大革命"的全面总结，留待以后适当时候去作。全会认为：解决历史遗留问题必须遵循毛泽东同志一贯倡导的实事求是、有错必纠的原则。只有坚决地平反假案，纠正错案，昭雪冤案，才能够巩固党和人民的团结，维护党和毛泽东同志的崇高威信。在揭批"四人帮"的群众运动结束以后，这个任务还要坚决抓紧完成。为了保障人民民主，必须加强社会主义法制，使民主制度化、法律化，使这种制度和法律具有稳定性、连续性和极大的权威，做到有法可依，有法必依，执法必严，违法必究。

全会高度评价关于真理标准问题的讨论，认为这对于促进全党同志和全国人民解放思想、端正思想路线，具有深远的历史意义。一个党，一个国家，一个民族，如果一切从本本出发，思想僵化，那它就不能前进，它的生机就停止了，就要亡党亡国。

全会认为，只有全党同志和全国人民在马列主义、毛泽东思想的指导下，解放思想，努力研究新情况新事物新问题，坚持实事求是、一切从实际出发、理论联系实际的原则，我们党才能顺利地实现工作中心的转变，才能正确解决实现四个现代化的具体道路、方针、方法和措施，正确改革同生产力迅速发展不相适应的生产关系和上层建筑。

全会总结和吸取党的历史教训，决定健全党的民主集中制，健全党规党法，严肃党纪。加强党的集体领导。

全会重申了毛泽东同志的一贯主张，党内一律互称同志，不要叫官衔；任何负责党员包括中央领导同志的个人意见，不要叫"指示"。会议指出，一定要保障党员在党内对上级领导直至中央常委提出批评性意见的权利，一切不符合党的民主集中制和集体领导原则的做法应该坚决纠正。

全会强调国要有国法，党要有党规党法。全体党员和党的干部，人人遵守党的纪律，是恢复党和国家正常政治生活的起码要求。党的各级领导干部必须带头严守党纪。对于违犯党纪的，不管是什么人，都要执行纪律，做到功过分明，赏罚分明，伸张正气，打击邪气。

党的十一届三中全会的胜利召开，标志着粉碎"四人帮"后党和国家工作在徘徊中前进的局面的结束。全会重新确立马克思主义的思想路线、政治路线、组织路线，实现了新中国成立以来党的历史上具有深远意义的伟大转折，开启了我国改革开放和社会主义现代化建设的新时期。全会作出实行改革开放的历史性决策，是基于对党和国家前途命运的深刻把握，是基于对社会主义革命和建设实践的深刻总结，是基于对时代潮流的深刻洞察，是基于对人民群众期盼和需要的深刻体悟。改革开放是中国共产党的一次伟大觉醒，正是这个伟大觉醒，孕育了党从理论到实践的伟大创造。从这次全会开始，改革开放和开创中国特色社会主义的大幕拉开，邓小平理论也逐步形成和发展起来。党的十一届三中全会作为一个伟大转折点而载入光辉史册。

《关于建国以来党的若干历史问题的决议》指出："这次全会坚决批判了'两个凡是'的错误方针，充分肯定了必须完整地、准确地掌握毛泽东思想的科学体系；高度评价了关于真理标准问题的讨论，确定了解放思想、开动脑筋、实事求是、团结一致向前看的指导方针；果断地停止使用'以阶级斗争为纲'这个不适用于社会主义社会的口号，作出了把工作重点转移到社会主义现代化建设上来的战略决策。"

中共中央总书记习近平同志指出："在改革开放新时期，邓小平同志成为党的第二代中央领导集体的核心，为开创中国特色社会主义作出了历史性贡献。'文化大革命'结束，'中国向何处去'又成为摆在中国人民面前头等重要的问题。邓小平同志以他的远见卓识、丰富政治经验、高超领导艺术，强调实事求是是毛泽东思想的精髓，旗帜鲜明反对'两个凡是'的错误观点，支持和领导开展真理标准问题的讨论，推动进行各方面的拨乱反正。在邓小平同志指导下，一九七八年十二月召开的党的十一届三中全会，重新确立了解放思想、实事求是的思想路线，停止使用'以阶级斗争为纲'的错误提法，确定把全党工作的着重点转移到社会主义现代化建设上来，作出实行改革开放的重大决策，实现了党的历史上具有深远意义的伟大转折。"